BLUMEN & GARTEN

SPEZIAL

BLUMEN & GARTEN
SPEZIAL

Blühende Bäume und Sträucher

Pflanzenbeschreibungen von A–Z,
Pflegeanleitungen und kreative Gestaltungsideen
– komplett in Farbe –

Herausgegeben von
Winfried zur Hausen

Mosaik Verlag

VORWORT

Für die Gestaltung unserer Gärten stehen uns heute Bäume und Sträucher in einer Reichhaltigkeit zur Verfügung wie nie zuvor, und es kommen jährlich neue hinzu. Noch bis ins 17. Jahrhundert kannte man außer wenigen fremdländischen Raritäten nur einheimische Gehölze. In den letzten dreihundert Jahren entdeckte und erforschte man die Gehölzflora der Erde erst richtig. So fanden im Laufe der Zeit viele »Exoten« den Einzug in unsere Gärten und genießen dort mittlerweile Heimatrecht. Sie sind aus unseren grünen Wohnbereichen nicht mehr wegzudenken. Gärtnerische Züchtung und Auslese trugen wesentlich dazu bei, daß wir aus diesem schier unüberschaubaren Angebot an herrlichen Gehölzen für jeden Standort eine geeignete Auswahl treffen können. Dieses Buch stellt die schönsten Arten und Sorten vor, wobei vor allem solche Gehölze bevorzugt werden, die sich gut für kleinere Gärten oder auch Kübel eignen.

Bäume und Sträucher sind die Stars des gekonnt inszenierten Gartentheaters. Rhododendron, Schlitzahorn und Glyzine spielen in dem der Terrasse vorgelagerten Gartenteil die Hauptrollen und haben im Frühjahr ihren großen Auftritt.

WAS SIND BLÜTENGEHÖLZE?

Baum und Mensch sind seit grauer Vorzeit miteinander verbunden. Das menschliche Leben wird oft mit dem Lebenslauf der Bäume verglichen, und wenn man einen Baum pflanzt, so ist man ihm auf lange Zeit – vielleicht sogar ein Leben lang – verbunden. Es ist eine unserer schönsten Aufgaben, Bäume und Sträucher aus der Fülle eines reichhaltigen Angebotes zu wählen und zu harmonischen Gartenbildern zusammenzustellen, Farben und Formen so aufeinander abzustimmen, daß sie das ganze Jahr hindurch mit ihrem Blütenflor, ihrem Laub und ihrer Herbstfärbung erfreuen.
Dieses Buch möchte Ihnen viel Interessantes und Wissenswertes über blühende Bäume und Sträucher vermitteln, so daß Sie diese bedeutsamen Vertreter der Flora möglichst optimal in Ihren Lebensraum integrieren können.

Die Königin unter den Blumen, die Rose, ist auch bei den Blütengehölzen die Nummer 1. Hier zeigt sich die Kletterrose 'Leverkusen' in ihrer vollen Blütenpracht.

<u>Kleine Blütenhecke</u> in einem geschützten Innenhofgarten. Die Bepflanzung aus gelb- und weißblühenden Rhododendron-Hybriden, noch knospigem Feuerdorn (*Pyracantha*) und cremeweißem Schmuckginster hebt sich vor dem Zaun aus dunklem Flechtwerk gut ab.

Was verstehen wir unter Blütengehölzen, unter den Begriffen »Baum« und »Strauch«? Ein Baum ist ein aufrecht wachsendes, sich selbst tragendes, blühendes und fruchtendes Gehölz mit verzweigtem Wurzelwerk, Stamm und mehr oder weniger verzweigter Krone aus Ästen, Zweigen und Blättern. Ein Strauch hingegen besteht aus Wurzelwerk, aus dem sich mehrere gleichartige, mehr oder weniger dünne, verzweigte Äste und Zweige entwickeln, die schmückende Blüten, Blätter und Früchte tragen.
Diese nüchterne Definition ist nicht ganz exakt, denn es gibt zahlreiche Übergangsformen, bei denen die Unterscheidung zwischen Baum und Strauch schwer ist. So kann zum Beispiel die Felsenbirne als Großstrauch, aber auch als Kleinbaum mit bis zu 7 Meter hoher Krone gezogen werden. Das gleiche gilt für den Feuerahorn und viele Zierapfelsorten, die – je nach Unterlage – baum- oder strauchartig wachsen. Auch das bekannte Mandelbäumchen ist nur dann ein Bäumchen, wenn es auf einer Unterlage hochveredelt wird, sonst bleibt es ein mehr oder weniger niedriger, wurzelechter Strauch, der im Garten einen bevorzugten Platz erhält. Kurzum, die Übergänge sind fließend. Bleiben wir aber bei dem Begriff »Baum«, unter dem wir Gehölze mit ausgeprägtem Stamm verstehen, und rechnen wir die verzweigten, mehrstämmigen Büsche zu den »Sträuchern«, so liegen wir im Sinne dieses Buches richtig.

Geschichte und Herkunft. Woher stammen die Gehölze unserer Gärten? Seit dem Zeitalter der Renaissance und des Barock sah man in den Bäumen und Sträuchern nicht mehr nur reine Nutzgehölze, die Holz, Nahrung und Viehfutter lieferten, sondern entdeckte auch den hohen Zierwert der Gehölze, die in Form von geschnittenen Hecken, Baumwänden und Einfassungen verwendet wurden.
Mit dem Aufkommen des sogenannten »Englischen Gartenstils« trat dann eine spontane Wandlung in der Wertung der Gehölze ein. Die Pflanze diente nun nicht mehr als architektonisches Element, das in ein bestimmtes Schema gepreßt wurde, sondern sie wurde als freiwachsendes Element für die Gestaltung naturnaher, parkartiger und landschaftlicher Räume verwendet. Dazu kam, daß gerade zu dieser Zeit eine Flut von fremdländischen Gehölzen aus allen Teilen der Erde nach Europa importiert wurde. China, Japan und Korea lieferten Bäume und Sträucher in ungeahnter Schönheit, die auch rasch eine große Verbreitung fanden. Zaubernuß und Strauchpäonie, Aralie und Rosenquitte, Blumenhartriegel und Scheinhasel, Sommerflieder und zahlreiche zierlich wachsende Ahornarten, Bartblume und viele Schneeballarten, Magnolie und nicht zu vergessen die unendliche Zahl der Rhododendren und Azaleen waren bald in europäischen Gärten überall zu finden. Auch aus Nordamerika setzte eine wahre Invasion von zauberhaften Blütengehölzen ein. Viele Stammformen unserer winterharten Rhododendronzüchtungen, Blumenhartriegel wie *Cornus florida*, Strauchkastanie und Felsenbirne, zahlreiche Berberitzenarten und der Gewürzstrauch, der Schneeflockenstrauch und die Lavendelheide, der Etagen-Hartriegel und die Scheinspiere, um nur einige zu nennen, sind markante Vertreter dieses Erdteils und gehören heute zum Standardsortiment jeder Baumschule. Dazu kommen aber auch viele Ziergehölze aus Chile, den Mittelmeerländern, dem Kaukasus, aus Sibirien, Tibet, dem Himalaya, der Mandschurei und anderen Teilen der Welt. So hat sich nach und nach in unseren Gärten eine internationale Gesellschaft in vorbildlicher Eintracht zusammengefunden, die durch das Experimentieren der Pflanzenzüchter noch um viele schönblühende Arten und Sorten vermehrt wurde. Man denke hier nur an die Rosen, die sich aus einfachen, unscheinbaren Sträuchern zu einem brillanten Farbenspiel tausender Sorten mit unterschiedlicher Größe und Wuchsform entwickelt haben, an Flieder und Felsenmispel, an Erika und Fingerstrauch und viele andere Züchtungen, in denen zum Teil »Wildwest« und »Fernost« zu neuen groß- und reichblühenden Verbindungen zusammengefunden haben.

Pflanzen sind Lebewesen. Lebewesen brauchen eine ihnen gemäße Umwelt. Das gilt für Mensch und Tier und das gilt auch für die Pflanze. Bäume und Sträucher können nur dann gut gedeihen, wenn sie einen ihnen zusagenden, einen auf sie abgestimmten Standort vorfinden. Daher ist es wichtig, daß wir die Standortverhältnisse in unserem Garten genau prüfen, ehe wir an die Pflanzenauswahl gehen und unsere Pflanzen so zusammenstellen, daß sie mit Boden, Klima und den herrschenden Lichtverhältnissen auskommen. So ersparen wir uns viel Pflegearbeiten und manchen Kummer.

Zur Bucheinteilung. Um dem Leser das Zurechtfinden zu erleichtern, wurde das Buch in mehrere Kapitel unterteilt. Das erste stellt die wichtigsten blühenden Bäume vor, die sich besonders für den Hausgarten eignen. Das zweite Kapitel behandelt die schönsten Blütensträucher, die – bei geschickter Kombination – den Garten fast das ganze Jahr hindurch mit Blüten schmücken. Im dritten Kapitel wird mit den Wildgehölzen den naturnahen Gärten Rechnung getragen, und im vierten Kapitel werden die attraktivsten Klettergehölze zur Verschönerung von Hauswänden und Mauern und zur Gestaltung von Spalieren und Pergolen präsentiert. Der Gestaltungsteil zeigt die vielfältigen Funktionen und Verwendungsmöglichkeiten von Bäumen und Sträuchern und gibt Anregungen für eine harmonische und kreative Gartengestaltung mit Blütengehölzen. Und damit die Freude an diesen bedeutsamen Vertretern der Flora auch von Dauer ist, bietet der Pflegeteil Informationen und Tips zum richtigen Pflanzen, zu Schnitt, Vermehrung, Winterschutz und Düngung der Gartengehölze.

<u>Symbolschlüssel:</u>

- ☼ **sonnig**
- ◐ **halbschattig**
- ● **schattig**
- **attraktives Herbstlaub**
- **Gefäßkultur möglich**
- **Gefäßkultur bedingt möglich**
- **giftig**

KLEINKRONIGE BÄUME

Bäume unterscheiden sich sehr voneinander. Sie wachsen groß- oder kleinkronig, licht oder dicht. Sie können uns durch Blüte, Laub, Herbstfärbung oder ganz einfach durch malerisch verzweigtes Geäst auch in den Wintermonaten erfreuen. Große Bäume eignen sich für große Räume wie Wald, Park, Straßenränder oder die Eingrünung von Industrie- und Gewerbegebieten. Im kleinen Garten jedoch muß der kleine Baum den Maßstab setzen. Im richtigen Größenverhältnis zum Haus, zur Rasenfläche, zu den Blumenbeeten, zum Gartenteich und zum vorhandenen Freiraum ist der Baum eines der wertvollsten Gestaltungselemente in der dritten Dimension, der Höhe. Unter den kleinkronigen Bäumen gibt es viele, die sich durch reichen Blütenflor auszeichnen. Im folgenden Kapitel ist eine Auswahl dieser schönen, kleinkronigen Bäume beschrieben.

Die Felsenbirne (*Amelanchier lamarckii*) ist einer der hübschesten Großsträucher oder Kleinbäume, die uns für unsere immer kleiner werdenden Gärten zur Verfügung stehen. Neben der Blüte, die so duftig wie ein Schneegestöber im Frühjahr erscheint, erfreut uns dieses Ziergehölz auch durch die zauberhafte rote Herbstfärbung seiner Blätter.

***Acer ginnala*, der Feuerahorn, blüht im Frühjahr zwar eher unscheinbar, besticht dafür jedoch im Herbst um so mehr durch seine atemberaubende Laubfärbung.**

***Aesculus pavia*, die Roßkastanie, auch Zwergkastanie genannt, ist ein rundkroniger, bisweilen strauchigwachsender Kleinbaum. Die tiefroten Blütenkerzen erscheinen im Hochsommer.**

ACER

Ahorn

Standort: sonnig bis leicht beschattet; auf sauren bis kalkhaltigen Böden
Wuchshöhe: 2 - 30 m, je nach Art und Sorte
Blütezeit: April - Mai
Vermehrung: durch Aussaat und Veredlung

Mit etwa 150 Arten ist die Gattung *Acer* aus der Familie der Ahorngewächse *(Aceraceae)* überwiegend in den nördlich gemäßigten Zonen von Europa, Asien und Nordamerika verbreitet, aber auch in Nordafrika und in tropischen Gebirgen Südostasiens. Ihre Hauptverbreitung hat sie in Ostasien. Die Gattung umfaßt überwiegend große bis mittelgroße kleinkronige Bäume, seltener Kleinbäume oder Sträucher, einige Arten mit interessanten Rindenzeichnungen. Die dekorativen Blätter sind sommergrün, meist mehr oder weniger stark handförmig gelappt, auch drei- bis siebenzählig gefiedert und ungeteilt. Die Blüten erscheinen in endständigen Rispen, Trauben oder Doldentrauben, sind meist klein, grünlich und unscheinbar. Die Früchte sind aus zwei einsamigen Flügelfrüchten zusammengesetzt.

Acer capillipes, Rotstieliger Streifenahorn. Bis 6 m hoher, langsam wachsender Baum mit breit trichterförmiger Krone. Die Rinde ist glatt, braungrün, etwa vom zweiten Jahr an auffallend weiß gestreift, junge Zweige sind rot. Blätter dreilappig, im Austrieb rötlich, im Herbst leuchtend gelborange bis karminrot gefärbt. Die Blüten erscheinen in bis 15 cm langen, hängenden Trauben.

▽ ***Acer ginnala***

Acer ginnala, Feuerahorn, Amurahorn. Bis 6 m hoher und fast ebenso breiter, dichtkroniger Strauch oder kleiner Baum. Die Zweige sind dünn und rot, die Blätter tief dreilappig, die Mittellappen lang zugespitzt, oben glänzend dunkelgrün, im Herbst orange- bis karminrot. Früchte oft auffallend rotgefärbt. Er ist ein winterharter, anspruchsloser Ahorn, der als Solitär-, Gruppen- oder Heckenpflanze verwendbar ist.

Acer japonicum, Thunbergs Fächerahorn. Großer, breitkroniger, in der Heimat bis 7 m hoher Strauch oder mehrstämmiger Baum. Die Blätter sind zierlich, im Umriß rundlich, mit 7 - 9 (-11) spitzen Lappen, bis zur Blattmitte eingeschnitten, lebhaft grün, im Herbst hochrot. Er benötigt, wie der nahe verwandte Japanische Fächerahorn *(A. palmatum)*, geschützte, sonnige bis leicht beschattete Standorte und lockere, tiefgründige, frische, kalkarme Böden. In Kultur ist meist die Gartenform 'Aconitifolium' zu finden. Ihre Blätter sind mit 9 - 11 farnartig geschlitzten Lappen tief geteilt und deshalb besonders zierlich und dekorativ, sie färben sich im Herbst intensiv karminrot.

Acer palmatum, Japanischer Fächerahorn. Dicht verzweigter Strauch oder kleiner Baum. Zweige dünn und purpurrot. Die Blätter sind im Umriß rundlich, fünf- bis siebenlappig, Lappen lang, schwanzartig zugespitzt, meist bis unter die Blattmitte eingeschnitten. Herbstfärbung überwiegend rot. Schönste buschig wachsende Ahornart, von der weit über 200 Gartenformen bekannt sind. Braucht einen geschützten, sonnigen bis leicht beschatteten Standort und humosen, tiefgründigen, frischen Boden.

AESCULUS

Roßkastanie

Standort: sonnig bis schattig; auf normalen Gartenböden
Wuchshöhe: 2 - 20 m
Blütezeit: Mai und Juli/August
Vermehrung: durch Aussaat, Veredlung und Ausläufer

Hohe, sommergrüne Bäume, seltener Sträucher, mit gefingerten Blättern aus der Familie der Roßkastaniengewächse *(Hippocastanaceae)*. Die Blätter sind gegenständig, fünf- bis neunzählig gefingert, lang gestielt, die Blättchen 8 - 35 cm lang. Herbstfärbung überwiegend gelb. Die Blüten erscheinen in prachtvollen, großen, dichten, aufrechten, endständigen Rispen, weiß, gelb oder rot. Die 4 - 5 Blütenkronblätter sind ungleich groß, die 5 - 8 Staubblätter ragen weit aus der Blüte heraus.

Aesculus pavia, Echte Pavie. Strauch oder kleiner Baum, gelegentlich hochstämmig veredelt und als kleinkroniger Baum gezogen, ist für den Hausgarten besonders geeignet. Die 5 - 7 Blättchen sind 8 - 14 cm lang, länglich bis verkehrt-lanzettlich, unregelmäßig und doppelt gesägt. Blüten mit leuchtendroten Kelch- und Kronblättern, Blütenstand 10 - 15 cm lang. Blütezeit Juni. Heimisch im südlichen Nordamerika. Schöner, anspruchsloser Kleinbaum mit auffallenden Blüten.

▽ ***Aesculus pavia***

AMELANCHIER

Felsenbirne

Standort: sonnig bis halbschattig; auf allen Bodenarten
Wuchshöhe: 5 - 10 m
Blütezeit: April - Mai
Vermehrung: durch Aussaat und Veredlung

Von den etwa 25 Arten der Felsenbirne aus der Familie der Rosengewächse *(Rosaceae)*, die in der nördlich gemäßigten Zone, hauptsächlich in Nordamerika vorkommen, ist bei uns vor allem *Amelanchier lamarckii* von Bedeutung. Die einzige europäische Art, die Gemeine Felsenbirne *(Amelanchier ovalis)*, wird nur selten gepflanzt.
Felsenbirnen sind sommergrüne, anspruchslose Blütensträucher oder Kleinbäume und gehören zu den beliebtesten Blütengehölzen. Sie sind vielseitig verwendbar, robust, stets gesund, mit reicher Blüte und intensiver, auffallender Herbstfärbung. Man verwendet sie vielfältig, zum Beispiel als Solitärgehölze, als Gruppensträucher oder in freiwachsenden Blütenhecken.

Amelanchier lamarckii, Kupfer-Felsenbirne. Großer Strauch oder bis 10 m hoher, mehrstämmiger Baum. Blätter elliptisch bis länglich-elliptisch, 4,5 - 8 cm lang, im Austrieb kupferrot überlaufen, später dunkelgrün, im Herbst auffallend gelb bis orange und karminrot gefärbt. Weiße Blüten, ebenfalls in überreicher Fülle, im April - Mai in lockeren, 8 - 10 cm langen Trauben. Die Früchte sind purpurrot bis blauschwarz, wohlschmeckend. Die *A. lamarckii* ist die bei uns am häufigsten gepflanzte Felsenbirne, sie wird gelegentlich noch als *A. canadensis* angeboten.

Pflegetips. Die Felsenbirne ist relativ anspruchslos, gedeiht sowohl auf trockenen als auch auf sauren Böden, verträgt Bodentrockenheit und vollsonnige bis halbschattige Standorte. Besondere Pflegemaßnahmen sind nicht erforderlich, stärkere Rückschnitte liebt sie nicht.

▽ ***Amelanchier lamarckii***

BETULA

Birke

Standort: sonnig; auf jedem Gartenboden
Wuchshöhe: 1 - 20 m, je nach Art
Blütezeit: April - Mai
Vermehrung: durch Aussaat und Veredlung

Etwa 40 Birkenarten aus der Familie der Birkengewächse *(Betulaceae)* besiedeln die nördlichen gemäßigten Zonen von Europa, Asien und Nordamerika. Birken gehören zu den anspruchslosesten Holzgewächsen. Sie gedeihen auf fast jedem Boden, ertragen tiefe Temperaturen und sind ziemlich rauchhart. Als Pioniergehölze benötigen sie einen vollsonnigen Platz. Die männlichen Blütenkätzchen werden im Herbst, die weiblichen im Frühjahr gebildet.

Betula ermanii, Ermans Birke. Bis 12 m hoch, langsam wachsend, tief angesetzte, breite, aufgelockerte Krone. Blätter im Herbst goldgelb. Stamm bis ins hohe Alter glatt bleibend, Rinde gelbweiß, oberste Schichten abrollend.

Betula papyrifera, Papierbirke. Bis 14 m hoch, mit zunehmendem Alter langsamer wachsend, starke Krone und ziemlich dicke Triebe. Blätter im Herbst goldgelb. Rinde nur am Fuß alter Stämme rissig, sonst glatt, weiß, in papierartigen Fetzen abrollend.

▽ ***Betula papyrifera***

Amelanchier lamarckii, die Kupfer-Felsenbirne, ist ein sommergrüner, ausladender Kleinbaum. Die sternförmigen Blüten erscheinen in üppigen Büscheln im Frühling. Im Herbst wartet die Felsenbirne mit herrlicher Laubfärbung auf.

Betula papyrifera, die Papierbirke, gilt mit ihrem grazilen Wuchs und dem zartgrünen Austrieb geradezu als Frühlingssymbol. Im zeitigen Frühjahr entfalten sich die männlichen Blütenstände zu langen, schlaff herabhängenden Kätzchen.

***Catalpa bignonioides*, der Gewöhnliche Trompetenbaum, bringt im Sommer gelb- und rotgefleckte weiße Blütentrichter hervor, im Herbst erscheinen die herabhängenden Hülsen.**

***Cercis siliquastrum*, der Gemeine Judasbaum, ist im Mittelmeergebiet über Kleinasien bis nach Persien verbreitet. Die leuchtendrosa Blütenbüschel erscheinen direkt an den Ästen. Man nennt dieses botanische Phänomen Stammblütigkeit (Kauliflorie).**

CATALPA

Trompetenbaum

Standort: sonnig; auf jedem normalen Gartenboden
Wuchshöhe: 15 - 20 m
Blütezeit: Juni - Juli
Vermehrung: durch Aussaat

In Nordamerika und Ostasien kommen etwa 13 Arten der Gattung vor. Sie gehören zur Familie der Trompetenbaumgewächse *(Bignoniaceae)*. Alle sind raschwachsende, sommergrüne Bäume mit ziemlich dicken Trieben und sehr großen, langgestielten, meist streng riechenden Blättern, die gegenständig oder zu dritt wirtelig stehen und auf der Unterseite in den Nervenwinkeln meist violette Drüsen haben. Die Blüten, sie erscheinen in endständigen Rispen, bestehen aus einer schief-glockigen, fünflappigen Krone mit einem welligkrausen Saum. Die Früchte sind 10 - 40 cm lange, schmale Hülsen, die oft bis weit in den Winter am Baum hängen. Trompetenbäume sind prachtvoll blühende Solitärbäume mit breitausladenden Kronen, geeignet für den Park oder für größere Gärten.

Catalpa bignonioides, der Gewöhnliche Trompetenbaum, wird ein etwa 7 - 12 m hoher Baum mit niedriger, breitgewölbter Krone. Blätter bis 25 cm lang, leicht herzförmig, unangenehm riechend. Blüten in breit kegelförmigen, 15 - 20 cm langen, vielblumigen Rispen. Die Einzelblüte ist etwa 5 cm breit, lockerstehend, glockig, am Rand gefranst, mit sehr schiefem Saum, weiß, innen mit purpurnen Punkten und zwei gelben Längsstreifen.

Pflegetips. Trompetenbäume bevorzugen frische, nährstoffreiche Böden und möglichst warme Lagen. In der Jugend sollte man sie vor strengen Frösten schützen, später sind sie ausreichend frosthart und bedürfen keiner besonderen Pflege.

▽ ***Catalpa bignonioides***

CERCIS SILIQUASTRUM

Gemeiner Judasbaum

Standort: sonnig, warm und geschützt; auf jedem Gartenboden, verträgt auch Kalk
Wuchshöhe: 5 - 10 m
Blütezeit: im März - Mai, vor dem Blattaustrieb
Vermehrung: durch Aussaat

Von den sieben Arten der Gattung, die in Europa, Asien und Nordamerika verbreitet sind, wird bei uns fast ausschließlich der Gemeine Judasbaum *(Cercis siliquastrum)* gepflanzt. Er gehört zur Familie der Schmetterlingsblütler *(Leguminosae)*. Der sommergrüne kleine Baum wird meist nur bis 5 m hoch, mäßig verzweigt, meist strauchig wachsend. Blüten schmetterlingsförmig, mit glockigem Kelch und zweiseitig-symmetrischer Krone. Die Fahne wird aus drei aufrechtstehenden, das Schiffchen aus zwei großen, senkrecht dazu stehenden Blütenblättern gebildet. Die hübschen, rosaroten Blüten erscheinen schon vor dem Laubausbruch, sie entstehen an mindestens zweijährigen Trieben, aber auch unmittelbar aus den starken Ästen heraus. Vorsicht: Die Beeren sind giftig. Er gedeiht bei uns am besten im Weinbauklima oder an geschützten, warmen Plätzen, etwa an der besonnten Südseite von Mauern und Gebäuden.

▽ ***Cercis siliquastrum***

CORNUS

Hartriegel

Standort: je nach Art mehr oder weniger anspruchsvoll
Wuchshöhe: 2 - 6 m
Blütezeit: Mai - Juni
Vermehrung: durch Aussaat, Steckholz und Stecklinge

☼—◐ 🍂

Die rund 45 Arten der Gattung sind überwiegend in den nördlichen gemäßigten Zonen von Europa, Asien und Nordamerika verbreitet und von sehr unterschiedlichem Charakter. Sie gehören zur Familie der Hartriegelgewächse *(Cornaceae)*. Viele sind wichtige sommergrüne Gartengehölze. Eine weitere Art wird im Kapitel »Blütensträucher« vorgestellt.

Cornus alba, der Tatarische Hartriegel, ist ein bis 3 m hoher Strauch, zunächst aufrecht wachsend, später mit bis zum Boden überhängenden und wurzelnden Zweigen. Die Triebe blut- bis korallenrot und leicht bereift, vor allem im Winter auffallend. Blätter 4 - 8 cm lang, eiförmig-elliptisch, im Herbst oft rot verfärbt. Blüten gelblichweiß, in flachen Schirmrispen im Mai - Juni. Früchte weiß oder bläulich. Robuster und anspruchsloser Gruppen- und Heckenstrauch, der auch schattige Standorte verträgt. Zu *C. alba* gehören einige interessante Gartenformen: 'Argentomarginata', mit mehr oder weniger stark weißgerandeten Blättern, und 'Kesselringii', mit schwarzbraunen Zweigen. 'Sibirica' hat dünne, leuchtendkorallenrote Färbung - im Winter besonders intensiv, sie ist im Wuchs schwächer als die Art. 'Spaethii' hat im Austrieb bronzegelbe, später breite, goldgelb gerandete Blätter.

Cornus controversa, der Pagoden-Hartriegel, ist das ostasiatische Pendant zu *C. alternifolia*. Seine Blätter sind diesem sehr ähnlich. Blüten Ende Mai in flachen Doldenrispen. Früchte dunkelblauschwarz, 6 mm dick. Ein besonders wirkungsvoller Kleinbaum, der unbedingt solitär gestellt werden muß. 'Variegata' mit seinen attraktiven weißgerandeten Blättern ist empfindlicher und stellt höhere Wärmeansprüche als die Art.

Cornus florida, der Amerikanische Blumenhartriegel, wird ein Baum von 5 - 6 m oder auch ein breitverzweigter, dichter Strauch. Blätter 6 - 14 cm lang, eiförmig-elliptisch. Blüten klein, unscheinbar, umgeben von vier weißen, verkehrteiförmigen Hochblättern. Blüht im Mai, oft in großer Fülle. Früchte elliptisch, 1 cm lang, leuchtendscharlachrot im Herbst. Besonders wertvolles Blütengehölz für frische, saure Böden. Gedeiht auch in halbschattigen Lagen. Von den zahlreichen Gartenformen sind nur wenige in Kultur: 'Cherokee Chief' (Hochblätter dunkelrot), 'Cherokee Princess' (Blüten weiß und besonders groß), 'Cloud Nine' (Blüten weiß, reich blühend). 'Rainbow' hat gelbgrüne, im Herbst scharlachrote Blätter und große, weiße Hochblätter. Die Hochblätter von *C. florida* f. *rubra* sind heller oder dunkler rosa oder rot.

Cornus kousa, der Japanische Blütenhartriegel, ist ein 5 - 7 m hoher Baum oder großer Strauch mit abstehenden Zweigen. Blätter 5 - 9 cm lang, eiförmig, im Herbst auffallend scharlachrot. Blüten wie bei *C. florida* in sehr kleinen Köpfchen, die von vier länglicheiförmigen, lang zugespitzten, weißen Hochblättern umgeben sind. Blüte im Mai - Juni, etwa zwei Wochen nach *C. florida* und mindestens so attraktiv wie dieser. Bevorzugt werden ebenfalls saure und frische, humose Böden. Ist insgesamt robuster und wird auch häufiger gepflanzt als *C. florida*. Auch von *C. kousa* sind einige interessante Gartenformen bekannt: 'China Girl' hat besonders große, rahmweiße Hochblätter, *C. kousa* var. *chinensis* wächst meist baumartig und etwas höher als die japanische Form. Ihre Hochblätter sind bis 6 cm lang und breiter, sie überlappen sich. In Kultur sind sie oft robuster als der Typ. 'Goldstar' (Blätter in der Mitte goldgelb gefleckt), 'Milky Way' (mit rahmweißen Hochblättern und vielen Früchten), 'Rubra' (Hochblätter karminrosa) und 'Satomi' (Hochblätter rosarot) sind weitere beliebte Formen.

<u>*Cornus florida*</u>, der Amerikanische Blumenhartriegel, trägt zwar nur kleine Blüten, aber die Masse macht's. Ein wahrer Blütenrausch macht den sommergrünen, breitkronigen Baum im Frühling zu einer Augenweide in jedem Garten. Und die phantastische Herbstfärbung des Laubs gibt es gratis dazu.

▽ ***Cornus florida*** **'Welchii'**

▽ ***Cornus florida*** **'White Cloud'**

▽ ***Cornus florida*** **'Spring Song'**

***Cotoneaster-Watereri*-Hybriden** **stammen ursprünglich aus China und sind vom Himalaya bis nach West- und Zentralasien, von Europa bis Nordafrika verbreitet. In unseren Gefilden gehören sie zu den wichtigsten Gartengehölzen für unterschiedliche Verwendungsbereiche.**

***Crataegus laevigata* 'Paul's Scarlett', der Echte Rotdorn, bietet unseren heimischen Singvögeln Unterschlupf und Nistplatz. Vögel fungieren im Garten als Nützlinge und rücken den tierischen Schädlingen auf den Leib.**

COTONEASTER-WATERERI-HYBRIDEN

Zwergmispel

Standort: sonnig bis halbschattig; auf jedem gepflegten Gartenboden
Wuchshöhe: bis 4 m
Blütezeit: Mai - Juni
Vermehrung: durch Aussaat, Stecklinge und Veredlung

Rund 50 sommer- und immergrüne Arten mit sehr unterschiedlichem Habitus umfaßt die Gattung, die zur Familie der Rosengewächse *(Rosaceae)* gehört. Weitere Arten werden im Kapitel »Blütensträucher« beschrieben.

***Cotoneaster-Watereri*-Hybriden** gehören zu den baumartig wachsenden Arten. Sie sind eine Gruppe, die aus Kreuzungen zwischen *C. frigidus* mit *C. salicifolius* und *C. rugosus* hervorgegangen sind: Blätter 7 - 10 cm lang, stumpfgrün. Früchte zahlreich, leuchtendrot, fast kugelig, 7 - 9 mm dick. Die weißen Blüten erscheinen im Mai bis Juni. Dekorativer Solitärstrauch für warme, geschützte Lagen. 'Pendulus' wird aufgebunden kultiviert, Äste und Zweige hängen dann stark herab. Blätter 4 - 7 cm lang, glänzend, im Herbst gelb gefärbt. Früchte ebenfalls zahlreich, kugelig, rot, 6 - 8 mm dick. Die Sorte hat zwar keine besonderen Standortansprüche, ist allerdings feuerbrandrostanfällig.

▽ ***Cotoneaster-Watereri*-Hybriden**

CRATAEGUS

Dorn

Standort: sonnig; anspruchslos an Lage und Boden
Wuchshöhe: 5 - 10 m
Blütezeit: Mai - Juni
Vermehrung: durch Aussaat und Veredlung

Die zu den Rosengewächsen *(Rosaceae)* gehörende Gattung ist mit etwa 200 Arten in Eurasien und Nordamerika verbreitet. Bis auf die eine europäische stammen die hier beschriebenen Arten aus Nordamerika. Die kleinen, sommergrünen Bäume haben dornige Zweige. Die kultivierten Arten stellen keine besonderen Ansprüche an Standort und Boden und werden als kleinkronige Solitärgewächse verwendet, die europäischen Arten auch für geschnittene und freiwachsende Hecken. Eine weitere Art wird im Kapitel »Wildgehölze« vorgestellt.

Crataegus crus-galli, der Hahnendorn, ist ein bis 7 m hoher Baum mit breiter, flacher, sparriger Krone. Dornen schlank, bis 8 cm lang. Blätter verkehrt-eilänglich, 2 - 8 cm lang, glatt und ledrig, im Herbst orangerot. Weiße Blüten im Mai - Juni. Früchte stumpfrot, 8 - 14 mm groß, bis in den Winter haftend.

Crataegus laevigata, der Zweigriffelige Weißdorn, ein 2 - 5 m hoher Strauch oder kleiner Baum. Dornen bis 2,5 cm lang. Blätter von 3 - 5 cm, derb, verkehrt-eiförmig, im oberen Teil unregelmäßig drei- bis fünflappig. Blüten zu 5 - 10 in endständigen Doldenrispen im Mai - Juni. Früchte 10 - 12 mm lang, eiförmig-kugelig, scharlachrot, eßbar, aber im Geschmack mehlig-fad. Heimisch in Europa, oft an Gebüschsäumen und Hecken oder als Pioniergehölz auf unbewirtschafteten Wiesen und Feldern. Häufig als Heckenpflanze und als Pioniergehölz für Schutz- und Mischpflanzungen verwendet. Wichtiges Vogelschutzgehölz. Feuerbrandanfällig.

Als kleinkroniger Solitärbaum wird im allgemeinen die Sorte 'Paul's Scarlet' gepflanzt. Diese aus dem Weißdorn entstandene Zuchtform ist der echte Rotdorn. Er fällt durch seine Fülle leuchtendkarmesinroter, gefüllter Blüten auf, die in großen Ständen zusammenstehen.

Crataegus x prunifolia, der Pflaumen-Weißdorn, ein bis 7 m hoher, etwas sparrig wachsender Kleinbaum. Dornen bis 4 cm lang, leicht gebogen. Blätter bis 8 cm lang, breit-elliptisch, scharf gesägt, glänzend dunkelgrün, im Herbst gelb und rot. Blüten im Mai - Juni in dichten, behaarten, vielblütigen Doldenrispen. Früchte kugelig, bis 1,5 cm dick, scharlachrot, früh abfallend.

▽ ***C. laevigata* 'Paul's Scarlett'**

DECAISNEA FARGESII

Blaubohnenstrauch

Standort: sonnig bis halbschattig; auf jedem Gartenboden
Wuchshöhe: 2 - 3 m
Blütezeit: Mai - Juni
Vermehrung: durch Aussaat oder Stecklinge

☼ — ◐

Von den beiden ostasiatischen Arten der Gattung *Decaisnea* aus der Familie der Fingerfruchtgewächse (*Lardizabalaceae*) ist nur die in China heimische *Decaisnea fargesii* ausreichend frosthart.
Es handelt sich um einen etwas staksig wachsenden Großstrauch mit relativ geringer Verzweigung. Triebe dick, kahl und blau bereift. Blätter bis 80 cm lang, unpaarig gefiedert, mit 13 - 25 eiförmigen bis elliptischen Blättchen, oben tiefgrün, unten blaugrün, an den Zweigenden gehäuft stehend. Die einhäusigen und vielehigen Blüten sind grünlich und außergewöhnlich zart, sie haben schmale, spitze, kronblattähnliche Kelchblätter und hängen endständig in lockeren Trauben. Bis 10 cm lange, wurstartige, blaue, bereifte Beeren mit schwarzglänzenden Samen. Die Samen sind in eine gallertartige, eßbare Pulpe eingebettet. Das Solitärgehölz ist ein interessanter Strauch für Liebhaber und wirkt in einem Innenhof, vor einer Hauswand oder einer Mauer besonders attraktiv.

Pflegetips. Der sommergrüne Blaubohnenstrauch liebt warme Lagen, einen sonnigen bis halbschattigen Standort und lehmig-humosen Boden. Er ist winterhart, in der Jugend allerdings ist er empfindlich gegen Spätfröste. In Regionen mit häufig auftretenden Spätfrösten empfiehlt es sich deshalb, den Blaubohnenstrauch an einen vor allem vor Nordwinden geschützten Platz zu pflanzen.

▷ ***Decaisnea fargesii***

Decaisnea fargesii, **der Blaubohnenstrauch, ist ein elegantes Blütengehölz, das nach einer Solitärstellung verlangt. Der Standort des Blaubohnenstrauchs sollte jedoch wegen der hohen Frostempfindlichkeit windgeschützt sein.**

***Gymnocladus dioica*, der Geweihbaum, wird bereits seit 1748 in Europa kultiviert. Seine Krone ist locker – so eignet er sich gut als lichtkroniger Schattenspender für Sitzplätze im Garten. Mit seinem Herbstlaub sieht er aus wie vergoldet.**

***Ilex aquifolium* 'Alaska', die Stechpalme, auch Hülse genannt, zeigt, wie hübsch im Herbst die Kombination der roten Früchte mit dem satten, glänzenden Grün der Blätter aussieht.**

***Ilex aquifolium* ist eine Pflanze mit doppeltem Schmuckwert, denn neben den roten Beeren im Herbst sind auch die weißen Blütchen im Frühsommer sehr dekorativ.**

GYMNOCLADUS DIOICA

Geweihbaum

Standort: sonnig; auf feuchten, nährstoffreichen Böden
Wuchshöhe: 15 - 20 m
Blütezeit: Juni
Vermehrung: durch Aussaat

Der zur Familie der Schmetterlingsblütler *(Leguminosae)* gehörende Geweihbaum zählt zu den schönsten Garten- und Parkbäumen mit gefiedertem Laub. Er ist in den atlantischen Laubwäldern Nordamerikas beheimatet. Der im Alter 15 - 20 m hoch werdende Baum mit seinen dekorativen, dicken, knorrigen Ästen besitzt eine lockere Krone. Die doppelt gefiederten, sehr zierenden Laubblätter können bis 100 cm lang und etwa 60 cm breit werden. Im Juni erscheinen die grünlichen Blüten, die in etwa 8 - 10 cm langen Trauben oder endständigen Rispen zusammenstehen. Sie besitzen einen geröhrten Kelch und vier bis fünf abstehende Blütenblätter. Der Baum ist bei uns winterhart.

Pflegetips. Er liebt einen sonnigen Standort und ist nicht sehr schattenverträglich. Feuchte, nährstoffreiche Böden sind für gutes Gedeihen wichtig. Daher ist er in trockenen Sommermonaten zusätzlich zu wässern. Da es sich um ein Solitärgehölz handelt, sollte er nicht beschnitten werden.

ILEX

Stechpalme, Hülse

Standort: halbschattig bis schattig; auf frischen, humosen Böden
Wuchshöhe: 50 cm - 15 m
Blütezeit: Mai - Juni
Vermehrung: durch Aussaat oder Stecklinge

Mit rund 400 Arten ist die Gattung aus der Familie der Stechpalmengewächse *(Aquifoliaceae)* vorwiegend in den tropischen und subtropischen Regionen beider Erdhälften vertreten; einige Arten kommen aber auch in den gemäßigten Zonen vor. Sie tragen immer- oder sommergrüne, wechselständige, einfache, am Rand häufig gewellte und bestachelte Blätter. Die Blüten sind unscheinbar und meist zweihäusig, die Früchte mehrsamige, meist auffallend gefärbte Steinfrüchte.
Die hier besprochenen Arten sind immergrüne Gehölze, die durch ihr dekoratives Laub und einen beachtlichen Fruchtschmuck besonderen Wert haben. Sie sind aber nicht nur als Gartengehölze von Bedeutung, sondern auch für die Kranzbinderei oder als lange haltbarer Vasenschmuck. Alle *Ilex*-Arten gedeihen am besten in halbschattigen bis schattigen Lagen auf frischen, lockeren, humosen Böden. Außer bei Heckenpflanzen ist kein Korrekturschnitt erforderlich. *Ilex*-Arten werden meist als Einzel- oder Gruppenpflanzen verwendet, *I. aquifolium* und *I.* x *meserveae* aber auch als Hecke.

Ilex aquifolium, die Stechpalme oder Hülse, ist meist ein größerer Strauch, aber auch ein bis 15 m hoher Baum. Die Blätter sind lederartig, eiförmig bis elliptisch, 3 - 9 cm lang, am Rand mehr oder weniger stark gewellt und stachelig gezähnt, als Altersform oft auch ganzrandig. Im Mai - Juni erscheinen weiße und duftende Blüten. Die Früchte sind kugelig, rot, 7 - 10 mm dick. Eine Fruchtentwicklung ist nur dann gewährleistet, wenn neben weiblichen auch männliche Pflanzen stehen. Die von Mitteleuropa bis Kleinasien und Transkaukasien verbreitete *I. aquifolium* ist eine uralte Gartenpflanze. Fruchtende Zweige waren und sind zu Weihnachten ein beliebter Vasenschmuck. Am Palmsonntag werden die Zweige als Ersatz für echte Palmwedel geweiht. Zu *I. aquifolium* gehört eine große Zahl von Gartenformen, die sich durch Form und Färbung ihrer Blätter unterscheiden.

Ilex* x *meservae entstand aus *I. aquifolium* x *I. rugosa*. Es handelt sich um eine Gruppe immergrüner Sträucher mit tief dunkelgrünen, glänzenden Blättern, die in ihrer Form an die Blätter von *I. aquifolium* erinnern, aber etwas kleiner sind. Besonders winterhart ist die Sorte 'Blue Angel': Wuchs kräftig, aufrecht und kompakt, Triebe und Blattstiele bläulich-purpurn, Blätter 3 - 5 cm lang, dunkelgrün, Früchte tiefrot.

▽ ***Gymnocladus dioica***

▽ ***I. aquifolium* 'Alaska'**

▽ ***Ilex aquifolium***

LABURNUM

Goldregen

Standort: bevorzugen vollsonnige Plätze und jeden Gartenboden; vertragen auch Trockenheit und kalkhaltige Böden
Wuchshöhe: 5 - 9 m
Blütezeit: Mai - Juni
Vermehrung: durch Aussaat und Veredlung

Mit insgesamt 3 Arten ist die Gattung aus der Familie der Schmetterlingsblütler *(Leguminosae)* von Südeuropa bis Westasien verbreitet. Es sind sommergrüne Sträucher oder kleine Bäume mit wechselständigen, langgestielten, dreizähligen Blättern, an denen die Blättchen ganzrandig und elliptisch bis verkehrt-eiförmig sind. Stattliche, gelbe Schmetterlingsblüten sind in auffallenden, langen, schlaff herabhängenden Trauben zusammengefaßt; sie erscheinen oft in so großer Zahl, daß der Name Goldregen durchaus berechtigt ist.
Die beiden in unseren Gärten kultivierten Arten, *Laburnum alpinum* und *L. anagyroides* sowie der daraus entstandene Bastard, *L.* x *watereri*, sind wunderschöne und immer wieder gern gepflanzte Großsträucher, die im Frühjahr mehrere Wochen lang blühen können. Der Goldregen ist wegen seiner Giftigkeit in den letzten Jahren ein wenig in Verruf geraten. Alle Teile enthalten als Hauptwirkstoff Cytisin. Nach dem Genuß von Früchten oder Rinde können sich Leibschmerzen, Übelkeit, Herz- und Kreislaufstörungen und u. U. auch der Tod durch Atemlähmung einstellen. Er gehört also zu den Gehölzarten, die man nicht in die Nähe von Kinderspielplätzen pflanzen sollte. Für Hasen und Kaninchen ist die Rinde aber keineswegs giftig, sie nagen sie mit Vorliebe ab.

Laburnum anagyroides, Gemeiner Goldregen. Straff aufrechter, bis 7 m hoher Baum oder Strauch mit wenigen Stämmen und glatter, grünlicher bis grünlich-bräunlicher, längsgestreifter Borke. Die Blätter sind an den Langtrieben wechselständig, an Kurztrieben rosettig angeordnet, die Blättchen der dreigeteilten Spreite 4 - 5 cm lang, elliptisch bis eiförmig und frischgrün. Gelbe, etwa 2 cm große Blüten, in 10 - 30 cm langen, bogig überhängenden Trauben im Mai - Juni. Der Gemeine Goldregen ist in den Gebirgen Mittel- und Südeuropas, von Ostfrankreich bis zum Balkan verbreitet. Er besiedelt vorwiegend lichte Eichen- und Kiefernwälder auf meist kalkhaltigen, nährstoffreichen, mäßig trockenen Böden, zusammen mit der Flaumeiche, mit Mannaesche, Perückenstrauch und Weichselkirsche. Er wird viel häufiger gepflanzt als der Alpengoldregen.
Der Gemeine Goldregen ist am Zustandekommen einer botanischen Kuriosität beteiligt, die man gelegentlich in Botanischen Gärten bestaunen kann. Vor mehr als 100 Jahren entstand in einer französischen Baumschule eine sogenannte Pfropfchimäre, als man den Rosenginster *(Cytisus purpureus)* auf einen Goldregen veredelte. In der Regel verändert sich der Pfropfling beim Veredeln nicht. In seltenen Fällen, eben in diesem, kommt es durch komplizierte Verwachsungsvorgänge zur Entstehung einer Pfropfchimäre, die hier den Namen *Laburnocytisus adami* trägt. Sie ist auf den ersten Blick nicht von einem Goldregen zu unterscheiden. Ihr zwiespältiges Wesen wird erst zur Blütezeit sichtbar. Dann hängen neben den normal gelben auch schmutzig purpurfarbene Blütentrauben am Strauch. Darüber hinaus entwickeln sich irgendwo in der Krone aus einem Goldregenast plötzlich reine Rosenginsterzweige, die sich zu einem kleinen, hexenbesenartigen Strauch aufbauen und rosafarbene Ginsterblüten tragen.

Laburnum* x *watereri. Mitte des vorigen Jahrhunderts entstand aus den beiden oben beschriebenen Arten diese Hybride, die in der Südschweiz und in Tirol auch wild gefunden worden ist. Auch sie baut sich zu einem schlanken, aufstrebenden Großstrauch auf, der mit etwa 40 cm langen, sehr dichten Blütentrauben aufwartet. In der Regel wird die Sorte 'Vossii' angeboten. Sie ist mit ihren dicken Ästen, dem streng trichterförmigen Aufbau, der ungewöhnlich reichen Blüte und den bis 50 cm langen Blütentrauben ohne Zweifel der Schönste aller Goldregen.

Pflegetips. Goldregen ist absolut frosthart und stellt keine besonderen Ansprüche an Boden und Standort. Ohne jeden Schnitt baut er sich zu straff aufrechten, oft vasen- oder trichterförmigen Großsträuchern auf, die beispielsweise in Rotdorn, Eberesche oder weißem und violettem Flieder passende und attraktive Nachbarn finden.

▽ ***Laburnum* x *watereri* 'Vossii'**

***Laburnum* x *watereri* 'Vossii'**, **eine Goldregen-Hybride, ist zwar in seiner vollen Blüte verführerisch schön, sollte jedoch nicht gepflanzt werden, wenn kleine Kinder im Haus sind. Die Pflanze ist in allen Teilen giftig.**

***Liriodendron tulipifera*, der Tulpenbaum, ist ein starkwüchsiges, breitkroniges Gehölz mit frischen, grünen Blättern, die im Herbst eine attraktive gelbe Färbung annehmen. Die Blüten weisen orangefarbene Male auf.**

***Magnolia* x *loebneri* 'Leonard Messel', die Magnolie, wächst als aufrechter Baum oder Strauch. Im Frühling erscheinen die Blüten, die aus vielen kleinen Blütenblättern bestehen. Erst danach entfalten sich die tiefgrünen Blätter.**

***Magnolia* x *soulangiana*, die Gartenmagnolie, ist ein sehr beliebtes, sommergrünes, breitwüchsiges Blütengehölz. Im Frühsommer erscheinen große weiße, außen lilarosa überhauchte, herrlich duftende Blüten.**

LIRIODENDRON TULIPIFERA

Tulpenbaum

Standort: kräftige, frische Böden; sonniger, freier Platz
Wuchshöhe: 20 - 30 m
Blütezeit: Juni
Vermehrung: durch Aussaat

Zur Familie der Magnoliengewächse *(Magnoliaceae)* gehören die stattlichen, sommergrünen Tulpenbäume. In Mitteleuropa ist nur der Nordamerikanische Tulpenbaum *(Liriodendron tulipifera)* in Kultur. Tulpenbäume weisen eine prachtvolle Herbstfärbung auf.

Liriodendron tulipifera, in seiner Heimat bis 50 m, wird bei uns selten mehr als 30 m hoch. Die Krone ist zunächst regelmäßig kegelförmig, später aufgelockert und oft recht breit. Blüten erscheinen im Juni einzeln und endständig mit 3 hellgrünen, zurückgeschlagenen Kelchblättern und 6 wie eine Tulpe geformten, 4 - 5 cm langen Kronblättern. Die Kronblätter sind grünlichgelb und innen, in der Nähe der Basis, mit einem orangefarbenen Band gezeichnet.

Pflegetips. Er benötigt nur in der Jugend den Schutz benachbarter Gehölze, später sollte er frei stehen. Er verträgt das Verpflanzen schlecht; man sollte ihn nur im Frühjahr pflanzen.

▽ ***Liriodendron tulipifera***

MAGNOLIA

Magnolie

Standort: gutgepflegte, humose, nahrhafte, frische, leicht saure Böden; heller, geschützter Platz
Wuchshöhe: 2 - 25 m, je nach Art
Blütezeit: April - Juni
Vermehrung: durch Aussaat, Stecklinge oder Veredlung

Magnolien sind mit rund 75 Arten im östlichen Nordamerika, in Mittelamerika, in Ostasien und im Himalaya verbreitet. Sie gehören zur Familie der Magnoliengewächse *(Magnoliaceae)*. Alle Arten haben große, von einer Schuppe umhüllte Winterknospen sowie einfache, ungeteilte, gestielte Blätter mit auffallenden Stipeln, die am Grund mit dem Blattstiel verbunden, tütenförmig miteinander verwachsen sind und die Sproßspitze ringförmig umschließen. Blüten meist auffallend groß, zwittrig, einzeln, endständig und mit 3, meist kronblattartigen Kelchblättern und 6 (bis 15) Kronblättern ausgestattet. Die Fruchtblätter entwickeln sich zu Balgfrüchten, die zur Reifezeit an einer Naht aufspringen und die Samen entlassen; oft bleiben die Samen noch eine Weile an einem dünnen Arillusfaden hängen. Die Balgfrüchte sind zu einer sehr attraktiven zapfenartigen Sammelfrucht vereint, die einzelnen Samen werden völlig von einem Samenmantel (Arillus) umhüllt.

▽ ***M.* x *loebneri* 'Leonard Messel'**

Magnolien sind sommer- oder immergrün und gehören zu unseren prachtvollsten Blütensträuchern. Mit ihren großen, auffallenden Blüten, die sie teilweise auf den noch winterkahlen Zweigen hervorbringen, dominieren sie zur Blütezeit im Garten. Als Gartengehölze werden die ostasiatischen Arten bevorzugt. Viele von ihnen bleiben kleiner als die meist baumförmigen amerikanischen Arten; außerdem blühen sie im Frühjahr vor dem Blattaustrieb, während die meisten amerikanischen Arten erst nach der Laubentfaltung ihre Blüten entwickeln und diese nicht so frei präsentieren können. Weitere Informationen und Arten sowie Pflegetips finden Sie im Kapitel »Blütensträucher«.

Magnolia kobus, die Kobushi Magnolie, ein sommergrüner, bis 7 m hoher Baum oder großer Strauch, der im nördlichen Japan heimisch ist. Die Blütenknopsen sind groß und auffallend seidig behaart, die Blätter verkehrt-eiförmig, 10 - 18 cm lang, glänzendgrün. Blüten erscheinen im April vor der Laubentfaltung und sind etwa 10 cm breit, aufrechtstehend und weit geöffnet mit 6 - 9 aufrechten bis ungleich zurückgeschlagenen, weißen Kronblättern. Bei uns ist die Art völlig hart und eine der gärtnerisch wichtigsten der Gattung.

Magnolia* x *loebneri *(M. kobus* x *M. stellata)*. Im Alter 6 - 8 m hoher Strauch oder kleiner Baum, der die Vorzüge beider Eltern in sich vereint: die Härte und Wuchsfreudigkeit von *M. kobus* und die Blühfreudigkeit von *M. stellata*. Blätter verkehrt-eiförmig, etwas größer als die von *M. stellata*. Die Blüten weiß mit 12 Tepalen, ebenfalls etwas größer als bei *M. stellata*. Eine sehr wertvolle, frühblühende Magnolie, zu der auch folgende Sorten gehören: 'Leonard Messel', Blüten innen weiß, außen rosa, zunächst kelchförmig geschlossen, später ganz weit geöffnet. 'Merril', Blüten weiß mit 15 Tepalen, doppelt so breit und länger als bei *M. stellata*. 'Neil McEachern',

▷ ***Magnolia* x *soulangiana***

Malus floribunda, der Vielblütige Apfel, macht seinem Namen alle Ehre und treibt im Frühling eine Fülle kleiner, roter Blütenknospen aus, die sich zu blaßrosa Blüten entwickeln. Im Herbst schmücken kleine, gelbe Kirschäpfelchen den Baum.

Blüten weiß, zartlila angehaucht, sehr reich blühend, baumartig wachsend. 'Snowdrift', Blüten reinweiß mit 12 Tepalen.

Magnolia x soulangiana *(M. denudata* x *M. liliiflora)*, Gartenmagnolie. Sommergrüner, bis 5 m hoher und ebenso breiter, im Alter meist sparriger, baumartiger Strauch. Verkehrt-eiförmige, 15 - 20 cm lange Blätter. Glockige Blüten mit 8 - 10 cm langen, innen weißen, außen rosa bis purpurn überlaufenen Tepalen im April - Mai. *M.* x *soulangiana* ist die in unseren Gärten am häufigsten gepflanzte Magnolie, sie ist robust und wüchsig und blüht im zeitigen Frühjahr meist mit einer überreichen Blütenfülle.

Sortenübersicht. *M.* x *soulangiana* entstand schon 1820 bei Soulange-Bodin in Fromont bei Paris, sie ist Ausgangsform für zahlreiche wunderschöne Sorten: 'Alba Superba', Blüten sehr groß, weiß, Außenseite der Tepalen im unteren Drittel schwach rosa gefärbt. 'Alexandrina', Blüten sehr groß, bis 18 cm breit, innen reinweiß, außen zartrosa und an der Basis dunkler; die Blüte dauert fast 3 Wochen lang. 'Brozzonii', hat die größten Blüten dieser Gruppe, sie sind, voll geöffnet, bis 25 cm breit, innen und außen weiß, nur an der Basis zartrosa getönt; Blühdauer ebenfalls sehr lang. 'Burgundy', amerikanische Sorte mit kräftigrosa Blütenfarbe. 'Lennei', Blüten kugelig, mit 10 - 15 cm langen und bis 10 cm breiten Tepalen, die innen weiß und außen dunkelpurpur gefärbt sind. 'Picture', in Japan entstandene Sorte mit sehr großen, 25 - 30 cm breiten Blüten, die schon an jungen Pflanzen erscheinen. Blüten in der Grundfarbe weiß, außen, vor allem an der Basis, tief weinrot schattiert. 'Rustica Rubra', Blüten etwa wie bei 'Lennei', aber etwas kleiner, mehr rosarot und etwas zeitiger aufblühend. 'Speciosa', Blüten bis 15 cm breit, duftend, innen weiß, außen rosa gestreift, spät aufblühend. 'Verbania', ebenfalls sehr spät blühend, die Tepalen sind außen ganz gleichmäßig rosa gefärbt.

MALUS

Apfel

Standort: sonnige Lagen; jeder gepflegte Gartenboden
Wuchshöhe: 2 - 8 m
Blütezeit: Mai
Vermehrung: durch Aussaat oder Veredlung

☼

Zur Gattung Malus aus der Familie der Rosengewächse *(Rosaceae)* gehören nicht nur unsere Kulturäpfel, sondern auch eine Reihe von Wildarten und Gartenformen. Rund 35 Arten kommen in Europa, Asien und Nordamerika vor, dazu eine kaum mehr zu überblickende Zahl von Gartenformen. Alle sind sommergrüne, meist rundkronige Kleinbäume oder Großsträucher, von denen einige dornige Zweige haben. Die einfachen, meist mehr oder weniger elliptischen Blätter stehen wechselständig. Die zwittrigen, fünfzähligen Blüten erscheinen in mehrblütigen Dolden oder Schirmtrauben an Kurztrieben.
Die kultivierten Zieräpfel sind begehrte und wertvolle Gartengehölze, die zweimal im Jahr auf sich aufmerksam machen: zur Blütezeit im Mai und zur Fruchtreife im Herbst. Zu beiden Zeiten sind sie in ihrer Wirkung fast unerreicht. Die Skala ihrer Blütenfarben reicht von Weiß über Rosa zu verschiedenen Rottönen. Die Früchte färben sich meist gelb oder rot mit allen Übergängen. Bei vielen Sorten kommt eine rötliche Färbung des Laubes hinzu, die sich entweder nur im Austrieb zeigt oder auch über den Sommer erhalten bleibt. Weitere Arten werden im Kapitel »Blütensträucher« beschrieben.

▽ ***Malus floribunda***

Malus floribunda, Vielblütiger Apfel. Meist 4 - 6 m hoher Baum mit dichter, breitgewölbter Krone und schlanken, übergeneigten bis weit abstehenden Zweigen. Blätter elliptisch bis eiförmig, 4 - 8 cm lang, die überaus zahlreichen Blüten in der Knospe tiefkarminrot, rosa aufblühend, 2,5 - 3 cm breit; die Früchte rundlich, 6 - 8 mm dick, gelblichgrün bis rot. *M. floribunda* wurde als Kulturpflanze aus Japan eingeführt, ist seit 1862 bei uns in Kultur und noch immer eine der wertvollsten Arten.

Malus x purpurea *(M. atrosanguinea x M. pumila* 'Niedzwetzkyana'*)*. Großer, kräftigwachsender Strauch oder kleiner Baum. Zweige mit schwarzroter Rinde. Blätter lang-eiförmig, bis 9 cm lang, zuerst braunrot, später dunkelgrün und glänzend. 3 - 4 cm breite, purpurn aufblühende, bald verblassende Blüten. Früchte kugelig, 1,5 - 2,5 cm dick, pupurrot.

Malus toringo (syn. *M. sieboldii*), Toringoapfel, ein bis 4 m hoher Strauch mit breit abstehenden und überhängenden, schwarzbraunen Zweigen. Blätter besonders an Langtrieben tief drei- bis fünflappig, aber auch kaum gelappt, 3 - 8 cm lang, im Herbst rot und gelb gefärbt; die Blüten 2 cm breit, zunächst hellrosa, später ganz weiß. Kugelige, erbsengroße, rote bis gelbbraune Früchte, sie halten bis zum Winter. Eine wertvolle, weitgehend schorffreie japanische Art, die zu den wertvollsten Wildarten gehört.

Pflegetips. Zieräpfel werden in der Regel als veredelte, meist kurzstämmige Büsche, gelegentlich auch als Halb- oder Hochstämme angeboten. Bei allen ist nur in der Jugend ein Aufbauschnitt erforderlich, der sich später auf ein kontinuierliches, vorsichtiges Auslichten beschränkt.

MESPILUS GERMANICA

Mispel

Standort: sonnige bis halbschattige Lage; warme, auch kalkreiche Böden
Wuchshöhe: 3 - 5 m
Blütezeit: Ende Mai
Vermehrung: durch Veredlung, Absenker oder Steckholz

☼ – ◐

Die Mispel aus der Familie der Rosengewächse *(Rosaceae)* ist eine im Garten selten gepflanzte Kernobstart. Früher war sie bei uns so häufig angepflanzt bzw. verwildert, daß Carl von Linné glaubte, sie sei hier heimisch, und ihr den Namen *Mespilus germanica* gab. Die Verbreitung aus dem Ursprungsgebiet zwischen Kaspischem und Schwarzem Meer erfolgte über Kleinasien zu den Griechen, die sie wohl über ihre Siedlung Massilia, dem heutigen Marseille, nach West- und Mitteleuropa brachten. Wirtschaftliche Bedeutung hat sie heute noch auf dem Balkan und im südlichen Rußland.
Die Mispel wächst langsam, ausladend, sparrig und bildet eine malerische Krone aus. Junge Triebe von grauer bis schwarzer Farbe sind behaart, ältere Äste und Stämme häufig gedreht. Die Rinde löst sich gern ab. Spät im Mai erscheinen die einzelnstehenden Blüten. Sie haben 3 - 5 cm lange, schmale Kelchblätter, sind weißlich, duftlos und dekorativ. Späte Blüte und Selbstbefruchtung sind Gewähr für regelmäßige Erträge (bis 30 kg je Baum). Die länglichen Blätter mit tiefliegenden Adern sind oberseits dunkel-, unterseits hellgrün und färben sich vor dem Laubfall. Zusammen mit den zahlreichen Früchten bietet sich dann ein schöner Anblick. Die überwiegend kugeligen Früchte mit leicht rauher Schale färben sich von Grün nach Braun. Auffallend an den bis 7 cm großen Früchten sind die Kelchblätter über dem tief eingesunkenen Blütenboden. Das zunächst hell-, dann dunkelgrüne Fruchtfleisch wird roh erst genießbar, wenn es durch Frost oder mehrwöchige Lagerung nach der Ernte teigig geworden ist. Der herbe Geschmack verliert sich, und es bildet sich das eigenwillige, süßliche Aroma mit leichter Säure. Meist dienen Mispeln zur Gelee- und Konfitürenherstellung – vielfach zusammen mit anderen Früchten. Mispeln werden im allgemeinen als *Mespilus germanica* ohne Angabe der Sorte gehandelt, obwohl es solche gibt. Im westeuropäischen Sortiment werden 'Holländische Großfrüchtige' (sehr groß), 'Nottingham' (mittelgroß), 'Königliche' (mittel bis groß) und 'Kernlose' (kaum mittelgroß, sehr schmackhaft) genannt.

Pflegetips: Ansprüche an den Boden sind gering; wärmere Lagen werden bevorzugt; der Baum gedeiht auch im Halbschatten. Bei der Pflanzung ist ein Standraum von 9 - 25 qm vorzusehen. Der Schnitt erfolgt anfangs wie bei Kernobst üblich; später nur auslichten, keinen regelmäßigen Kronenaufbau anstreben! Die Bodenpflege ist beliebig. Düngung meist nicht erforderlich. Geerntet wird Anfang November. Lagern einschichtig mit Stiel nach oben. Schädlinge spielen praktisch keine Rolle. Die Vermehrung geschieht überwiegend durch Okulation auf Birnen- oder Weißdornunterlage.

▽ ***Mespilus germanica***

PARROTIA PERSICA

Parrotie

Standort: sonnig bis halbschattig; jeder gepflegte, frische, durchlässige Gartenboden
Wuchshöhe: 5 - 10 m
Blütezeit: Februar - März
Vermehrung: durch Aussaat

☼ – ◐ 🍂

Parrotia persica ist eine monotypische, in Nordpersien heimische Gattung aus der Familie der Hamamelisgewächse *(Hamamelidaceae)*. Sie entwickelt sich zu einem 5 - 10 m hohen, breitausladenden Strauch. Die Blätter des sommergrünen Gehölzes sind wechselständig, ungeteilt, 6 - 10 m lang, ganzrandig, im Austrieb oft rot gerandet; sie färben sich im Herbst prachtvoll goldgelb und scharlachrot. Die Blüten der Parrotie haben keine Fernwirkung, nur aus der Nähe betrachtet sind sie von eigenartigem Reiz. Den Blüten fehlen die Kronblätter, sie bestehen nur aus 10 - 15 hochroten Staubblättern, die von einem fünf- bis siebenlappigen Kelch umgeben sind, dieser wird von tiefbraunen Hochblättern umhüllt. Die Blüten sitzen zu mehreren in kopfigen Ähren, sie öffnen sich bei milder Witterung oft schon im zeitigen Februar. Mit ihrem eigenwilligen Aufbau, der platanenartig abblätternden Rinde, den aparten Blüten und der prachtvollen Herbstfärbung ist *P. persica* ein Solitärgehölz ersten Ranges.

▽ ***Parrotia persica***

***Mespilus germanica*, die Mispel, hat dunkelgrünes Laub, das sich im Herbst orangebraun färbt. Dann schmücken den Baum auch die grünbraunen Früchte. Die kleinen, weißen Blütchen erscheinen im Spätfrühling.**

***Parrotia persica*, die Parrotie, ist wegen ihrer ungewöhnlichen, besonders reizvollen Blüten und der schönen Herbstfärbung als Solitärgehölz sehr beliebt. Die Blütenknospen sind jedoch spätfrostgefährdet.**

***Paulownia tomentosa*, die Blauglockenblume, ist bekannt für ihre attraktiven, großen Blätter und die fingerhutartigen Blüten, die in großen Rispen noch vor den Blättern erscheinen. Das Gehölz liebt die pralle Sonne.**

***Photinia beauverdiana*, die Glanzmispel, erfreut den Betrachter dreifach: Im Sommer erscheinen in verschwenderischer Fülle die kleinen, weißen Blüten, im Herbst die purpurnen Früchte und die wunderbar orangefarbene bis scharlachrote Laubfärbung.**

PAULOWNIA

Paulownia, Blauglockenblume

Standort: in milden Klimazonen auf nahrhaften, durchlässigen Böden
Wuchshöhe: 10 - 15 m
Blütezeit: April - Mai, vor dem Blattaustrieb
Vermehrung: meist durch Aussaat

Mit 17 Arten ist die Gattung, die zur Familie der Braunwurzgewächse *(Scrophulariaceae)* gehört, in Ostasien verbreitet. Die hohen, sommergrünen Bäume haben dicke, hohle Triebe, die keine Endknospen ausbilden. Die Blätter sind gegenständig, oft sehr groß, herz-eiförmig, ganzrandig oder drei- bis fünflappig. Die Blüten entwickeln sich in 20 - 30 langen, kegelförmigen, rispenartigen Blütenständen an den Enden der vorjährigen Zweige. Sie haben einen fünflappigen Kelch und eine trichterförmige, schwach zweilippige Blütenkrone, die violett bis weiß ist. Die Blüten werden schon im Sommer des Vorjahres entwickelt, die Blütenknospen sind im Winter deutlich sichtbar. Die Früchte sind eiförmige, ledrige Kapseln mit zahlreichen feinen Samen. Blühende Paulowniabäume sind mit ihren großen Blütenrispen im Frühjahr immer wieder eine Überraschung. Leider blühen sie regelmäßig nur in milden Klimaregionen, in denen die Blütenknospen im Winter nicht beschädigt werden. Die Bäume selbst sind, mit Ausnahme des Jugendstadiums, viel härter und überleben auch dort, wo ihre Blüten nahezu regelmäßig erfrieren.

Paulownia tomentosa ist ein bei uns bis 7 m hoher, breitkroniger Baum aus den chinesischen Provinzen Hubei, Kiangsi und Honan. Triebe an jungen Pflanzen sehr dick, anfangs dicht und weich behaart. Blätter 17 - 30 cm lang, breiteiförmig, kurz zugespitzt. Blütenstände 25 - 40 cm lang, die Einzelblüten 5 - 6 cm lang, am Schlund über dem Saum 4 - 5 cm breit, violett, innen gelb gestreift, duftend, Blütezeit Mai. *P.tomentosa* ist die am häufigsten kultivierte Art, der Baum verträgt im Sommer Trokkenheit und hohe Temperaturen.

▽ ***Paulownia tomentosa***

PHOTINIA

Glanzmispel

Standort: sonnige oder schattige Plätze; nährstoffreiche, nicht zu schwere Böden
Wuchshöhe: 3 - 5 m
Blütezeit: Mai - Juli
Vermehrung: durch Aussaat, Stecklinge oder Veredlung

Von den etwa 40 Arten der Gattung, die ausschließlich in Süd- und Ostasien heimisch sind, werden in Mitteleuropa nur wenige Arten und Sorten vermehrt. Die Gattung gehört zur artenreichen Familie der Rosengewächse *(Rosaceae)*. Sie umfaßt immer- und sommergrüne Sträucher mit einfachen, wechselständigen, bis 20 cm langen Blättern. Die fünfzähligen, kleinen, weißen Blüten stehen in endständigen Doldenrispen.

Photinia beauverdiana, ein sommergrüner Strauch oder kleiner, schlanker Baum. Blätter schmal verkehrt-eiförmig bis lanzettlich, schlank zugespitzt, 5 - 13 cm lang. Blüten im Mai in 5 cm breiten Ständen. Früchte eiförmig, 6 mm lang, purpurn. Heimisch in China. Auffallend schöne, orangefarbene Herbstfärbung.

Photinia villosa, die Warzen-Glanzmispel, ist ein sommergrüner, bis 5 m hoher Strauch oder kleiner Baum. Blätter breit bis schmal verkehrt-eiförmig, 3 - 8 cm lang, fein und scharf gesägt, oben frischgrün und kahl, unten heller, blau- bis graugrün und mehr oder weniger behaart. Blüten 1 - 1,2 cm breit, zu 5 - 20 in 3 - 5 cm langen und gleich breiten, oft etwas behaarten Trauben. Heimisch in Japan, Korea und China. Schöner, auch in Mitteleuropa ausreichend harter Strauch, der vor allem im Herbst durch die glühend orangefarbene bis scharlachrote Laubfärbung auffällt.

▷ ***Photinia beauverdiana***

***Prunus sargentii*, die Zierkirsche, ist ein sommergrüner Baum mit rötlichem Laub, das sich im Frühherbst leuchtend orange färbt. Im Frühling erscheinen die üppigen, rosafarbenen Blütenbüschel.**

***Prunus cerasus*, die Zierkirsche, besticht durch ihre schneeweißen Blütchen, die sich hübsch gegen die dunklen Äste abheben.**

***Prunus serrulata*, die Grannenkirsche, zeigt sich hier in ihrer ganzen Pracht – die duftigen, rosafarbenen Blüten sehen aus wie gemalt.**

PRUNUS

Kirsche, Mandel, Pfirsich, Pflaume

Standort: die meisten Arten sonnig, einige halbschattig bis schattig; Bodenansprüche meist gering
Wuchshöhe: 1 - 20 m, je nach Art
Blütezeit: März - Juni
Vermehrung: durch Aussaat, Stecklinge oder Veredlung

☼ — ●

Die recht vielgestaltige Gattung, sie gehört zur Familie der Rosengewächse *(Rosaceae)*, enthält eine Fülle wichtiger Gartengehölze, außerdem eine Reihe von Obstgehölzen. Weitere Informationen und Arten finden Sie im Kapitel »Blütensträucher«.

Prunus cerasifera, die Kirschpflaume oder Myrobalane aus der Familie der Rosengewächse *(Rosaceae)* stammt aus den Bergschluchten und Flußtälern der Gebirge Mittel- und Kleinasiens. Sie wächst als Baum (öfter mehrstämmig) oder Strauch, schmalpyramidal, 4 - 10 m hoch, in der Jugendphase bedornt; Blätter klein, oval-eiförmig, Blüte weiß, innen etwas rosa; Frühblüher, selbstunfruchtbar. Die Frucht ist kugelig, mit kurzem Stiel und 2 - 4 cm Durchmesser; Fruchtfarbe reicht von Grün über Gelb bis Rot und Blau. Als Gartengehölz werden vorwiegend die rotblättrigen und rotfrüchtigen Zierformen wie *Prunus cerasifera* 'Atropurpurea' (='Pisardii') und 'Nigra' verwendet. Sorten mit großen, aromatischen Früchten sind 'Trailblazer', 'Sprite' und 'Unika'.

Prunus sargentii, bei uns etwa 6 m hoher Baum mit breitaufrechter Krone. 6 - 12 cm lange Blätter, lang zugespitzt, im Austrieb rötlich, im Herbst hochrot bis karminrot. Keine andere Kirsche färbt ihr Laub so prachtvoll. Rosa Blüten im April, etwas vor den Blättern, etwa 4 cm breit, zu 2 - 4 in sitzenden Büscheln. Heimisch in Japan und auf Sachalin. Vor allem seiner prachtvollen Herbstfärbung wegen von Bedeutung. Bekannte Gartensorte 'Accolade'.

△ ***Prunus sargentii***

▽ ***Prunus cerasus***

▽ ***Prunus serrulata***

Prunus serotina, die Spätblühende Traubenkirsche, ein bei uns bis 7 m hoch werdender Baum; Krone schmal-länglich, Äste kurz und abstehend. Blätter länglich, glänzend-dunkelgrün, ziemlich derb ledrig. Weiße, 8 - 10 mm breite Blüten Ende Mai - Juni in 10 - 14 cm langen, walzenförmigen Trauben. Früchte eirund, 8 - 10 mm dick, zuletzt dunkelpurpur. Eine robuste, trockenresistente Art, die in Park und Landschaft vielseitig verwendet wird.

Prunus serrula, die Mahagonikirsche, ein kleiner, bis 7 m hoher Baum oder Strauch, meist vom Boden an mehrstämmig wachsend, Rinde an Stamm und Ästen spiegelglatt und glänzend mahagonibraun, später in schmalen Streifen abrollend. Blätter lanzettlich, 4 - 10 cm lang, stumpfgrün. Weiße, etwa 2 cm breite Blüten im April - Mai. Heimisch in den Gebirgen Westchinas. Durch den einmaligen Stamm eine ungewöhnliche Erscheinung.

Prunus serrulata, die Grannenkirsche, eine in Ostasien heimische Waldkirsche, die in verschiedene geographische Varietäten gegliedert wird und zu der die Masse der Japanischen Zierkirschen gehören. Die Wildart ist bei uns nicht in Kultur. Blätter 6 - 10 cm lang, Zähne am Rand oft mit bis 2 mm langen Grannen. Blüten 3 - 5 cm breit, einfach, halb oder ganz gefüllt, rosa, rot, weißlich oder gelb gefärbt, zu 3 - 7 in fast sitzenden Schirmtrauben.

Prunus spinosa, die Schlehe (auch Schwarzdorn oder Schlehdorn genannt) aus der großen Familie der Rosengewächse *(Rosaceae)* stammt aus Vorderasien und ist seit der Jungsteinzeit in ganz Europa verbreitet. Das genügsame Kleingehölz liebt Sonne, Licht, kalkreiche Böden und ist sehr trockentolerant. Das bis 6 m hohe, dornige Gehölz hat elliptische, kurzgestielte, gesägte, wechselständige Blätter. Zweige sparrig,

in einen Dorn auslaufend. Weiße, kleine, fünfzählige, kurzgestielte, nach Bittermandel riechende, den ganzen Strauch überziehende Blüten erscheinen vor dem Lauf. Die Früchte sind 1cm dick, kugelig, schwarzblau, hell bereift und stehen aufrecht auf kurzem Stiel. Fruchtreife September - Oktober; Früchte stark adstringierend, nach dem ersten Frost milder im Geschmack.
Das säuerlich-herbe Fruchtfleisch wird erst nach dem Frost genießbar. Es enthält 0,4 - 0,5 % organische Säure, gleichviel Pektin, 5 - 10 % Zucker, 1 - 2 % Mineralsalze und ca. 50 mg/100 Vitamin C. Die Früchte sind für den Rohgenuß ungeeignet. Sowohl Mischfruchtsäfte als auch Mus, Wein, Likör, Dörrfrüchte, Gelee und Marmelade lassen sich aus Schlehen bereiten. Hervorragend geeignet zur Befruchtung sämtlicher Pflaumen- und Zwetschgensorten. Sehr lang andauernde Blütezeit.

Prunus subhirtella. In seiner japanischen Heimat ein großer, bis 18 m hoher, langlebiger Baum, bei uns wesentlich kleiner. Blätter eiförmig, bis länglich-eiförmig, 3 - 8 cm lang. Blüten weiß bis leicht rosa. Die Wildform bei uns kaum in Kultur; folgende Formen sind wertvoll: 'Autumnalis', Strauch oder kleiner Baum, kaum mehr als 5 m hoch, breitkronig und fein verzweigt. Blüten weiß, halbgefüllt, bei offenem Wetter schon im November. In Japan bereits seit 1500 in Kultur. 'Elfenreigen', Wuchs ziemlich straff aufrecht, aber locker verzweigt, Blätter im Austrieb bräunlich, im Herbst intensiv orange und rot. Weiße Blüten Ende April, Kronblätter sehr schmal. 'Fukubana', 4 - 6 m hoher Baum, Krone breit-kegelförmig, aufgelockert, Blüten halb- oder dichtgefüllt, im Aufblühen dunkelrosa, später etwas heller werdend, gilt als schönste Form der Art. 'Pendula', entwickelt sich in Japan zu hohen Bäumen mit fast schirmförmigen Kronen und hängenden Zweigen. Blüten weißlichrosa, reichblühend. 'Pendula Rosea', im Wuchs ähnlich, Blüten aber rosa, rosettenartig gefüllt oder halbgefüllt.

RHUS

Sumach, Essigbaum

Standort: an sonnigen Plätzen; nahrhafte Böden
Wuchshöhe: 3 - 5 m
Blütezeit: Juli - August
Vermehrung: durch Aussaat, Stecklinge und Wurzelschnittlinge

Von den etwa 250 *Rhus*-Arten aus der Familie der Sumachgewächse *(Anacardiaceae)*, die vor allem in tropischen und subtropischen Regionen verbreitet sind, werden in unseren Gärten nur wenige Arten kultiviert. Alle Arten sind giftig. *Rhus*-Arten haben wechselständige, einfache, dreizählige oder unpaarig gefiederte Blätter und meist unscheinbare, zweihäusige oder polygame Blüten, die in großen, achsel- oder endständigen Rispen erscheinen. Durch ihren aufgelockerten, oft malerischen Wuchs und die großen, zierlich gefiederten Blätter sind einige Arten zu beliebten Solitärgehölzen geworden. Sie fallen im Herbst durch ihre prachtvolle Laubfärbung auf und haben große, rotbraune Fruchtstände an weiblichen Pflanzen. Die bei uns kultivierten *Rhus*-Arten sind wenig anspruchsvoll und gedeihen auch auf relativ trockenen Böden. Die sommergrünen Kleinbäume wirken am besten als Einzelgehölze in freien Lagen.

▽ ***Rhus typhina***

Rhus typhina, Hirschkolbensumach, Essigbaum. Strauch oder kleiner, mehrstämmiger, bis 5 m hoher Baum mit dicht samthaarigen Zweigen. Blätter mit 11 - 31 länglich-lanzettlichen, 5 - 2 cm langen Blättchen. Im Herbst orange- bis scharlachrot. Grünliche Blüten im Juni – Juli in dichten, stark behaarten, 15 - 20 cm langen, aufrechten Rispen. Früchte rot, dicht behaart, in kolbenartigen Ständen an den Zweigenden, meist bis in den Winter haftend. Dekorativer Solitärstrauch, der allerdings durch Wurzelausläufer lästig werden kann. Heimisch im östlichen Nordamerika.

Sortenübersicht. Folgende Formen sind mit ihren stark zerteilten Blättern besonders zierlich und schön: 'Dissecta', Blättchen fiederschnittig bis farnartig fein zerteilt, Blüten und Fruchtstände wie bei der Art; 'Laciniata', Blättchen ebenso fein eingeschnitten, aber Fruchtstand mit zahlreichen, tief eingeschnittenen Hochblättern durchsetzt.

Pflegetips. Gedeiht am besten auf nährstoffreichen, durchlässigen Böden, verträgt Trockenheit.

<u>*Rhus typhina*</u>, der Hirschkolben-Sumach, ist auch unter dem Namen Essigbaum bekannt. Wie viele andere bietet uns auch dieses Gehölz eine doppelte Schmuckwirkung: im Sommer durch die grazilen, weißlich-grünen Blütenrispen und im Herst durch die unübertroffene Färbung des Laubs.

***Salix caprea* 'Pendula'**, **die Salweide, erfreut uns in jedem Frühjahr mit ihren weichen Kätzchen. Ganz frühe Sorten blühen bei mildem Wetter sogar schon im November/Dezember.**

***Sophora japonica*, der Schnurbaum, bietet Bienen mit seinen gelblich-weißen Blüten eine hervorragende Weide. Das Gehölz ist in China heimisch und nicht, wie der Name vermuten läßt, in Japan.**

SALIX CAPREA

Salweide

Standort: frische bis feuchte Böden
Wuchshöhe: 10 cm - 20 m
Blütezeit: März - April
Vermehrung: durch Aussaat, Steckholz oder Stecklinge

☼ — ◐

Fast ausschließlich in der gemäßigten und nördlichen kühlen Zone sind die rund 500 Weidenarten verbreitet; überwiegend sommergrüne Sträucher oder Bäume, zum Teil auch kriechende Spaliersträucher, die vor allem in hochalpinen oder polaren Gebieten vorkommen. Die wechselständigen Blätter sind meist kurz gestielt, ungeteilt und lanzettlich, linealisch, eiförmig oder elliptisch und stets mit Nebenblättern ausgestattet. Die Blüten der zweihäusigen Pflanzen, zu Kätzchen zusammengestellt, erscheinen oft lange vor den Blättern. Die mit Nektarien ausgestatteten Einzelblüten sitzen in der Achsel eines meist ganzrandigen Tragblattes und sind stets ohne Blütenhülle. Die männlichen Blüten haben in der Regel 2, selten 3 - 5 (- 12) Staubblätter, die weiblichen einen zweiblättrigen, einfächrigen Fruchtknoten. Die Frucht ist eine Kapsel, die zahlreichen Samen tragen einen Haarschopf. Ihre Blütenkätzchen gelten als Frühlingssymbol. Bei allen Weiden sind die männlichen Blüten mit ihren gelben Staubgefäßen meist viel dekorativer als die wenig auffälligen weiblichen. Weitere Arten sind im Kapitel »Wildgehölze« beschrieben.

Salix caprea, die Salweide, ein raschwüchsiger, 3 - 7 m hoher Strauch oder kleiner Baum. Blätter breit-elliptisch, bis 10 cm lang, oben runzelig und mattgrün, unten graugrün. Kätzchen im März bis Mai, die männlichen auffallend silbrig, später goldgelb und duftend. Fast überall in Europa anzutreffen. Seit alters in Kultur, von Bedeutung als Bienenweide und als vielseitig verwendbares Pioniergehölz. 'Mas' ist eine männliche Form mit schönen Kätzchen. 'Pendula' wird meist hochstämmig veredelt, die Zweige hängen dann in kurzen Bögen senkrecht herab.

Pflegetips. Die äußerst genügsamen Pflanzen gedeihen auf allen Bodenarten, sofern diese genügend feucht sind. Als ausgesprochene Lichtpflanzen vertragen sie keine schattigen Plätze.

▽ ***Salix caprea* 'Pendula'**

SOPHORA

Schnurbaum

Standort: sonnige Lagen; nahrhafte, tiefgründige Böden
Wuchshöhe: 10 - 25 m
Blütezeit: Mai und August
Vermehrung: durch Aussaat oder Veredlung

☼ 🍃 ☠

In Nordasien, Neuseeland und Chile sind die rund 50 sommer- oder immergrünen *Sophora*-Arten beheimatet, sie gehören zur Familie der Schmetterlingsblütler (*Leguminosae*). Ihre wechselständigen Blätter sind unpaarig gefiedert. Die Blüten erscheinen in Trauben oder Rispen. Die Früchte sind fleischige, stielrunde, gegliederte Hülsen, giftig! Von den zahlreichen Arten ist nur *Sophora japonica* ausreichend hart.

Sophora japonica ist ein bis 10 m hoher Baum mit breiter, rundlicher Krone und dunkelgrünen Trieben. Erst im August entfalten sich die gelblichweißen Blüten in bis 25 cm langen, lockeren, endständigen Rispen. Neben der natürlichen Art wird nicht selten auch die Form 'Pendula' gezogen. Sie bildet mit einem Gewirr von hängenden Zweigen und Ästen äußerst skurrile Baumgestalten. Sie wächst so langsam, daß sie auch in kleineren Gärten Platz findet. Gedeiht am besten in warmen, kontinentalen Klimabereichen auf durchlässigen Böden.

▽ ***Sophora japonica***

SORBUS

Eberesche, Vogelbeere

Standort: sonnige Lagen, nahrhafte Böden
Wuchshöhe: 5 - 20 m
Blütezeit: Mai
Vermehrung: durch Aussaat oder Veredlung

Auf der nördlichen Halbkugel sind rund 100 *Sorbus*-Arten verbreitet, sie gehören zur Familie der Rosengewächse *(Rosaceae)*; haben wechselständige Blätter, die entweder einfach und gesägt oder unpaarig gefiedert sind. Die meist weißen, nur sehr selten rosa Blüten sind klein, sitzen aber in großen, endständigen Doldentrauben zusammen. Die Blüten riechen streng. Die auffallenden Früchte werden als kleine Apfelfrüchte ausgebildet. Von den rund 100 Arten sind viele als sommergrüne Ziergehölze in unsere Gärten geholt worden, einige wenige Arten haben als Obstgehölze begrenzte Bedeutung. Ziergehölze sind *Sorbus*-Arten nicht ihrer Blüten wegen, sondern durch ihren reichen Fruchtbehang aus meist roten, glänzenden Früchten, die auch als Vogelnahrung dienen.

Sorbus aucuparia, Gemeine Eberesche. Meist mehrstämmiger, weitverzweigter, 5 - 15 m hoher Strauch oder kleiner Baum mit ovaler bis runder Krone. Blätter unpaarig gefiedert, 12 - 15 cm lang, mit 11 - 15 linealischen Fiedern. Weiße Blüten im Mai - Juni in filzig behaarten, flachen Rispen. Früchte korallenrot, kugelig, 8 - 10 mm dick. Heimisch in fast ganz Europa und im Kaukasus auf sauren bis kalkhaltigen, humosen, frischen Böden. Die Art ist nicht nur ein kleinkroniger Park- und Gartenbaum, sondern auch eines der am häufigsten verwendeten Pioniergehölze, weil der Baum anspruchslos und anpassungsfähig ist. Neben den Formen mit eßbaren Früchten ist als Ziergehölz vor allem die Form 'Fastigiata' von Bedeutung.

Sorbus intermedia, Schwedische Mehlbeere. 5 - 10 m hoher, reichverzweigter Baum mit ovaler bis kugeliger Krone. Blätter länglichelliptisch, 6 - 10 cm lang, am Rand gekerbt, die Kerben doppelt gesägt und in der unteren Hälfte fast fiederspaltig, oben glänzend dunkelgrün, unten dicht weißfilzig. Weiße Blüten im Mai - Juni in 6 - 10 cm breiten Ständen. Früchte eiförmig bis kugelig, scharlachrot, 10 - 12 mm dick. Heimisch in Südschweden. Eine wüchsige, sehr windresistente Art, die vor allem in Nordeurpa häufig als Park- und Straßenbaum gepflanzt wird. 'Brouwers' ist eine Selektion mit straff aufrechtem Wuchs und durchgehendem Leittrieb.

Sorbus aucuparia* var. *edulis, die Eßbare Edeleberesche, wurde 1810 im Altvatergebirge (Nordmähren) als Mutante ohne Bitterstoff entdeckt, vermehrt und von dort aus über ganz Mitteleuropa verbreitet. Der 12 - 15 m hohe, schnellwüchsige Baum hat unpaarig gefiederte Blätter aus 5 - 10 Paaren von Fiederblättchen. Diese sind im Unterschied zu denen der bitterstoffhaltigen Eberesche dunkler grün, nur im oberen Drittel gezähnt und sonst glattrandig, schlanker und an der Basis spitz (die der Wildform stumpf). Der Blütenstand ist eine Doldentraube mit zahlreichen cremefarbenen Einzelblüten. Die scharlachroten, halbreif orangeroten, apfelförmigen Früchte haben einige feine, gelbe Punkte; Durchmesser von 10 mm. Sie reifen im August - September und sind sehr reich an Vitamin C. Die Edeleberesche stellt geringe Ansprüche an das Klima und gedeiht auch in rauhen und Höhenlagen bei ausreichenden Niederschlägen sehr gut. Eingeschlossene, windarme Lagen begünstigen den Krankheits- und Schädlingsbefall und sollten daher vermieden werden, ebenso leichte, humusarme Böden, die schnell austrocknen. Frische, humose Böden mit guter Wasserführung, auch anmoorige Standorte sind gut geeignet.

Pflegetips. Im Garten werden in der Regel Einzelbäume gepflanzt, die mindestens 5 m vom nächsten Gehölz entfernt stehen sollten, da sich ältere Kronen spreizen und Platz brauchen. Eine regelmäßige Bodenbedeckung mit verrottetem Dünger oder Kompost deckt in der Regel den nur mäßigen Nährstoffbedarf, wenn die Baumscheibe offen gehalten und von Gras und Unkraut freigehalten wird. In den ersten Standjahren sollte darauf geachtet werden, daß nicht mehr als 5 - 6 Leitäste für den Kronenaufbau belassen und diese zurückgeschnitten werden, damit sie sich kräftig entwickeln (Schneebruchgefahr!) und starkes Seitenholz bilden. Später ist im Abstand von 3 - 4 Jahren die Krone auszulichten, um die Bildung von jungem Fruchtholz anzuregen und dem Vergreisen vorzubeugen. Große Wunden sind sorgfältig mit Baumwachs oder anderen Wundverschlußmitteln zu verstreichen, weil sie sonst nur schwer verheilen.

▽ ***S. aucuparia*, Früchte**

▽ ***S. aucuparia*, Blüte**

<u>*Sorbus aucuparia*,</u> die Gemeine Eberesche, bildet nicht nur einmal im Jahr einen Blickfang im Garten. Im Frühling erscheinen die verschwenderischen weißen Blütendolden, im Herbst erfreut das Gehölz mit buntem Laub und den allseits bekannten, korallenroten Beeren, die auch bei den Vögeln beliebt sind.

BLÜTENSTRÄUCHER

Sträucher finden im Garten vielseitige Verwendung. Als geschnittene oder freiwachsende Hecke bieten sie Schutz gegen Wind und Wetter, als zwanglose Mischpflanzung oder Gruppenpflanzung nutzen wir sie gegen Einsichtnahme von außen, und als Solitärgehölz erleben wir sie in ihrer ganzen Schönheit in Einzelstellung.
Die Vielzahl des Angebotes an Blütengehölzen gibt uns die Möglichkeit, fast das ganze Jahr hindurch Sträucher im Garten blühen zu lassen. Und wenn das Blühen im Herbst nachläßt, sind es oftmals Früchte oder prächtiges Buntlaub, die vor der Winterruhe noch einmal leuchtende Farben in den Garten bringen. Winterblüher schlagen dann die Brücke zum erneuten Blütenrausch der Frühlingszeit.

Forsythienstrauch als Frühlingsbote. Wie gebündelte Sonnenenergie, die schon lange darauf gewartet hat, sich zu entladen, wirken die dicht mit goldgelben Blüten besetzten Triebe. Jetzt kann das Gartenjahr beginnen!

Berberis candidula, die Schneeige Berberitze, ist eine der zierlichsten immergrünen Wildarten für Pflanzungen in Staudenrabatten und Steingärten. Sie sollte etwas geschützt stehen.

Buddleja davidii 'Ile de France', eine besonders attraktive Sorte des Sommerflieders, erfreut durch ihre wunderschönen Blüten, die in Rispen erscheinen und trotz ihres strengen Geruchs ständig von Schmetterlingen umlagert werden.

BERBERIS

Berberitze

Standort: sonnig bis halbschattig; auf jedem normalen Gartenboden
Wuchshöhe: 50 cm - 4 m
Blütezeit: Mai - Juni
Vermehrung: durch Aussaat und Stecklinge

Mit rund 500 Arten ist die Gattung aus der Familie der Berberitzengewächse *(Berberidaceae)* in Europa, Nordafrika, Ost- und Mittelasien, Nord- und Südamerika verbreitet. Sie umfaßt niedrige bis hohe, sommer- oder immergrüne Sträucher mit bewehrten Trieben. Die Blüten erscheinen an Kurztrieben, sind hellgelb bis orangegelb und in hängenden Trauben, Doldentrauben oder Rispen angeordnet. Früchte als rote, blaue oder schwarzblaue, runde bis längliche Beeren, die teilweise eßbar sind.

Berberis aggregata, Knäuelfrüchtige Berberitze. Sommergrüner, etwa 1,5 m hoher Strauch. Junge Zweige stark kantig. Blätter 1 - 2,5 cm lang, oben dunkelgelbgrün, unten bläulich. Blüten hellgelb, in langen, sitzenden Rispen im Juni. Früchte rot, bereift, sehr zahlreich.

Berberis candidula, Schneeige Berberitze. Geschlossen wachsender Strauch, etwa 80 cm hoch. Zweige meist abwärts gebogen. Blätter immergrün, 1,5 - 3 cm lang, oben dunkelgrün, unten fast schneeig weiß. Blüten einzeln, hellgelb im Mai. Früchte elliptisch, blauschwarz, bereift.

Berberis gagnepainii, Gagnepains Berberitze. Immergrüner, etwa 2,5 m hoher Strauch. Blätter 3 - 10 cm lang, schmal-lanzettlich, stumpfgrün. Blüten lebhaft gelb, zu 3 - 10 in stark verkürzten Doldentrauben, Blütezeit Mai - Juni. Früchte blauschwarz, bereift.

Berberis thunbergii, Thunbergs Berberitze. Sommergrüner, bis 1,5 m hoher, sehr fein und dicht verzweigter Strauch. Zweige stark kantig und gerieft. Blätter sehr variabel, verkehrt-eiförmig bis langspatelförmig, 1 - 3 cm lang, oben hellgrün, unten bläulichgrün, im Herbst schön orange bis scharlachrot gefärbt. Blüten gelb, außen gerötet, zu 2 - 4 beieinander. Früchte elliptisch, auffallend scharlachrot, schmal, purpurbraun.

Pflegetips. Die immergrünen Arten sind etwas frostempfindlicher, man sollte ihnen deshalb leicht beschattete Plätze geben, den Boden im Winter mit Laub und die ganze Pflanze, mindestens in der Jugend, mit Nadelholzreisig abdecken. Sie bevorzugen eher frische, humose Böden. Die immergrünen Arten sollen sich ungehindert entfalten können, die sommergrünen Arten sollten in regelmäßigen Abständen vorsichtig ausgelichtet werden.

▽ ***Berberis candidula***

BUDDLEJA

Buddleie, Sommerflieder, Schmetterlingsstrauch

Standort: sonnig; auf jedem normalen Gartenboden
Wuchshöhe: 3 - 5 m
Blütezeit: Juni und Juli/August
Vermehrung: überwiegend durch Stecklinge

Mit etwa 100 Arten ist die Gattung – sie gehört zur Familie der Buddlejagewächse *(Buddlejaceae)* – in Tropen und Subtropen verbreitet, vorwiegend in Ostasien, Südamerika und Südafrika. Die meisten der sommergrünen Sträucher haben gegenständige, sternhaarige Blätter. Die Blüten sind meist klein, mit glockigem Kelch und röhriger, vierlappiger Blütenkrone, Staubblätter weit aus der Kronröhre herausragend.

Buddleja alternifolia, Schmalblättriger Sommerflieder. Der Strauch ist 3 - 4 m hoch und ebenso breit, hat dünne, lang überhängende Zweige. Blätter schmal-lanzettlich, 3 - 7 cm lang, oben stumpf dunkelgrün, unten sternhaarig-weißfilzig. Blüten hellviolett, in zahlreichen dichten Büscheln entlang der vorjährigen Triebe. Verträgt Trockenheit und Hitze. Wird nicht jährlich zurückgeschnitten, sondern nur regelmäßig ausgelichtet.

Buddleja davidii, Sommerflieder. Starkwüchsiger, straff aufrecht wachsender, mehr als mannshoher Strauch, Blätter eilanzettlich bis lanzettlich, 10 - 25 cm lang, oben dunkelgrün, unten weiß bis grünlichfilzig. Blüten von Juli bis August an den diesjährigen Trieben in 10 - 30 cm langen, aufrechten oder übergeneigten Rispen. Bei der Wildform lila, bei Kulturformen weiß, rosa, purpurn oder blau. Der Strauch wird in der Regel jährlich stark zurückgeschnitten, denn seine Triebe frieren in strengen Wintern zurück.

▷ ***Buddleja davidii* 'Ile de France'**

***Callicarpa bodinieri*, die Schönfrucht, bildet in der Mitte des Sommers winzige, sternförmige, lila Blütchen, später dichte Büschel runder, violetter Früchte.**

***Calluna vulgaris* 'Guinea Gold' ist eine der zahlreichen Sorten des Heidekrauts. Sie macht ihrem Namen alle Ehre und verbreitet mit gelblich-goldenem Glanz eine schöne Herbststimmung.**

***Calluna vulgaris* 'Annemarie' leuchtet in der bekanntesten und beliebtesten Farbe der Besenheide, in Violett-rosa. Dank der immensen Sortenvielfalt läßt sich auch eine große Fläche abwechslungsreich mit Besenheide gestalten. Besonders schön als Vorpflanzung für niedrige Koniferen.**

CALLICARPA BODINIERI

Schönfrucht

Standort: sonnig bis halbschattig; auf gepflegten, durchlässigen Gartenböden
Wuchshöhe: 1,5 - 2 m
Blütezeit: Juli - September
Vermehrung: durch Aussaat und Stecklinge

Die überwiegend im tropischen und subtropischen Asien, Amerika und Australien verbreiteten Arten der Schönfrucht gehören zur Pflanzenfamilie der Eisenkrautgewächse *(Verbenaceae)*. Von den insgesamt rund 100 Arten der Gattung ist *Callicarpa bodinieri* die für uns wichtigste. Ein mannshoher sommergrüner Strauch mit gegenständigen, elliptisch-eiförmigen, 5 - 12 cm langen, unten büschelhaarig-drüsigen Blättern. Die kleinen Blütenstände sitzen unter dem Laub und fallen kaum auf. Der Strauch entschädigt von September an mit zahlreichen runden, beerenartigen, jedoch giftigen Steinfrüchten, die in Büscheln entlang der Zweige sitzen.

Pflegetips. Alle Schönfruchtarten brauchen geschützte Plätze und in der Jugend Frostschutz im Bodenbereich. Nach Frostschäden werden die Triebe zurückgeschnitten, sonst wird nur ausgelichtet.

CALLUNA VULGARIS

Besenheide, Heidekraut

Standort: sonnig; auf leichten, durchlässigen, sauren Böden
Wuchshöhe: 15 - 50 cm
Blütezeit: August - Oktober
Vermehrung: durch Aussaat und Stecklinge

Die Besenheide ist eine monotypische (nur eine Art) Gattung, die mit der Gattung *Erica* verwandt ist und auch zur Familie der Heidekrautgewächse *(Ericaceae)* gehört. Im Gegensatz zu ihr ist der auffallend violettrosa gefärbte Kelch länger als die gleichfarbige, vierteilige Blütenkrone. Der Kelch ist 5 - 6 mm lang, häutig und bleibt nach der Blüte haften. Die Blüten sind sehr zahlreich, in 5 - 20 cm langen Trauben. Die immergrünen, 1 - 3 mm langen Blätter sind vierzeilig angeordnet und überdecken sich dachziegelartig.

Calluna vulgaris kommt in Europa von den Azoren bis zum Ural, im nördlichen Kleinasien und in Nordmarokko vor. Sie besiedelt großflächig nährstoffarme, saure, humose Sand-, Lehm- oder Torfböden. Guter Nektar- und Pollenspender. In der Gartenkultur ist die Besenheide die wichtigste Pflanze des Heidegartens. Sie sollte stets in mehr oder weniger großen Gruppen oder flächenhaft gepflanzt werden. Im Heidegarten wird die Besenheide natürlich nie ausschließlich verwendet. Gehölze, Gräser und Stauden sind passende Nachbarn.
In unseren Gärten wird die Besenheide nicht mehr in ihrer Wildform gepflanzt. Aus der variationsfreudigen Art konnte eine Fülle von Sorten ausgelesen werden. Sie unterscheiden sich in ihrer Wuchshöhe, in der Blattfärbung, in der Blütenfärbung und in der Blütezeit oft ganz beträchtlich. Durch geschickte Sortenwahl läßt sich die Blütezeit ganz erheblich verlängern. Die Besenheide verlangt durchlässige, sandig-humose, saure Böden und einen vollsonnigen Platz. Entspricht der im Garten vorhandene Boden nicht diesen Voraussetzungen, sind Bodenverbesserungen erforderlich. Neben der Bodenstruktur ist auch sein pH-Wert für das Gedeihen des Heidekrauts wichtig. Der optimale pH-Wert ist von der Bodenart abhängig. Man sollte folgende Werte anstreben: Sandboden 4,5 - 5, Moorboden 4 - 4,5, sandiger Lehm unter 5,0.

Pflegetips. Neben allgemeinen Bodenpflegemaßnahmen gehört zur Pflege der Besenheide der regelmäßige Rückschnitt. Unterbleibt der regelmäßige Rückschnitt, werden die Pflanzen lang und struppig, fallen schließlich auseinander und lassen sich kaum mehr in Form bringen, denn sie regenerieren sich aus altem Holz nur unwillig. Man schneidet jährlich zwischen Mitte März und Mitte April so weit zurück, daß ein kurzes, beblättertes Stück des vorjährigen Triebes stehenbleibt.

▽ ***Callicarpa bodinieri***

▽ ***C. vulgaris* 'Guinea Gold'**

▷ ***C. vulgaris* 'Annemarie'**

Calycanthus floridus, **der Karolina-Nelkenpfeffer, ist ein dankbares Gehölz, das fruchtbaren, feuchten, jedoch durchlässigen Boden bevorzugt. Der Nelkenpfeffer ist winterhart.**

Caragana arborescens, **der Gemeine Schmetterlingsstrauch, auch Erbsenstrauch genannt, wird gerne als Gruppen- oder Deckstrauch verwendet. Das Laub setzt sich aus vielen Einzelblättchen zusammen. Im Spätfrühling erscheinen die ovalen, gelben Schmetterlingsblüten.**

CALYCANTHUS

Gewürzstrauch, Nelkenpfeffer

Standort: sonnig bis halbschattig; auf jedem nicht zu schweren Gartenboden
Wuchshöhe: 2 - 3 m
Blütezeit: Mai/Juni - Juli
Vermehrung: durch Aussaat

Eine im östlichen und westlichen Nordamerika heimische Gattung aus der Pflanzenfamilie der *Calycanthaceae* mit vier Arten. Davon sind zwei bei uns in Kultur: *Calycanthus fertilis* und *C. floridus*. Sie stellen keine besonderen Ansprüche an Boden und Pflanzplatz. Die sparrig wachsenden sommergrünen Gruppensträucher sind außerhalb der Blütezeit nicht besonders attraktiv. Ihr Blütenduft dagegen ist angenehm und weitstreichend, besonders an warmen Abenden. Die Blüten mit zahlreichen schmalen Tepalen stehen aufrecht und endständig an beblätterten Seitensprossen.

Calycanthus floridus, der Karolina-Nelkenpfeffer, wird mannshoch. Blätter eiförmig-elliptisch, 5 - 12 cm lang, unten blaugrün und bleibend dicht behaart. Blüten dunkelrotbraun, stark duftend. Auch Triebe, Wurzeln und Blätter enthalten ätherische Öle, deren Duft (nach Gewürznelken) an getrocknetem Holz besonders gut zur Geltung kommt. Der Gewürzstrauch eignet sich gut zur Vorpflanzung von Gehölzgruppen oder freiwachsenden Hecken. Das blaugrüne Laub bildet einen guten Farbkontrast zu roten und rosafarbenen Beetrosen.

▽ ***Calycanthus floridus***

CARAGANA ARBORESCENS

Gemeiner Schmetterlingsstrauch

Standort: sonnig; auf jedem Gartenboden; verträgt auch Trockenheit und Kalk
Wuchshöhe: 5 - 7 m
Blütezeit: Mai - Juni
Vermehrung: durch Aussaat; die Gartenformen durch Veredlung.

Die rund 80 Arten der Gattung sind von Südrußland bis zum Himalaya, östlich bis zur Mandschurei und China verbreitet. Sie gehören zur Familie der Hülsenfrüchtler *(Leguminosae)*.

Caragana arborescens kommt auf durchlässigen, meist steinigen und kalkhaltigen Böden vor. Ein Strauch mit dichtstehenden, aufstrebenden, grünrindigen Ästen. Blätter 7 - 10 cm lang, mit 4 - 5 Paaren länglich-elliptischer, 2 - 3 cm langer Blättchen gefiedert. Die gelben Blüten, einzeln oder zu wenigen in gestielten Dolden, bestehen aus fünf Kronblättern: der aufwärtsgerichteten Fahne, den beiden seitlichen, die als Flügel bezeichnet werden, und den beiden übrigen, weitgehend miteinander verwachsenen, die das Schiffchen bilden. Er ist ein wüchsiges, anspruchsloses, sommergrünes Gartengehölz, verträgt allerdings keine schattigen Standorte. Der Strauch gilt als giftig.

▽ ***Caragana arborescens***

CARYOPTERIS

Bartblume

Standort: sonnig, warm und geschützt; auf durchlässigen, kalkhaltigen Lehmböden
Wuchshöhe: 50 cm - 1 m
Blütezeit: September - Oktober
Vermehrung: durch Stecklinge

Zur Gattung gehören etwa 10 Arten, die ausschließlich in Ostasien beheimatet sind. Nur eine Art und eine Hybride mit einigen Sorten sind für uns von Bedeutung. Die Bartblumen gehören zur Pflanzenfamilie der Eisenkrautgewächse *(Verbenaceae)*, sie sind wertvoll durch ihre späte Blüte (wichtige Bienenweide) und durch die bei Gehölzen seltene blaue Blütenfarbe. Man verwendet sie in Stein-, Heide- und Steppengärten zusammen mit Zwergkoniferen, anderen graulaubigen Gehölzen, silberlaubigen Stauden und Gräsern. Sie passen auch gut zu rosa- und rotblühenden Stauden.

Caryopteris* x *clandonensis *(C. incana* x *C. mongholica)*, ein 50 - 100 cm hoher, vieltriebiger, aromatischer Strauch mit dunkelgrünen, mattglänzenden, unterseits graugrünen Blättern. Blüten leuchtend blau, in schlanken Scheindolden aus den Achseln der oberen Blätter. Blütezeit September-Oktober.

Pflegetips. Bartblumen vertragen Trockenheit, sind aber nicht ganz frosthart. Eine Bodenabdeckung im Wurzelbereich ist angeraten, ebenso ein jährlicher starker Rückschnitt der Triebe.

▽ *Caryopteris incana*

CHAENOMELES

Zierquitte

Standort: sonnig bis halbschattig
Wuchshöhe: 1 - 2 m
Blütezeit: April - Mai
Vermehrung: durch Aussaat und Stecklinge

In Ostasien sind 2 bis 3 Arten der Gattung beheimatet. Sie gehören zur Familie der Rosengewächse *(Rosaceae)*. Es sind sommergrüne, meist dornige Sträucher mit ungeteilten, wechselständigen Blättern, schalenförmigen Blüten und großen Apfelfrüchten mit hartem Fruchtfleisch. Beliebte Blütensträucher, die durch ihre intensiven Blütenfarben, ihre Blütenfülle und Robustheit begeistern. Sie lieben einen sonnigen Standort. Im Halbschatten läßt die Blühwilligkeit nach. Ihre großen Blüten in zahlreichen leuchtenden Farben entstehen an meist blattlosen Blütentrieben seitlich an älteren Langtrieben. Ein Rückschnitt sollte deshalb möglichst unterbleiben, die Sträucher werden nur kontinuierlich ausgelichtet.

Chaenomeles speciosa, die Chinesische Zierquitte, ist ein mannshoher, aufrechtwachsender Strauch. Blätter eiförmig bis länglich, 3 - 8 cm lang. Blüten 3,5 - 5 cm breit, rosa bis dunkelrot. Früchte länglich, bis über 7 cm lang, gelbgrün bis olivbräunlich.

▽ *Chaenomeles*

<u>*Caryopteris incana*</u>, die Bartblume, trägt vom Spätsommer bis in den Frühherbst hinein violettblaue Blüten mit hervorstehenden Staubgefäßen.

<u>*Chaenomeles*</u>, die Zierquitte, wurde gegen Ende des 18. Jahrhunderts bei uns eingeführt. Ihre fleischigen Früchte sind gekocht eßbar, man kann sie zu Quittenpaste, zu Gelee und Würze verarbeiten oder mit Alkohol aufsetzen.

***Chimonanthus praecox*, die Winterblüte, ist zwar winterhart, sollte aber in kalten Gegenden an eine geschützte Süd- oder Westwand gesetzt werden, da die Blüten kälteempfindlich sind.**

***Chionanthus virginicus*, der Virginische Schneeflockenstrauch, fällt durch seine glänzenden Blätter auf, die sich im Herbst gelb färben. Der auffallend schöne Blütenstrauch ist nur in der Jugend etwas frostempfindlich.**

***Clethra alnifolia*, die Erlenblättrige Zimterle, gedeiht gut in halbschattigen, frischen Lagen, auch unter dem Schirm hochkroniger Bäume. Im Herbst erfreut sie durch die leuchtende Laubfärbung.**

CHIMONANTHUS PRAECOX

Winterblüte

Standort: sonnig bis halbschattig, in warmer, geschützter Lage; auf jedem gepflegten Gartenboden
Wuchshöhe: 1 - 2 m
Blütezeit: Februar - März
Vermehrung: durch Aussaat und Stecklinge

Die Gattung *Chimonanthus* umfaßt nur zwei Arten, die beide in China heimisch sind. Sie gehören zur Pflanzenfamilie der *Calycanthaceae.*

Chimonanthus praecox, syn. *C. fragrans*, die sommergrüne Winterblüte, wird bei uns nur in milden Gebieten mehr als mannshoch. Die Blätter sind gegenständig, 7 - 15 cm lang und elliptisch-eiförmig bis eilanzettlich. Bei frostfreiem Wetter erscheinen lange vor dem Laubausbruch an den zweijährigen Trieben die zarten, hellgelben, angenehm duftenden Blüten. Den äußeren, hellgelben Tepalen folgen nach innen kleinere, unregelmäßig braunrot gestreifte bis gefleckte Blütenblätter. *Chimonanthus praecox* ist ein relativ selten gepflanzter Strauch, der nur in milden Klimazonen oder nur nach milden Wintern regelmäßig zur Blüte kommt. Der Strauch wird als Solitärgehölz verwendet, daher ist kein Rückschnitt nötig.

▽ ***Chimonanthus praecox***

CHIONANTHUS VIRGINICUS

Virginischer Schneeflockenstrauch

Standort: sonnig bis halbschattig; auf gepflegtem Gartenboden
Wuchshöhe: 3 - 5 m
Blütezeit: Juni
Vermehrung: durch Aussaat

Mit je einer Art ist die Gattung *Chionanthus*, der Familie Ölbaumgewächse *(Oleaceae)* zugehörig, in Nordamerika und China verbreitet.

Chionanthus virginicus, der Virginische Schneeflockenstrauch, wächst in seiner nordamerikanischen Heimat in der Regel baumförmig, bleibt bei uns aber meist strauchig. Der sommergrüne Strauch hat gegenständige, schmalelliptische bis eilängliche, 8 - 20 cm lange, derbe, glänzend dunkelgrüne Blätter. Im Juni entfalten sich am Ende der vorjährigen Triebe reinweiße Blüten in 20 cm langen, überhängenden Rispen. Die vierteiligen Einzelblüten haben feine, 1,3 - 3 cm lange und 2 - 3 mm breite Kronblätter, die an zarte, duftige Schneeflocken erinnern. In der Jugend ist ein Winterschutz nötig, ein Rückschnitt ist nicht erforderlich. Der außerordentlich schöne Blütenstrauch gedeiht am besten auf frischen, sandig-lehmigen Böden und an warmen, geschützten Plätzen.

▽ ***Chionanthus virginicus***

CLETHRA

Scheineller, Zimterle

Standort: sonnig bis schattig; auf frischen, durchlässigen, humosen Gartenböden
Wuchshöhe: 2 - 4 m
Blütezeit: Juli - September
Vermehrung: durch Aussaat

Mit rund 50 Arten besiedelt die Gattung aus der Familie der Scheinellergewächse *(Clethraceae)* ein sehr zerrissenes Areal in Nord- und Südamerika, Süd- und Südostasien und auf Madeira. Nur die sommergrünen Arten sind in Mitteleuropa ausreichend frosthart. Es sind Sträucher mit wechselständigen Blättern und weißen Blüten in endständigen Rispen oder Trauben mit tief fünflappigem Kelch und 5 Kronblättern. Sie sind wertvoll wegen ihrer späten Blüte und der attraktiven Herbstfärbung. Besondere Pflege ist nicht erforderlich.

Clethra alnifolia, die Erlenblättrige Zimterle, ist ein 2 - 3 m hoher, straff aufrechter und dichtverzweigter Strauch. Blätter 4 - 11 cm lang, verkehrt-eiförmig, scharf gesägt, im Herbst rot und gelb gefärbt. Blüten duftend, weißlichgelb, von Juli bis September in aufrechten, feinfilzig behaarten Trauben. Die Blüten der Form 'Rosea' sind in der Knospe schön rosa, später hellrosa gefärbt. Blüht nicht so reich wie die Wildart.

▽ ***Clethra alnifolia***

CORNUS NUTTALLII

Hartriegel

Standort: sonnig bis halbschattig auf lockeren, durchlässigen Böden
Wuchshöhe: 2 - 6 m
Blütezeit: Mai - Juni
Vermehrung: durch Aussaat, Steckholz und Stecklinge

☼—◐

Die rund 45 Arten der Gattung sind überwiegend in den nördlichen gemäßigten Zonen von Europa, Asien und Nordamerika verbreitet. Sie gehören zur Familie der Hartriegelgewächse *(Cornaceae)*. Viele von ihnen sind wichtige sommergrüne Gartengehölze. Weitere Arten werden im Kapitel »Kleinkronige Bäume« vorgestellt.

Cornus nuttallii, Nuttalls Blütenhartriegel, ist in seiner westamerikanischen Heimat baumförmig, bei uns meist nur ein großer Strauch. Blätter 8 - 12 cm lang, eielliptisch. Blüten im Mai, in halbkugeligen Köpfen, umgeben von meist sechs gelblich-weißen, eilänglichen Hochblättern, die im Verblühen rosa gefärbt sein können. Die Blütenknospen werden bereits im Herbst gebildet. Besonders attraktiv ist der Herbstschmuck der Pflanze, wenn sich das Dunkelgrün der großen Blätter in ein leuchtendes Karminrot verwandelt, das lackartig glänzt. Früchte 1 cm lang, orangerot. Schönste Art der Gattung, aber im Hinblick auf den Standort anspruchsvoller als die beiden anderen Blütenhartriegel. Der Blütenhartriegel liebt lockeren, durchlässigen Boden und einen sonnigen bis halbschattigen Standort. Besondere Pflegemaßnahmen sind bei dem Solitärgehölz nicht erforderlich. Der Strauch sollte möglichst wenig geschnitten werden, damit er sich voll entfalten kann. Ab Februar führt Schnitt zu starkem Saftverlust.

▷ ***Cornus nuttallii***

***Cornus nuttallii*, Nutalls Blütenhartriegel, bringt im Frühling kleine Blütenköpfchen hervor, die von großen, weißen Brakteen gesäumt werden. Das dunkelgrüne, ovale Blattwerk färbt sich im Herbst leuchtendrot.**

***Corylopsis spicata*, die Schein- oder Blumenhasel, trägt ihren deutschen Namen wegen ihrer haselnußähnlichen Blätter. Die duftenden, gelben Blüten erscheinen noch vor dem Blattaustrieb.**

***Corylus avellana*, die Haselnuß, auch unter den Namen Zeller- und Lambertsnuß bekannt, trägt als ausgewachsener Strauch etwa 2 kg Nüsse pro Jahr. Die gelben Blütenkätzchen gehören im Spätwinter zu den ersten Frühlingsboten.**

CORYLOPSIS

Scheinhasel, Blumenhasel

Standort: sonnig bis halbschattig, auf jedem gepflegten Gartenboden
Wuchshöhe: 1 - 3 m
Blütezeit: März - April
Vermehrung: durch Aussaat und Ableger

Das Verbreitungsgebiet der Gattung mit ihren 12 Arten erstreckt sich vom Himalaya bis nach Ostasien. Die in Europa kultivierten Arten gehören dank ihrer sehr frühen Blüte zur interessanten Gruppe der Vorfrühlingsblüher. Sie öffnen ihre Blüten oft schon im März. Die sommergrüne Scheinhasel gehört wie die Zaubernuß zur Familie der Zaubernußgewächse *(Hamamelidaceae)*, ihre Blüten sind jedoch im Gegensatz zu dieser empfindlich gegenüber Frösten. Sie fallen deshalb gelegentlich Spätfrösten zum Opfer. Die sehr zart erscheinenden, fünfzähligen, glockenförmigen Blüten sind in achselständigen Ähren angeordnet und von einem dünnen, fast durchscheinenden, konkaven Tragblatt gleicher Farbe umgeben. Man pflanzt Scheinhaseln am besten in Hausnähe oder im Schutz großer Nadelgehölze, so kommen ihre zarten Blüten besonders gut zur Geltung.

***Corylopsis pauciflora*,** die Armblütige Scheinhasel, ein bis 2 m hoher, feinverzweigter und dichttriebiger Strauch. Blätter 3 - 7 cm lang, herzeiförmig, buchtig gezähnt, im Herbst meist schön gelb. Blüten zu 2 - 3 in 2 cm langen Trauben, zartgelb, glockig, sehr zahlreich im März bis April. Heimisch in Japan. Eine besonders reich blühende, zierliche Art.

***Corylopsis spicata*,** die Ähren-Scheinhasel, wird bis 2 m hoch, ist lockerer aufgebaut als *C. pauciflora*. Blätter 5 - 10 cm lang, herzeiförmig bis verkehrt-eiförmig, fein borstig gezähnt. Blüten hellgelb mit auffallend rotbraunen Staubbeuteln, duftend, zu 7 - 10 in 2 - 4 cm langen Ähren. Ebenfalls in Japan heimisch und gleich wertvoll wie *C. pauciflora*.

Pflegetips. Die Scheinhasel liebt einen sonnigen bis halbschattigen Standort und lockere, durchlässige Böden. Sträucher, die an exponierten Standorten stehen, benötigen einen Winterschutz.

▽ ***Corylopsis spicata***

CORYLUS AVELLANA

Haselnuß, Zellernuß, Lambertsnuß

Standort: geringe Ansprüche an Klima und Boden
Wuchshöhe: bis 7 m
Blütezeit: Februar - April
Fruchtreife: September
Vermehrung: durch Absenker, Ableger, Abrisse, Steckholz, Veredlung auf Baumhasel

Die Haselnuß gehört zur Familie der Birkengewächse *(Betulaceae)*. Sie ist die älteste bei uns beheimatete Obstart und dürfte schon vor 10 000 Jahren ganz Europa und weite Teile Westasiens besiedelt haben. Die Lambertsnuß dagegen ist im südöstlichen Europa bis Kleinasien beheimatet. Unsere heutigen Sorten sind das Ergebnis sehr früher Auslesen. Die Haselnuß bildet hohe Büsche mit einem Durchmesser von 3 - 5 m. Am Grunde des Strauches bilden sich, außer bei einer baumartig wachsenden Art, ständig Erneuerungssprosse, die, wenn sie nicht reduziert werden, zu starker Verdichtung führen. Zur Blütezeit haben die Sträucher noch keine Blätter. Diese erscheinen erst im April, sind an den Trieben zweizeilig angeordnet, rundlich-herzförmig, zugespitzt und doppelt gesägt. Der Haseltrieb ist zäh, biegsam und läßt sich leicht spalten (Korb- und Flechtmaterial). Haselnüsse sind einhäusig-getrennt-

▽ ***Corylus avellana***

geschlechtlich; männliche Blütenstände (Kätzchen) reifen schon im Vorfrühjahr, zeitgleich mit den unscheinbaren, rötlichen weiblichen Blüten. Die Empfängniszeit der Narben dauert etwa 3 bis 6 Wochen. Die roten Narben überragen die Blütenknospen um wenige Millimeter. Hasel sind Windbestäuber. Die Frucht ist eine Schließfrucht mit harter Schale (Nuß), die von einer zweiblättrigen oder röhrenförmigen, am oberen Ende ausgefransten Hülle umgeben wird und im September reift. Zu den Kulturhaselnüssen gehören *Corylus avellana* var. *avellana* (typische Kulturform), *C. avellana* var. *grandis* (Zellernuß) und *C. maxima* (Lambertsnuß).

Sortenübersicht. Für Mitteleuropa eignen sich folgende Sorten der Zellernüsse (Nußform breit-kegelförmig, große Schildfläche): 'Cosford', 'Daviana', 'Englische Zeller', 'Wunder von Bollweiler' (syn. 'Halle'sche Riesen'), 'Römische Zeller'. Lambertsnüsse (Nußform länglich-eiförmig, kleine Schildfläche): 'Lambert-Filbert', 'Nottingham Fruchtbare', 'Webb's Preisnuß'. Die besten Erträge liefern 'Wunder von Bollweiler', 'Webb's Preisnuß' und 'Lambert-Filbert'.

Pflegetips. Die Ansprüche der Hasel sind gering, ihr Holz ist frosthart, sie wächst auch noch in Gebirgslagen. Selbst die befruchtungsfähigen Blüten halten noch - 10 ° C aus, die stäubenden Kätzchen werden schon bei - 8 ° C geschädigt. Hasel gedeihen auf allen mäßig fruchtbaren, frischfeuchten Böden im leicht sauren bis neutralen Bereich. Stark kalkhaltige und staunasse Böden sowie reiner Sand sagen ihr nicht zu. Sträucher mit 3 - 5 gut entwickelten Trieben werden auf 3 x 4 m gepflanzt. Als Windschutz oder Hecke gepflanzt, setzt man die Büsche auf 2 m Abstand. Lange Ruten beim Pflanzen stark zurückschneiden, Wurzelschnitt ist nicht erforderlich. Haselnüsse sind Flachwurzler, tiefere Bodenbearbeitung unter den Büschen schadet. Günstig sind ständige Mulchabdeckungen. Zusätzliche Düngung ist dann überflüssig. Haselnußsträucher werden wie Beerenobststräucher geschnitten. Je nach Wuchsstärke der Sorte 5 - 10 Äste belassen, die nicht älter als 4 Jahre werden sollten, danach zugunsten eines jungen Triebs entfernen. Regelmäßiges Auslichten und Verjüngen fördert die Fruchtbildung, macht die Pflanze widerstandsfähiger. Auch Stammerziehung mit Hohlkrone ist möglich. Gesetzt werden eintriebige Pflanzen, die Seitenverzweigung wird bis zu 50 cm Höhe entfernt, die Stammverlängerung nach 2 - 3 Jahren in 1 - 1,5 m Höhe entfernt.

Vermehrung. Sortenechte Sträucher durch Ableger (Ablegen einjähriger Triebe im Frühjahr in eine mit Kompost gefüllte Erdmulde, die Triebspitze muß aus dem Boden herausragen), Absenker oder Abrisse. Bewurzelung von einjährigem Steckholz ist nur bei Verwendung von reichlich bewurzelungsfördernden Hormonen bei einigen Sorten möglich. Pflanzen mit einem Stamm und ohne Basisverzweigung erhält man, indem Kultursorten auf mehrjährige Sämlinge der türkischen Baumhasel *(Corylus colurna)* veredelt werden. Nicht sortenechte Haselbüsche vermehrt man durch Ablegen ausgereifter Nüsse im Herbst.

Krankheiten und Schädlinge. Gelegentliches Auftreten von Echtem Mehltau sowie Knospenfäule erfordert keine chemische Bekämpfung. Die Haselnußgallmilbe besiedelt die Knospen, läßt diese gallenartig anschwellen und im Frühsommer vertrocknen. Bei starkem Befall kann ab Ende April mehrmals mit dem Insektizid Endosulfan gespritzt werden. Der Haselnußbohrer, ein kleiner Rüsselkäfer, legt im späteren Frühjahr Eier in die sich entwickelnden Früchte ab. Weiße Räupchen mit brauner Kopfkapsel fressen das Innere der Nuß aus. Der Haselnußbohrer kann in manchen Jahren mehr als die Hälfte aller Früchte befallen. Seine Bekämpfung mit Insektiziden ist nur während der Eiablage möglich.

COTONEASTER

Zwergmispel

Standort: sonnig bis halbschattig; auf jedem gepflegten Gartenboden
Wuchshöhe: 20 cm - 4 m, je nach Art
Blütezeit: Mai - Juni
Vermehrung: durch Aussaat, Stecklinge und Veredlung

Rund 50 Arten umfaßt die Gattung, die zur großen Familie der Rosengewächse *(Rosaceae)* gehört. Ihre Verbreitung erstreckt sich vom Himalaya bis nach West- und Zentralasien, von Europa bis Nordafrika.

Cotoneaster adpressus, die Spalier-Zwergmispel, ein sommergrüner, kaum mehr als 25 cm hoher Strauch mit niederliegenden Ästen. Blätter 5 - 15mm lang, breiteiförmig, am Rand wellig, oben stumpfgrün, Blüten rötlich, zu 1 - 2, im Juni. Früchte eirundlich, rot, meist nur wenig fruchtend. Schöner, zierlicher Zwergstrauch für Stein- und Heidegärten.

Cotoneaster dammeri, die Teppich-Zwergmispel, ist ein immergrüner Spalierstrauch, dessen lange Triebe auf dem Boden aufliegen und so dichte, gleichmäßig hohe Teppiche bilden. Blätter zweizeilig stehend, lederartig, glatt, matt, 2 - 3 cm lang, verkehrt-eiförmig bis elliptisch. Blüten weiß oder rötlich,

▽ ***Cotoneaster***

Cotoneaster, **die Zwergmispel, gehört mit seinen zahlreichen Arten zu den wichtigsten und beliebtesten sommer- und immergrünen Gartengehölzen. Die Verwendungsbereiche sind sehr unterschiedlich und reichen vom Bodendecker bis hin zur Fassadenbegrünung. Die niedrigen Arten eignen sich für Stein- und Heidegärten, können auch gut in Kübeln gehalten werden.**

***Cytisus purpureus*, der Rosenginster, ist ein niedrigbleibender Strauch, der sich gut für die Gefäßkultur eignet. Allerdings sollte er nicht in der Nähe von kleinen Kindern gepflanzt werden - Ginster ist in allen Teilen giftig.**

einzeln oder zu zweit. Früchte kugelig, leuchtend korallenrot. Gehört zu den wichtigsten Bodendeckern, kann auch in kleineren Flächen gepflanzt werden. Besonders gut zur Bepflanzung von Brüstungströgen geeignet, die langen Triebe hängen dann weit herab. Aus der Wildform sind zahlreiche Gartenformen ausgelesen worden: 'Coral Beauty', Wuchs niedrig, breit verzweigt, sehr reich fruchtend. Nur für großflächige Anpflanzungen geeignet. 'Jürgl', raschwachsend, breitkriechend, kaum über 50 cm hoch, Blätter glänzendgrün, Früchte hellrot, sehr zahlreich. 'Streibs Findling', wächst viel langsamer und gedrungener als die Art, Blätter sehr klein, dicht stehend, matt dunkelgrün. Beste Form zur Begrünung kleiner Flächen.

Cotoneaster horizontalis, die Fächer-Zwergmispel, ist ein halbimmergrüner oder nur sommergrüner Strauch, kaum über 40 cm hoch, aber oft mehrfach so breit. Äste waagerecht abstehend, Zweige zweizeilig gestellt. Blätter fast kreisrund, 5 - 12 mm lang, ledrig, oben glänzend dunkelgrün, im Herbst orange und scharlachrot verfärbt. Blüten im Juni, einzeln oder zu zweit, weiß oder rötlich. Früchte erbsengroß, korallenrot, immer in großen Mengen. Eine der am häufigsten gepflanzten Arten. Läßt sich auch zur Bekleidung von Mauern verwenden, die fächerförmigen Zweige können sich bis in Mannshöhe die Wand hinaufschieben.

Cotoneaster salicifolius, die Weiden-Zwergmispel, ist ein immergrüner, etwa 3 m hoher, eleganter Strauch mit langen, weit überhängenden Ästen. Blätter 4 - 8 cm lang, lanzettlich, oben dunkelgrün, runzelig und mit tiefliegender Nervatur, unten zuerst weißfilzig. Blüten im Juni, weiß, sehr zahlreich in vielblütigen Doldenrispen. Früchte korallenrot, kugelig, 4 - 6 mm dick, sehr zahlreich und besonders lang haftend. Dekorativer Solitärstrauch, der für gutes Gedeihen warme, geschützte Lagen braucht. Anfällig für Feuerbrandrost.

CYTISUS

Ginster

Standort: sonnig, eher trocken, auf durchlässigen Böden
Wuchshöhe: 20 cm - 1,5 m
Blütezeit: Mai - August
Vermehrung: durch Aussaat und Stecklinge

Die meisten der etwa 50 Ginsterarten aus der Familie der Schmetterlingsblütler *(Leguminosae)* sind im Mittelmeergebiet heimisch, einige kommen auch in Mitteleuropa vor. Ideale Pflanzplätze finden sie an hellen, vollsonnigen Stellen in Stein- und Heidegärten, Dachgärten und Trögen. Manche sind kurzlebige Pflanzen, die im Alter auseinanderfallen und dann durch junge Pflanzen ersetzt werden sollten. Alle sind durch Kaninchenfraß gefährdet. Ginster sind in allen Teilen giftig, sie enthalten Cytisin und Spartein. Vergiftungssymptome sind Leibschmerzen, Übelkeit, Erbrechen, Herz- und Kreislaufstörungen.

Cytisus x praecox, der Elfenbeinginster, wird bis 1,5 m hoch, bildet einen dichten, buschigen Strauch. Zweige langrutig und oft etwas überhängend. Blätter meist einfach, 8 - 20 mm lang. Blüten zu 1 - 2 an der ganzen Zweiglänge, rahmweiß, etwas streng duftend, im April. Schöner Einzelstrauch, braucht genügend Platz zur Entfaltung. Besonders gut für Steinbeete und Steppengärten geeignet. Braucht warme, geschützte Standorte und eher trockene Böden. 'Allgold' ist im Wuchs und Verhalten wie die Art, aber mit wirkungsvollen, goldgelben Blüten; 'Gold Speer', etwas schwächer wachsend, Blüten etwas kleiner, aber zahlreich und tiefgelb; 'Hollandia' hat purpurrote Blüten und einen rahmweiß gesäumten Kiel.

Cytisus purpureus, der Rosenginster, ein 40 - 60 cm hoher Strauch, Zweige niederliegend, Triebe aufrechtwachsend und bogig überhängend. Blätter dreizählig, dunkelgrün. Blüten im Juni - Juli, längs der vorjährigen Triebe, ziemlich groß, purpurrosa gefärbt. Heimisch in den Gebirgen Mittel- und Südosteuropas, besonders auf kalkhaltigem Gestein. Besonders schöne und harte Art zur Bepflanzung von Steingärten und Trockenmauern. Auch kleinflächige Begrünung von Böschungen möglich.

Pflegetips. Um Ginster dicht zu halten, sollte man ihn nach der Blüte zurückschneiden. Dabei jedoch nicht in altes Holz schneiden. Nichtblühende Triebe und Triebspitzen nicht einkürzen. Hier bilden sich neue Knospen.

▽ ***Cytisus purpureus***

DAPHNE

Seidelbast

Standort: sonnig bis halbschattig und schattig; auf lockeren, durchlässigen Böden
Wuchshöhe: 20 cm - 1 m
Blütezeit: März - September, je nach Art
Vermehrung: durch Aussaat und Stecklinge

Mit rund 70 Arten ist die Gattung *Daphne* aus der Familie der Seidelbastgewächse *(Thymelaeaceae)* in Europa, Nordafrika sowie im gemäßigten und subtropischen Asien verbreitet. Einige Arten sind wertvolle und beliebte Gartenpflanzen mit kleinen, glockenförmigen bis zylindrischen, starkduftenden Blüten in kurzen Trauben oder Dolden. Die Arten lieben einen sonnigen bis halbschattigen Standort auf kalkhaltigem, lockerem Boden. *D. mezereum* verträgt auch stärkere Beschattung. Besondere Pflegemaßnahmen entfallen. Sämtliche Arten sind in allen Teilen sehr giftig. Die unangenehm riechende Rinde enthält Daphnetoxin, die brennend scharf schmeckenden Früchte Mezerin. Beide Stoffe wirken hautreizend. Schon der Genuß weniger Früchte kann zum Tode führen. Vergiftungssymptome sind brennendes Kratzen im Mund, Schwellung von Lippen und Gesicht, Leib- und Kopfschmerzen, Krämpfe, Erbrechen und blutiger Durchfall.

***Daphne* x *burkwoodii* 'Somerset'**, ein sommergrüner, knapp 1m hoher, dichtbuschiger Strauch. Blätter bis 4 cm lang, schmal-länglich, an Kurztrieben fast rosettenartig, tiefgrün, lange haftend. Hellrosa, starkduftende Blüten in großer Fülle im Mai, oft nachblühend. Leider durch häufig auftretenden Pilzbefall oft nur kurzlebiger Blütenstrauch für den Heidegarten.

Daphne cneorum, Rosmarinseidelbast, ein immergrüner, 20 - 30 cm hoher, polsterartiger Zwergstrauch. Blätter lanzettlich, 1 - 2 cm lang, gleichmäßig an den Zweigen verteilt. Sehr zahlreiche rosarote, stark duftende Blüten, zu 6 - 10 in endständigen Köpfchen im Mai - Juni, oft mit einer Nachblüte im August - September; Früchte gelbbraun. Heimisch in den Gebirgen Mittel- und Südeuropas, auf mäßig trockenen, meist kalkreichen, humosen Stein- und Kiesböden, auf Bergmatten, in Steppenheiden und an sonnigen Felshängen. Wohl die schönste unter den zwergigen *Daphne*-Arten, gedeiht am besten in Stein- und Troggärten, auf Mauerkronen und Hochbeeten auf gutdrainierten, kalkhaltigen Böden.

Daphne mezereum, der Kellerhals, ein sommergrüner, bis 1 m hoher, im Alter fast kugelrunder Strauch mit ziemlich dicken, biegsamen Zweigen. Blätter 3 - 8 cm lang, länglich-lanzettlich, dünn, unten graugrün. Purpurrosa oder purpurlila Blüten, im März - April zu 2 - 3 in achselständigen Büscheln entlang der vorjährigen Zweige, zahlreich und stark duftend. Scharlachrote Früchte 1 cm dick. Verbreitet von den Pyrenäen bis Nordrußland und ins Altaigebirge, im Kaukasus und Nordiran. Meist in krautreichen Wäldern auf nährstoffreichen, kalkhaltigen bis mäßig sauren, humosen Böden. Sie ist die bekannteste und am häufigsten gepflanzte *Daphne*-Art und gehört neben der Haselnuß zu den am frühesten blühenden Gehölzen der heimischen Flora. Besondere Pflegemaßnahmen sind nicht notwendig.

<u>*Daphne mezereum*,</u> der Kellerhals oder Seidelbast, ist mit seinen purpurnen Blüten im Frühjahr und den scharlachroten Früchten im Herbst verführerisch schön – doch Vorsicht: Die Pflanze ist in allen Teilen hochgiftig.

▽ ***Daphne mezereum***

***Deutzia* x *hybrida* 'Mont Rose'** **blüht mit großen rosa Doldenrispen an elegant überhängenden Zweigen. Der locker aufrechte Strauch wurzelt sehr flach und bildet viele Feinwurzeln.**

***Deutzia gracilis*, die Zierliche Deutzie, wird im Volksmund auch Maiblumenstrauch genannt. Der höchstens meterhohe Strauch paßt auch in kleine Gärten.**

Ausgewachsene Deutzie. Bei genügend Platz entfaltet die Deutzie in wenigen Jahren ihre volle Schönheit. Hier wurde sie mit Katzenminze (*Nepeta*) unterpflanzt.

DEUTZIA

Deutzie

Standort: sonnig bis halbschattig; auf jedem Gartenboden
Wuchshöhe: 1 - 3 m
Blütezeit: Mai - Juli, je nach Art
Vermehrung: durch Aussaat, Steckholz und Stecklinge

Der Verbreitungsschwerpunkt der rund 50 *Deutzia*-Arten liegt in Ostasien, vom Himalaya über China bis Japan. Zwei Arten sind in den Gebirgen Mexikos beheimatet. Deutzien gehören zum Standardsortiment der sommergrünen Blütensträucher. Sie sind meist mittelhoch, streng aufrechtwachsend, mit runden, hohlen Zweigen und rauhen, gegenständigen Blättern. Die fünfzähligen, 1 - 2,5 cm breiten, weißen, rosa- oder purpurfarbenen Blüten entstehen am Ende beblätterter Triebe in Trauben, Rispen oder Schirmrispen.

Deutzia gracilis, Zierliche Deutzie. Knapp 1 m hoher, dichttriebiger Strauch. Blätter 3 - 7 cm lang, länglich-eiförmig bis elliptisch. Blüten 1 - 1,5 cm breit, im Mai - Juni in länglichen, aufrechten Blütenständen.

Deutzia* x *kalmiiflora *(D. parviflora* x *D. purpurascens)* wird etwa 1,5 m hoch, sein Wuchs zierlich und locker mit übergebogenen Zweigen. Blätter länglich-eiförmig bis eiförmig-lanzettlich, 3 - 6 cm lang. Blüten innen weiß mit rosa Tönung, außen karminrot, zu 5 - 12 in aufrechten Doldenrispen. Gilt als eine der schönsten Deutzien-Sorten.

Deutzia* x *magnifica *(D. scabra* x *D. vilmorinae).* Starkwachsender, aufrechter Strauch mit kräftigen Zweigen. Blätter länglich-eiförmig, 4 - 6 cm lang, unten graugrün. Blüten meist über 2 cm breit, weiß, gefüllt, in 4 - 8 cm langen Ständen, Blütezeit Juni. 'Erecta', hochwachsende, großblättrige, sehr winterharte und reichblühende Sorte. Blüten einfach, glänzend weiß, in langen, pyramidalen, aufrechten Rispen.

***Deutzia* x *hybrida* 'Mont Rose'**, die Rosendeutzie, ist eine Hybride, die zu den wertvollsten Deutzien zählt. Der aufrechtwachsende Strauch erreicht eine Höhe von 2 - 3 m. Im Juni/Juli erscheinen die rosa Blüten mit gelben Staubgefäßen. Die Blüten stehen in waagrechten Rispen zusammen. Der Strauch besitzt einen natürlichen, lockeren Wuchs und eine außerordentlich schöne Blütenwirkung.

Pflegetips. Die Arten und Sorten stellen keine besonderen Ansprüche an Boden und Lage, brauchen nur während der Blüte genügend Bodenfeuchtigkeit und einen sonnigen bis halbschattigen Standort. Regelmäßiges Auslichten ist allerdings notwendig.

▽ ***Deutzia* x *hybrida* 'Mont Rose'**

▷ **Ausgewachsene Deutzie**

▽ ***Deutzia gracilis***

***Enkianthus campanulatus*, die Glockige Prachtglocke, gehört zu den prächtigsten sommergrünen Blütensträuchern und wartet zudem mit einer attraktiven herbstlichen Laubfärbung auf. Das Gehölz ist in Japan heimisch und wird bei uns am häufigsten kultiviert.**

***Escallonia rubra* 'Woodside', die Escallonie, ist ein dichtbuschiger Strauch mit kleinen, glänzenden Blättern und eignet sich hervorragend als Kübelpflanze. Die Escallonie blüht den ganzen Sommer hindurch.**

ENKIANTHUS

Prachtglocke

Standort: halbschattig; auf frischen, humosen, sauren Böden
Wuchshöhe: 2 - 4 m
Blütezeit: April - Mai
Vermehrung: durch Aussaat und Stecklinge

Mit 10 Arten hat die Gattung aus der Familie der Heidekrautgewächse *(Ericaceae)* ihr Verbreitungsgebiet im Himalaya, in Mittelchina und in Japan. Drei Arten sind in Mitteleuropa in Kultur. Sie bauen sich mit quirlständigen Ästen etwas etagenförmig auf und haben wechselständige Blätter, die an den Triebenden oft wirtelig gehäuft sind. Die 1 - 3,5 cm breiten, krug- oder glockenförmigen, in endständigen Schirmtrauben hängenden Blüten entfalten sich vor oder mit den Blättern. Sie wachsen am besten auf Rhododendronböden im lichten Schatten hoher Bäume. Besondere Pflege ist nicht erforderlich.

Enkianthus campanulatus, Glockige Prachtglocke. Bis etwa 3 m hoher, etagenförmig aufgebauter Strauch. Die elliptischen, 3 - 7 cm langen Blätter sind grannenartig gezähnt, im Herbst hochrot gefärbt. Bis zu 20 glockige, gelbliche bis hellorange, rotgeaderte (bei der f. *albiflorus* fast weiß) Blüten erscheinen im Mai in endständigen Schirmtrauben.

▽ ***Enkianthus campanulatus***

ESCALLONIA

Escallonie

Standort: humose, kalkfreie Böden in warmen, geschützten Lagen
Wuchshöhe: 1 - 4 m
Blütezeit: Mai - August, je nach Art, Nachblüten bis Oktober
Vermehrung: überwiegend durch Stecklinge

Mit 50 - 60 Arten ist die Gattung, die zur Familie der Escalloniengewächse *(Saxifragaceae)* gehört, in Südamerika verbreitet. Keine Art ist in Mitteleuropa ausreichend frosthart. In England oder Südfrankreich sind Escallonien dagegen geschätzte Gartengehölze, die einzeln, in Gruppen oder als geschnittene Hecken gepflanzt werden. Alle wachsen rasch und blühen über einen langen Zeitraum. Ihre Blüten, endständig in geschlossenen Rispen oder Trauben, sind fünfzählig, die Kronblätter sind oft genagelt, der Blütenbecher ist röhrig oder schlüsselförmig. Die 2 - 3 Fruchtblätter sind bis zu den Narben hinauf vereint und mit dem Blütenbecher verwachsen. Nach der Hauptblüte im Juni - Juli erscheinen Nachblüten bis zum Oktober. Escallonien sind mit ihren kleinen, lederartig harten Blättern unempfindlich gegen starke Seewinde, sie werden deshalb gern in Küstennähe gepflanzt. Zugige Standorte im Binnenland sollten jedoch vermieden werden. Escallonien können auch gut in große Kübel gepflanzt werden. Kübel auf Rollen sind hier besonders praktisch, weil man die Pflanzen so leichter in einem geeigneten frostfreien Raum (z. B. Garage) überwintern kann. Ihre Standortansprüche bieten gute Kombinationsmöglichkeiten mit Rhododendren, Azaleen und Heidekrautgewächsen, die alle einen sauren Boden lieben.

▽ ***Escallonia rubra* 'Woodside'**

Escallonia x rigida *(E. virgata* x *E. rubra)*, Bastard-Escallonie. 1 - 2 m hohe Sträucher, Blätter schmal verkehrt-eiförmig, 1 - 2,5 cm lang, kerbig gesägt, oben kahl, unten zerstreut drüsig. Zweige ebenfalls zerstreut drüsig und sehr kurz weichhaarig. Weiße oder rosa Blüten, im Juni - Juli zu 6 - 10 in Trauben an beblätterten Kurztrieben. Die zahlreichen Züchtungen werden meist häufiger gepflanzt als die Ausgangsarten.

Escallonia rubra, die Rote Escallonie. Starkwüchsiger Strauch, der in seiner Heimat bis 4 m hoch wird. Schmal verkehrt-eiförmige, 2 - 5 cm lange, oben kahle und glänzende, unten mit dickstieligen, aromatisch duftenden Harzdrüsen besetzte Blätter; auch die Zweige und der Blütenbecher haben Harzdrüsen. Rosarote Blüten, deren Blütenröhre etwa 1 cm lang ist, stehen zu 5 - 25 in Rispen oder Trauben am Ende von Langtrieben; Blütezeit ist Juni - September.

Escallonia virgata, die Weiße Escallonie. Bis 1 m hoher, dicht und sparrig verzweigter Strauch. Sommergrüne, verkehrt-eiförmige, 1 - 2 cm lange, meist grobgesägte Blätter. Weiße Blüten, etwa 1 cm breit, stehen meist zu 5 - 9 in einseitswendigen Trauben; Blütezeit Mai - Juni. Die Weiße Escallonie gilt als härteste Art der Gattung.

Pflegetips. Die Sträucher erweisen sich als ausgesprochen kalkfeindlich und benötigen unbedingt saure, humose Böden. In weniger günstigen Klimazonen ist ein Winterschutz der Escallonien gegen tiefe Temperaturen unerläßlich.

EUONYMUS

Pfaffenhütchen, Spindelstrauch

Standort: sonnig bis schattig; auf jedem gepflegten Gartenboden
Wuchshöhe: 50 cm - 4 m
Blütezeit: Mai - Juni
Vermehrung: durch Aussaat und Stecklinge

Rund 175 *Euonymus*-Arten aus der Familie der Spindelbaumgewächse *(Celastraceae)* sind in Asien, Europa, Amerika und auf Madagaskar beheimatet, eine Art in Australien. Der Verbreitungsschwerpunkt der sommer- und immergrünen Sträucher liegt im Himalaya und in Ostasien.
Neben den überwiegend aufrecht wachsenden Straucharten umfaßt die Gattung auch kriechende und mit Haftwurzeln kletternde Arten. Bis auf *Euonymus nana* haben alle Arten gegenständige, ungeteilte Blätter. Die Zweige sind vierkantig und teilweise mit breiten Korkleisten versehen. Die kleinen, unscheinbar grünlichen, vier- bis fünfzähligen Blüten erscheinen in achselständigen Trugdolden. Die Früchte sind vier- bis fünffächrige, meist auffallend gefärbte, gerippte oder geflügelte Kapseln, die sich fachspaltig öffnen und die weißen oder schwarzen, von einem orangefarbenen Arillus (Samenmantel) umgebenen Samen freigeben. Die meisten Arten sind schattenliebend und halbschattenverträglich. Die höher werdenden Sträucher lieben eher einen sonnigen Standort. Besondere Bodenansprüche gibt es nicht.
Die meisten Arten sind stark giftig. Samen, Blätter und Rinde enthalten verschiedene Alkaloide und Herzglykoside, die Erbrechen, Koliken, Durchfall, Kreislaufstörungen und einen Kollaps verursachen können. Die bei uns kultivierten *Euonymus*-Arten werden nicht ihrer Blüten wegen gepflanzt, sie sind vielmehr hervorragende Fruchtsträucher, die z.T. auch eine schöne Herbstfärbung aufweisen. Die sommergrünen Arten bevorzugen als Solitär- oder Gruppensträucher sonnige Plätze, die immergrüne *Euonymus fortunei* und ihre zahlreichen Sorten sind wertvolle Bodendecker, die auch in schattigen Lagen gut gedeihen. Alle sommergrünen Arten bauen sich mit wenigen Ästen meist so locker auf, daß ein Auslichtungsschnitt überflüssig ist.

Euonymus alata, Flügel-Spindelstrauch. Mittelhoher, dichtgeschlossener, breitausladender Strauch. Zweige mit vier abwechselndstehenden, flügelartigen Korkleisten. Ei-elliptische, 3 - 8 cm lange, fein und scharf gesägte, glatte, dunkelgrüne Blätter. Grünlichgelbe, 8 - 9 mm breite Blüten in dreiblütigen Trauben im Mai - Juni. Früchte purpurn, Samen braun, Arillus orangerot. Heimisch in Japan, der Mandschurei und in Zentralchina. Mit den eigenartigen Korkleisten und der prächtigen roten Herbstfärbung eine der schönsten Spindelstraucharten. Die Pflanze verträgt auch halbschattige Lagen.

Euonymus fortunei, Kletter-Spindelstrauch. Immergrüner, niederliegend-aufstrebender, oft mit Haftwurzeln an Bäumen oder Mauern bis 5 m hoch kletternder Strauch; die Verzweigung steht dann waagrecht ab. Blätter elliptisch bis eiförmig-elliptisch, 2 - 6 cm lang, tiefgrün. Grünlichweiße Blüten in vielblütigen, dichten Trauben. Früchte rundlich, etwa 8 mm breit, weißlichgrün bis rötlich, Samen weiß, Arillus orangefarben. Heimisch in China und Japan. Sehr veränderliche Art, die in zahlreichen Kulturformen im Garten verwendet wird, die meisten als robuste, schattenverträgliche Bodendecker.

Euonymus planipes, Flachstieliger Spindelstrauch. 4 - 5 m hoher, langsamwachsender, locker aufgebauter Strauch. Winterknospen wie bei *E. latifolia* sehr groß. Blätter eiförmig bis eilanzettlich, 5 - 2 cm lang. Gelblichgrüne, langgestielte Blüten, in reichverzweigten, 10- bis 30blütigen Trugdolden im Mai - Juni. Früchte fünfkantig, aber kaum geflügelt, 10 - 15 mm breit, karminrot, Samen weiß, Arillus orange. Verbreitet in der Mandschurei, auf Sachalin und in Japan. Ein schöner Zierstrauch mit reichem Fruchtbehang.

Euonymus fortunei 'Coloratus', der Kletter-Spindelstrauch, bietet während der Blüte einen kontrastreichen Anblick: Die zierlichen Blütentrauben heben sich hübsch gegen die dunkelgrünen, glänzenden Blätter ab.

Euonymus alata, der Flügel-Spindelstrauch, zeigt sich hier in seinem schönsten Herbstgewand.

▽ ***Euonymus fortunei* 'Coloratus'**

▽ ***Euonymus alata***

***Exochorda giraldii*, die Dahurische Prunkspiere, ist mit ihren rosa-grünen Trieben und reichlichen, hübschen, weißen Blüten sehr beliebt. Der Blütenstrauch ist winterhart. Ausdünnen nach der Blüte fördert kräftigen Wuchs und Blütenflor.**

***Forsythia x intermedia*, die Hybrid-Forsythie, – wer kennt sie nicht? Sie gehört wohl zu den bekanntesten und beliebtesten Gartengehölzen. Um auch im folgenden Jahr mit einer reichen Blüte rechnen zu können, empfiehlt sich ein Ausdünnen des Strauches nach der Blütezeit. Das Gehölz ist winterhart und leicht giftig.**

EXOCHORDA

Prunkspiere, Radspiere

Standort: freie, sonnige Lagen, ohne besondere Ansprüche an den Boden
Wuchshöhe: 3 - 4 m
Blütezeit: Mai
Vermehrung: durch Aussaat

In Nord- und Ostasien sind 4 Arten der Gattung verbreitet. Alle sind sommergrüne Großsträucher mit einfachen, wechselständigen Blättern. Die weißen, 3 - 4 cm breiten, schüsselförmigen Blüten stehen am Ende der vorjährigen Zweige zu 5 - 10 in Trauben. Aus ihnen entwickeln sich fünfrippige, harte Fruchtkapseln, die oft bis zum Frühjahr hängen bleiben. Alle kultivierten Arten dieser zu den Rosengewächsen *(Rosaceae)* gehörenden Gattung sind schöne, reichblühende, gleichzeitig anspruchslose Blütensträucher für sonnige Lagen und durchlässige Böden. Besondere Pflegeansprüche hat das Solitärgehölz nicht.

Exochorda giraldii, die Dahurische Prunkspiere, wird bis 3 m hoch und ebenso breit. Blätter verkehrteirund, 3 - 8 cm lang, Blattstiele und Nerven rötlich. Die 2,5 cm breiten Blüten stehen zu 6 - 8 in endständigen Trauben. Heimisch in Nordostchina. Gilt als eine der besten Wildarten und ist sehr gut für naturnahe Gärten geeignet.

▽ ***Exochorda giraldii***

FORSYTHIA

Forsythie, Goldglöckchen

Standort: sonnig bis halbschattig; auf jedem normalen Gartenboden
Wuchshöhe: 1 - 3 m
Blütezeit: März - April
Vermehrung: durch Stecklinge

Mit 6 Arten sind die Forsythien aus der Familie der Ölbaumgewächse *(Oleaceae)* in Ost- und Südostasien verbreitet; eine Art, die *Forsythia europaea*, ist in Albanien heimisch. Die Zweige haben ein gekammertes Mark, nur bei *F. suspensa* sind die Zweige hohl. Die Blätter sind gegenständig und meist einfach (nur selten dreigeteilt), ganzrandig oder gesägt. Kelch und Blütenkrone sind vierteilig. Die Blüten erscheinen an Kurztrieben lange vor dem Blattaustrieb. Die Früchte sind harte, zweischnabelige Kapseln. Forsythien gehören zu den auffälligsten und beliebtesten sommergrünen Blütensträuchern des zeitigen Frühjahrs. Doch Vorsicht, die Blüten sind giftig. Sie werden vorwiegend einzeln oder in kleinen Gruppen gepflanzt, können aber auch in breiten, freiwachsenden Blütenhecken verwendet werden. Kaum eine andere Gehölzart produziert regelmäßig solche Blütenmassen wie die Forsythie. Forsythien eignen sich hervorragend als Schnittblumen. Ab Januar blühen abgeschnittene Zweige im Zimmer willig auf. Der Standort sollte sonnig bis halbschattig sein, besondere Bodenansprüche gibt es nicht.

Forsythia* x *intermedia *(F. suspensa* x *F. viridissima)*, die Hybrid-Forsythie, ist ein 2 - 3 m hoher, aufrechter bis breitausladender Strauch. Zweige mit gekammertem Mark, an den Knoten voll. Die eiförmigen bis lanzettlichen Blätter sind 8 - 12 cm lang, die Blüten meist zu mehreren gehäuft. Zu *F.* x *intermedia* gehören eine Fülle von Gartenformen, die für die Gartenkultur wichtiger sind als die Wildarten, z.B. 'Spectabilis' und 'Lynwood Gold'.

Forsythia ovata, die Korea-Forsythie, ein rundlicher Busch, der kaum mehr als 1 m hoch wird. Die Blätter sind eiförmig bis breiteiförmig, die Blüten klein, hellgelb, zu 1 - 2. Heimisch in Korea. 'Tetragold', ein durch Colchicinbehandlung erzielter tetraploider Klon. Wuchs wie bei der Art, die Blüten, doppelt so groß (bis 3 cm breit), erscheinen einige Tage früher. Besonders winterharte Form für kleine Gärten.

Forsythia suspensa, die Hänge-Forsythie, eine Art aus China, die in zwei gut zu unterscheidenden Varietäten vorkommt: *F.* var. *fortunei*, zunächst kräftig aufrechter Wuchs, bis 3 m hoch, Zweige erst im Alter abstehend oder überhängend. Blätter ungeteilt (nur an den Langtrieben dreilappig oder dreiteilig), bis 9 cm lang; Blüten meist zu 1 - 2, dunkelgelb, die Kronblätter gespreizt und etwas verdreht. *F.* var. *sieboldii*, im Alter bis 2,5 m hoch, mit von Jugend an überhängenden Zweigen. Die Blätter sind meist einfach, die Blüten mäßig zahlreich, meist einzeln, hellgelb, die Kronblätter ausgebreitet. Wurde als erste Forsythie aus Ostasien nach Europa eingeführt. Kommt im Garten dann gut zur Geltung, wenn die Zweige von Mauern herunterhängen können.

Forsythia viridissima, 'Weber's Bronx'. Ein maximal 50 cm hoher Zwergstrauch mit kurzen Internodien und kleinen Blättern, der im Gegensatz zur Art reich und regelmäßig blüht. Ein besonders hübscher Zwergstrauch für den Steingarten.

Pflegetips. Um die Sträucher wüchsig und blühwillig zu erhalten, ist ein regelmäßiger Auslichtungsschnitt erforderlich, bei dem jeweils einige der ältesten Äste bis zum Boden herausgenommen werden.

▷ ***Forsythia* x *intermedia***

***Fothergilla major*, der Große Federbuschstrauch, ist ein aufrechter Strauch mit unterseits leicht bläulichen Blättern, die sich im Herbst rot, orange und gelb färben. Im Frühling erscheinen die duftenden, weißen Blütenkätzchen. Das Gehölz wächst nur langsam, Schnittmaßnahmen sind daher überflüssig.**

***Fuchsia magellanica*, die Scharlachfuchsie, besticht durch ihren grazilen, eleganten Wuchs und die zierlichen Blüten. Der Strauch ist winterhart, vielfältig verwendbar und gedeiht auch im Kübel hervorragend.**

FOTHERGILLA

Federbuschstrauch, Flaschenbürstenstrauch

Standort: sonnig bis halbschattig; auf frischen, sandig-humosen Böden
Wuchshöhe: 2 - 3 m
Blütezeit: Mai
Vermehrung: durch Aussaat und Ableger

Mit 4 Arten kommt die Gattung im südöstlichen Nordamerika vor. Sie gehört zur Pflanzenfamilie der Hamamelisgewächse *(Hamamelidaceae)*. Die Blüten haben einen unscheinbaren Kelch, die Kronblätter fehlen. Die Schmuckwirkung der aparten Pflanzen geht vor allem von den 15 - 20 duftenden, rahmweißen Staubblättern aus; sie sind am Ende keulenartig verdickt und tragen gelbe Staubgefäße. Alle Arten tragen im Herbst gelbrotes oder leuchtendgelbes Laub.

Fothergilla major, der Große Federbuschstrauch, ein bis 3 m hoher, aufrechtwachsender Strauch. Blüten mit den Blättern in 3 - 6 cm langen Ähren. Verlangt warme, geschützte Lagen.

Fothergilla monticola, der Berg-Federbuschstrauch. Wuchs etwas niedriger, breiter und lockerer als bei *F. major*. Blüten wie bei *F. major*. In Kultur ist diese Art robuster als andere.

▽ *Fothergilla major*

FUCHSIA

Fuchsie

Standort: leicht beschatteter bis sonniger Platz in feuchtem, humosem Boden
Wuchshöhe: bis 3 m
Blütezeit: Juli-September/Oktober
Vermehrung: durch Stecklinge

Fuchsien gehören zur Familie der Nachtkerzengewächse *(Onagraceae)*. Sie stammen aus Süd- und Mittelamerika. Einige Arten sind in Neuseeland und Tahiti beheimatet. Neben den bekannten Topfpflanzen gibt es auch Strauchformen, die in milden Klimazonen durchaus winterhart sind. Sie lieben feuchten, humosen Boden und einen halbschattigen Standort, wo sie uns ab Spätsommer mit üppigen, karmesinrotem Blütenflor erfreuen. Die Zweige frieren meist im Winter zurück, treiben dann aber in Wurzelnähe wieder willig aus. Die Pflanze blüht an diesjährigen Trieben. Besondere Pflegeansprüche bestehen bei der Freilandfuchsie nicht. Leichter Winterschutz aus Tannenreisig oder Laub schützt vor strengen Barfrösten. *Fuchsia magellanica* 'Macrostemma' und *F. magellanica* 'Riccartonii' gelten als besonders winterhart. Der Zauber dieser Sträucher liegt in ihrer grazilen Struktur und den zierlichen Blüten, die bis zum ersten Frost unermüdlich erscheinen. Der Strauch kann in Einzelstellung gepflanzt werden, wirkt aber auch gut als Solitär in einer Staudenrabatte. Ein dunkler Hintergrund läßt die karminroten Blüten besonders hervortreten. *Fuchsia magellanica* ist eine ausgezeichnete Kübelpflanze für halbschattige Standorte.

Fuchsia magellanica, die Scharlachfuchsie von den Magellan-Bergen in Südchile und von Argentinien läßt sich zusammen mit ihren Sorten im Freien überwintern. Im maritimen und niederschlagsreichen Südwesten von England und an der Westküste Schottlands bilden sie übermannshohe Hecken. Im kontinentalen Klima bevorzugen sie absonnige Lagen und einen humusreichen Boden. Ihre Widerstandskraft gegen die Winterkälte beschränkt sich in unseren Breiten nur auf Wurzeln und Wurzelhals. Im Halbschatten können sie Einfassungen und niedere Hecken bilden, Mauern abdecken und unter Bäumen gedeihen. Auch ihre Sorten sind fast durchwegs winterhart. *F. magellanica* ist eine sehr veränderliche Art. Sie erreicht bis zu 3 m Höhe. Ihre jungen Triebe sind dünn und unbehaart. Die Blätter stehen gegenständig oder zu dritt in Quirlen, sind lanzettlich bis eiförmig, 1,5 - 5 cm lang, spitz und gezähnt. Von Juli bis Herbst erscheinen die Blüten einzeln bis zu viert in den Blattachseln. Die nickende Blütenröhre ist tiefrot, 8 mm lang, die Kelchblätter sind tiefrot, 18 mm lang, die Blütenblätter purpurn, 10 mm lang mit weit hervorragenden Staubblättern.

▽ *Fuchsia magellanica*

GENISTA

Ginster

Standort: sonnig; lockere, durchlässige Böden
Wuchshöhe: 15 cm - 1 m
Blütezeit: Mai - Juli
Vermehrung: durch Aussaat oder Stecklinge

Rund 100 *Genista*-Arten aus der Familie der Schmetterlingsblütler *(Leguminosae)*, die nahe mit dem Geißklee *(Cytisus)* verwandt sind, kommen in Europa, dem Mittelmeergebiet und Westasien vor. Es sind unbewehrte oder dornige Zwergsträucher mit grünen Trieben und meist wechselständigen, einfachen bis dreizähligen Blättern. Die zweiseitig symmetrischen Blüten stehen meist in endständigen, selten in seitenständigen Trauben, Büscheln oder Köpfchen. Die Blüten haben einen zweilippigen Kelch, eine tief zweiteilige Oberlippe und eine dreizähnige Unterlippe. Die Frucht ist eine ein- bis mehrsamige Hülse.
Als trockenresistente Zwergsträucher werden Ginster im Garten an entsprechenden Stellen untergebracht, in Stein- und Heidegärten, in Trockenmauern und auf Mauerkronen, im Regenschatten weit überhängender Dächer, in Trockengärten und auf Hochbeeten. Vorsicht: Ginster enthalten in allen Teilen giftige Alkaloide. Es kommt zu Erbrechen, Lähmungen und Kreislaufstörungen.

Genista lydia, der Lydische Ginster, wird 30 - 60 cm hoch. Mit bogig gekrümmten Zweigen wächst er kissenförmig, ist stark und dicht verzweigt und im Alter viel breiter als hoch. Blüten erscheinen goldgelb, in kurzen, dichtblütigen Trauben an den vorjährigen Zweigen. Blütezeit ist Mai - Juni. Heimisch auf Kalkfelsen in den Gebirgen des Balkan und in Syrien. Die überreich blühende, gut winterharte Art ist eine der dankbarsten der Gattung.

Genista tinctoria, der Färberginster, ist ein aufrechter, lockerer, bis 100 cm hoher Strauch mit grünen, mehr oder weniger glänzenden, kantigen Zweigen. Die Blätter sind einfach, elliptisch, 1 - 5 cm lang, die Blüten leuchtendgelb bis goldgelb, sie erscheinen in vielblütigen, gestreckten Trauben end- oder achselständig am Ende diesjähriger Triebe. Blütezeit ist Juni - August. Verbreitet ist der Strauch von Südskandinavien bis zum Mittelmeer und Kleinasien auf sandigen Heideböden, auch über Kalk in trockenen Magerrasen.

Pflegetips. Die meisten Arten bevorzugen ein ozeanisches Klima mit milden Wintern. In mehr kontinentalen Klimabereichen ist winterlicher Schutz notwendig. Man bedeckt den Wurzelbereich mit trockenem Laub und schirmt die oberirdischen Teile durch Nadelholzreisig vor scharfen Winden und der Wintersonne ab. Durch Frost geschädigte Triebe können im Frühjahr zurückgeschnitten werden.

HALESIA

Schneeglöckchenbaum

Standort: auf frischen, tiefgründigen Böden in sonnigen Lagen
Wuchshöhe: 4 - 6 m
Blütezeit: April - Mai
Vermehrung: durch Aussaat und Ableger

Die vier *Halesia*-Arten aus der Familie der Storaxbaumgewächse *(Styracaceae)*, von denen drei im östlichen Nordamerika und eine in Ostasien heimisch sind, tragen einfache, wechselständige Blätter und glockenförmige, vierteilige, tief eingeschnittene, weiße Blüten, die in achselständigen Rispen am alten Holz entstehen. Es sind vorzügliche, reichblühende, sommergrüne Sträucher oder kleine Bäume, die als Solitärgehölze behandelt werden sollten. Sie sind frei von Krankheiten und brauchen nie geschnitten zu werden. Alle bevorzugen warme, etwas geschützte Standorte.

Halesia carolina, der Carolina-Schneeglöckchenbaum, ist ein kaum mehr als 5 m hoher, baumartiger Strauch. Die Blätter sind bis 10 cm lang, eiförmig oder elliptisch und sattgrün. Blüten hängen vor oder mit den Blättern, 1 - 1,5 cm lang, an langen Stielen in zwei- bis vierblütigen Büscheln. Die 2 - 3 cm langen Steinfrüchte mit 4 breiten Flügeln bleiben bis zum Winter am Baum.

Genista tinctoria, der Färberginster, ist ein breitwüchsiger Zwergstrauch mit dichten Blütenähren aus goldgelben Schmetterlingsblüten. Die Blätter sind schmal und dunkelgrün. Doch Vorsicht, der Strauch ist in allen Teilen giftig.

Genista lydia, der Lydische Ginster, ist ein rundbuschiger Strauch mit blaugrünen Blättern und einer Fülle von endständigen, leuchtendgelben Büscheln aus Schmetterlingsblüten. Er eignet sich zur Bepflanzung von Felspartien und Mauern.

Halesia carolina, der Carolina-Schneeglöckchenbaum, ist wegen seiner auffälligen, hängenden, glockenförmigen Blüten und der seltsamen, geflügelten Früchte sehr beliebt. Das Gehölz ist winterhart.

▽ *Genista tinctoria*

▽ *Genista lydia*

▽ *Halesia carolina*

***Hamamelis mollis*, die Chinesische Zaubernuß, bringt schon im Winter Blütenschmuck in die Gärten. An den zu dieser Jahreszeit noch kahlen Zweigen erscheinen außerordentlich stark duftende, gelbe Blüten. Die Zaubernuß ist absolut winterhart.**

HAMAMELIS

Zaubernuß

Standort: in sonnigen bis leicht beschatteten Lagen; auf jedem gepflegten Gartenboden
Wuchshöhe: 2 - 4 m
Blütezeit: Januar - März
Vermehrung: durch Aussaat oder Veredlung

In Nordamerika und Ostasien sind 6 Arten der Gattung verbreitet. Es sind hohe, sommergrüne Sträucher mit wechselständigen, ungleichseitigen Blättern. Die meist zwittrigen, vierzähligen Blüten erscheinen in achselständigen Köpfchen im sehr zeitigen Frühjahr, also lange vor dem Laubausbruch. Die Blüten sind mit auffallend schmalen, bandförmigen Kronblättern ausgestattet, die in der Knospe aufgerollt und nach der Entfaltung oft gedreht sind. Die Früchte entwickeln sich zu stark verholzten Kapseln, die oft bis weit in den Winter hinein hängen bleiben und sich dann bei trockenem Wetter mit deutlichen Knackgeräuschen öffnen.
Als Blütensträucher beeindrucken die Zaubernüsse durch ihre außergewöhnlich frühe Blüte, die bei offenem Wetter schon im Januar einsetzt. Die Blüte wird dann nicht selten durch einsetzende Fröste unterbrochen, nach dem Frosteinbruch aber wieder fortgesetzt. Die so zart erscheinenden Blüten erfrieren in der Regel nicht, die Kronblätter rollen sich vielmehr zusammen und öffnen sich bei milderer Witterung wieder. Hinzu kommt bei allen Arten eine beachtliche, gelbe oder rote Herbstfärbung.
Zaubernüsse lassen sich ziemlich problemlos kultivieren. Sie wachsen in der Jugend zwar recht langsam, gedeihen aber auf jedem gepflegten Gartenboden und sind im Alter völlig frosthart. Sie werden von Krankheiten und Schädlingen verschont und sollten nie geschnitten werden. Natürlich pflanzt man sie so, daß man den Reiz ihrer Blüten auch in der kalten Jahreszeit genießen kann, also am besten in die Nähe des Hauses. Alle Arten stellen keine besonderen Ansprüche an den Boden. Sie bevorzugen einen sonnigen Standort, gedeihen und blühen aber auch im leichten Schatten.
Die ungewöhnliche Blütezeit macht die Sträucher für Gärten und Parkanlagen besonders wertvoll, denn es gibt nur wenige Blütengehölze, die zu dieser Jahreszeit ihren Blütenschmuck präsentieren. Der Zaubernuß sollte man den Vorzug der Einzelstellung geben. Einen guten Hintergrund bildet eine dunkelnadelige Taxushecke, eine Eibengruppe oder eine mit Efeu überzogene Mauer. Auch in belaubtem Zustand ist die Zaubenuß ein Strauch mit hohem Zierwert.

▽ ***Hamamelis mollis***

Hamamelis japonica, die Japanische Zaubernuß, ist ein 2,5 m hoher Strauch von ausgebreitetem Wuchs. Ihre Blätter sind breiteiförmig, bis 10 cm lang, an der Basis asymmetrisch. Die Blüten erscheinen im Januar - März in kleinen, achselständigen Köpfchen, die fädigen Blütenblätter sind lebhaft gelb und bis 2 cm lang. Heimisch in den Bergwäldern Japans. Zu *H. japonica* gehören die in der Tabelle angeführten Sorten, die aber weniger häufig gepflanzt werden als die von *H.* x *intermedia*.

Hamamelis mollis, die Chinesische Zaubernuß, ist ein bis 5 m hoher Strauch mit weichbehaarten Jungtrieben und eirundlichen, bis 16 cm langen Blättern, die oberseits etwas metallisch glänzen und unten dicht büschelhaarig filzig sind. Die Blätter an der Basis sind meist herzförmig, die Blüten goldgelb, wohlriechend, die Blütenblätter ziemlich breit und gerade, nicht lockig gerollt. Blütezeit ist Januar - März. Die aus China stammende Art ist, neben den Sorten von *H.* x *intermedia*, die für unsere Gärten wertvollste Art.
'Pallida', ist ein mittelhoher Strauch, Blätter wie bei der Art, im Herbst gelb gefärbt. Blüten schwefelgelb, stark duftend, groß bis mittelgroß, die Zweige dicht bedeckend, Blütenblätter kraus und gewellt. Sicher eine der schönsten Sorten.

Hamamelis virginiana, die Virginische Zaubernuß, wächst im Habitus fast haselnußartig. Die Blätter sind verkehrt-eiförmig, bis 15 cm lang, grob gekerbt, an der Basis ungleichseitig und im Herbst wunderschön gelb gefärbt. Die hellgelben Blüten erscheinen kurz vor oder auch erst nach dem Laubfall und duften streng. Die Früchte reifen erst im nächsten Jahr.

HELIANTHEMUM

Sonnenröschen

Standort: volle Sonne; durchlässige Böden
Wuchshöhe: 10 - 30 cm
Blütezeit: Juni - August
Vermehrung: durch Stecklinge

Die kleinen, polsterförmig wachsenden Sträucher oder Halbsträucher aus der Familie der Zistrosengewächse *(Cistaceae)* kommen mit rund 80 Arten in Europa, im mittleren Asien und rund ums Mittelmeer vor. Sie haben glänzendgrüne oder graufilzige Blätter, die nur in kalten Wintern ganz oder zum Teil abgeworfen werden. Von Juni bis August sind die Zwergsträucher von markstückgroßen, wildrosenähnlichen Blüten übersät.

Besonders liebenswerte Wildarten sind *Helianthemum lunulatum*, nur 10 cm hoch, mit graugrünen Blättchen und goldgelben Blüten und *H. alpestre*, mit 5 cm hohen, feinen Blattpolstern, auf denen sich schon im Mai die gelben Blüten entfalten. Beide eignen sich gut für die Bepflanzung von Trögen und Trockenmauern. Eine weitaus größere Rolle spielen aber die Garten-Hybriden, die aus den Wildarten *H. nummularium* und *H. apenninum* gezüchtet wurden. Sie blühen einfach oder gefüllt in vielen Farben und bilden ansehnliche, 15 - 30 cm hohe Polster. Da es sich beim Sonnenröschen um einen Kleinstrauch handelt, der relativ langsam wächst, sollte man es möglichst mit solchen Pflanzen zusammenstellen, die niedrig bleiben und ein geringes Verdrängungsvermögen besitzen. Polsterstauden wie die Silberwurz, die Grasnelke, das Stachelnüßchen oder niedrige Glockenblumen wie *Campanula pusilla* sowie Mauerpfeffer-Arten wie *Sedum acre, S. album murale, S. rupestre* und *S. spurium* sind geeignete Gesellschafter. Passende Partner im Steingarten sind Blauschwingel, Ehrenpreis (*Veronica incana* und *V. spicata*), Lein, Habichtskraut und Blauraute *(Perovskia)*.

Pflegetips. Das Sonnenröschen ist ein ausgesprochener Sonnenanbeter. Am besten gedeiht es im Steingarten am Südhang oder an einer Trockenmauer in durchlässiger, kalkhaltiger Erde. Leider sind viele Sorten, insbesondere aus England stammende Züchtungen, bei uns nur mäßig winterhart. Abhilfe schafft eine gute Abdeckung mit Tannen- oder Fichtenzweigen, denn die Pflanzen leiden vor allem unter praller Wintersonne und gleichzeitig frostigen Temperaturen. Eine weitere wichtige Pflegemaßnahme ist der regelmäßige Rückschnitt alle ein bis zwei Jahre gleich nach der Blüte im August. Nur so bleiben die Polster schön dicht und gedrungen und wird die Blühfreudigkeit erhalten. Zum Vermehren schneidet man im August Stecklinge.

Helianthemum, das Sonnenröschen, ist als frühlings- bis herbstblühender Strauch mit vielen attraktiven Sorten wegen der hübschen Blüten sehr beliebt. Das Sonnenröschen eignet sich zur Bepflanzung von Steingärten und Böschungen, gedeiht aber auch gut im Kübel.

▽ *Helianthemum* 'Fire Dragon'

▽ *Helianthemum* 'Wisley Primrose'

▽ *Helianthemum* 'Wisley Pink'

▽ *Helianthemum* 'Raspberry'

▽ *Helianthemum* 'Wisley White'

***Hibiscus syriacus* 'Blue Bird'**, **der Straucheibisch, ist eine besonders hübsche Spielart. Die gelappten, tiefgrünen Blätter bilden einen aparten Kontrast zu den großen lilablauen Blüten mit rotem Schlund, die von Spätsommer bis in den Herbst hinein erscheinen.**

Holodiscus discolor, **die Schaumspiere oder auch Kaskadenstrauch, verdankt ihren deutschen Namen den überhängenden Zweigen, die in blühendem Zustand einem cremeweißen Wasserfall gleichen.**

HIBISCUS

Eibisch

Standort: sonnig bis halbschattig auf durchlässigen, humosen Böden, die ausreichend feucht sein müssen
Wuchshöhe: 1 - 3 m
Blütezeit: August - September
Vermehrung: durch Aussaat, Stecklinge oder Veredlung

Rund 300 Arten der Gattung, die zur Familie der Malvengewächse *(Malvaceae)* gehören, sind überwiegend in tropischen und subtropischen Zonen verbreitet.

Hibiscus syriacus, Straucheibisch, Roseneibisch. Sommergrüner, straff aufrecht wachsender, 2 - 3 m hoher, in Mitteleuropa ausreichend frostharter Strauch. Die Blätter sind mehr oder weniger dreilappig, rhombisch-eiförmig 5 - 10 cm lang und grob gezähnt. Blüten erscheinen im August - September, sind 5 - 10 cm breit, bei der Wildart violett. Inzwischen kultiviert man ausgelesene, großblumige Sorten, deren Farbskala vom reinen Weiß über Rosa und Rot bis zu tiefem Violett reicht.

Pflegetips. Der Straucheibisch braucht in der Jugend Schutz vor niedrigen Wintertemperaturen, vor allem durch eine Mulchdecke im Wurzelbereich. Durch Frost beschädigte Triebe werden im Frühjahr zurückgeschnitten.

▽ ***H. syriacus* 'Blue Bird'**

HOLODISCUS DISCOLOR

Schaumspiere, Kaskadenstrauch

Standort: frische, gepflegte Gartenböden
Wuchshöhe: 2 - 3 m
Blütezeit: Juli - August
Vermehrung: meist durch Aussaat

Holodiscus discolor, heimisch im westlichen Nordamerika, gehört zur Familie der Rosengewächse *(Rosaceae)* und ist ein meist nicht mehr als 3 m hoher, aufrechter sommergrüner Strauch mit dünnen, überhängenden Zweigen. Die Blätter sind wechselständig, einfach, eiförmig, 3 - 10 cm lang, meist leicht fiedrig gelappt, unterseits mehr oder weniger grau bis weißlich. Gelblichweiße Blüten in großen, überhängenden Rispen erscheinen meist in ziemlicher Fülle. Sehr zu Unrecht ist dieser schönblühende Strauch in den letzten Jahren fast in Vergessenheit geraten. Das anspruchslose Gehölz eignet sich vorzüglich zur Gruppenpflanzung aus gleichartigen oder verschiedenen Sträuchern und sollte möglichst den Vordergrund bilden. Ein eleganter Blütenstrauch für sonnige bis halbschattige Plätze und frische Böden. Besondere Pflegemaßnahmen sind nicht erforderlich.

▽ ***Holodiscus discolor***

HYDRANGEA

Hortensie

Standort: sonnige bis halbschattige Lage; nahrhafte, tiefgründige, frische, humose Böden
Wuchshöhe: 1 - 3 m
Blütezeit: Juli - September
Vermehrung: durch Aussaat oder Stecklinge

Die Gattung aus der Familie der Steinbrechgewächse *(Saxifragaceae)* besteht aus rund 80 Arten, die in gemäßigten Zonen Ost- und Südostasiens und vom östlichen Nordamerika bis zu den Anden Südamerikas verbreitet sind. Die Blätter sind gegenständig, gestielt, meist rundlich bis länglich, oft sehr groß und weich. Die Blüten entwickeln sich in vielblütigen, endständigen Rispen, innerhalb eines Blütenstandes gibt es meist sterile und fertile Blüten. Die fertilen Blüten sind im allgemeinen klein, die sterilen Randblüten sind dagegen durch einen vergrößerten Kelch als Schauapparate ausgebildet, deshalb vergleichsweise groß und weiß oder bunt gefärbt. Bei den Blüten von *H. macrophylla* kann man oft einen Farbwechsel beobachten. Auf alkalischen Böden werden die Blüten rosa oder rot, auf sauren sind sie blau.

Hydrangea arborescens, Waldhortensie. 1 - 3 m hoher Strauch mit schlanken Zweigen und breiteiförmigen, bis 15 cm langen Blättern. Die Blüten sind weiß und erscheinen im Juni - September in 5 - 10 cm breiten, rundlichen, verzweigten Ständen. In der Regel pflanzt man Gartenformen mit »gefüllten« Blüten; in den oft sehr großen Blütenständen sind nahezu alle Blüten steril.
'Anabella', neue amerikanische Sorte mit ungewöhnlich großen, flachrunden, weißen Blütenbällen, die einen Durchmesser von 20 - 25 cm erreichen können. 'Grandiflora', die bisher am häufigsten gepflanzte Form, mit 12 - 18 cm breiten, flachrunden, grünlichweißen Blütenbällen.

△ ***H. macrophylla* 'Blue Bonnet'**

▽ ***H. paniculata* 'Floribunda'**

▽ ***H. aspera* ssp. *aspera***

▽ ***H. arborescens***

Hydrangea macrophylla, die Japanhortensie, wird ein 1 - 3 m hoher Strauch. Zweige und Blätter sind dicklich-fleischig, die Blätter breiteiförmig bis elliptisch, 8 - 20 cm lang. Sie blühen im Juni - Juli in 10 - 20 cm breiten, flachen Doldenrispen, in denen die fruchtbaren Blüten weiß oder blau gefärbt sind. *H. macrophylla* liebt einen halbschattigen, geschützen Platz und Winterschutz in rauhen Lagen.

Hydrangea paniculata, die Rispenhortensie, wird in ihrer ostasiatischen Heimat ein bis 7 m hoher, bei uns meist nur 2 m hoher, wenigstämmiger, aufrecht-ausgebreiteter Strauch. Die Blätter sind elliptisch bis eiförmig, 5 - 15 cm lang, oben fast kahl, unten borstig behaart. Blüten erscheinen im August - September in 15 - 25 cm langen, kegelförmigen Rispen, in denen die etwa 3 cm breiten, weißen, sterilen Blüten gleichmäßig verteilt sind. Die sterilen Blüten färben sich im Verblühen rosa. Fertile Blüten sind ebenfalls weiß. 'Grandiflora' wird heute fast ausschließlich gepflanzt. Die bis zu 30 cm langen Blütenrispen bestehen vorwiegend aus weißen, sterilen Blüten.

Hydrangea* ssp. *sargentiana verzweigt sich wie die Art nur sehr sparsam und breitet sich durch kurze Ausläufer langsam aus. Die Blätter sind breit-eiförmig bis länglich-eiförmig, 15 - 35 cm lang, oben samtig behaart und rauh, im Austrieb rot. Blätter und junge Zweige sind mit dicklichen, anfangs rosaroten Zottenhaaren bedeckt. Die Blüten erscheinen im Juni - August in bis 25 cm breiten, flachen Doldentrauben; die Innenblüten sind rosalila, die Außenblüten weiß. Die *H.* ssp. *sargentiana* ist die am häufigsten gepflanzte Samthortensie.

Pflegetips. Bei trockenem Sommerwetter sind regelmäßige Wassergaben notwendig. Bis auf *Hydrangea paniculata*, deren Triebe in der Regel jährlich stark zurückgeschnitten werden, bleiben alle Arten möglichst ungeschnitten.

Hydrangea, die Hortensie, kann mit zahlreichen Arten und Sorten aufwarten und ist mit ihren großen Blütenständen ein sehr dekorativer, großzügiger Strauch. Die Hortensie braucht einen windgeschützten Standort.

Hypericum calycinum, **das Johanniskraut, ist ein hübscher Zwergstrauch, der sich als anspruchsloser Bodendecker anbietet. Er liebt geschützte Lagen. Die Pflege beschränkt sich auf das Zurückschneiden trockener Zweige.**

Indigofera, **der Indigostrauch, ist nicht allein als Blütenstrauch interessant, er wird auch wegen seines Gehalts von Indikan in den Stengeln und Blättern geschätzt, das zu dem blauen Farbstoff Indigo verarbeitet wird.**

HYPERICUM

Johanniskraut

Standort: sonnig bis schattig; auf jedem durchlässigen Boden
Wuchshöhe: 20 cm - 1 m
Blütezeit: Juni - September
Vermehrung: durch Aussaat oder Stecklinge

Rund 400 Arten, die zur Familie der Johanniskrautgewächse *(Guttiferae)* gehören, kommen in den gemäßigten und subtropischen Zonen der nördlichen Halbkugel vor. Es sind sommer- oder immergrüne Sträucher, Halbsträucher oder Stauden mit gegenständigen, bisweilen quirligen, kurzgestielten oder sitzenden Blättern, die mit Öldrüsen ausgestattet sind. Die gelben, fünfzähligen Blüten erscheinen in endständigen Trugdolden oder Rispen. Die zahlreichen Staubblätter stehen einzeln oder sind in 3 oder 5 Bündel zusammengefaßt. Die Früchte sind Kapseln, Steinfrüchte oder Beeren. Alle kultivierten Arten der Gattung zeichnen sich durch große Blühwilligkeit aus. Ihre oft großen, tellerförmigen Blüten erhalten durch die zahlreichen, weit herausragenden Staubgefäße einen zusätzlichen Reiz. Man pflanzt Johanniskräuter in kleineren oder größeren Gruppen oder in zusammenhängenden Flächen als Bodendecker. Für kleinere Flächen eignet sich am besten das ausläufertreibende *Hypericum calycinum*, das sowohl an sonnigen wie an stark beschatteten Stellen wächst.

▽ *Hypericum calycinum*

Hypericum calycinum, das Immergrüne Johanniskraut, ein immergrüner, sich durch unterirdische Ausläufer stark ausbreitender, bis 30 cm hoher Halbstrauch mit vierkantigen Zweigen. Blüten erscheinen von Juli bis September, sie sind leuchtendgelb, 7 - 8 cm breit, meist einzeln, die Staubbeutel rötlich gefärbt. Heimisch ist die Pflanze in Südosteuropa, und sie ist die beste Art für flächige Pflanzungen; sie friert in kalten Wintern häufig zurück, muß dann bis zum Boden zurückgeschnitten werden.

***Hypericum* x *moserianum*.** Wintergrüner, etwa 50 cm hoher, aufrechter Strauch mit überhängenden Zweigspitzen. Blüten goldgelb, 5 - 6 cm breit und erscheinen zu 1 - 3 von Juli bis Oktober. Wertvoller Blütenstrauch, der einen etwas geschützten Platz benötigt.

Hypericum patulum* var. *henryi (=***beanii***). Bis 2 m hoher Strauch mit dicht geschlossenen, vielverzweigten Grundtrieben und 15 - 20 cm Jahreszuwachs. Von Juli bis September erscheinen die 4 - 5 cm breiten, schalenförmigen, zu mehreren in endständigen Trugdolden zusammenstehenden Blüten mit den strahlenförmigen Staubfäden. Der Strauch stellt keine besonderen Anforderungen an den Boden, der schwach sauer bis alkalisch sein kann und verträgt Trockenheit. Er liebt einen sonnigen bis absonnigen Standort und eignet sich zur Einzelstellung wie für Gruppen.

Pflegetips. Alle gedeihen in jedem nicht zu schweren, ja sogar in steinigem Boden in sonniger bis halbschattiger Lage. Die staudigen und immergrünen verholzenden Arten sollten in schneelosen Wintern und vor rauhen Winden durch aufgelegte Fichtenreiser geschützt werden. Alle Arten blühen am Ende diesjähriger Triebe, die verholzenden Arten vertragen deshalb jährlich im Frühjahr einen kräftigen Rückschnitt.

INDIGOFERA

Indigostrauch

Standort: durchlässige, lehmige Böden in geschützten, sonnigen Lagen
Wuchshöhe: 1 - 1,5 m
Blütezeit: Juni - September
Vermehrung: durch Aussaat

Von den mehr als 400 Arten der Gattung aus der Familie der Hülsenfrüchtler *(Leguminosae)* – sie sind in allen tropisch-subtropischen Zonen verbreitet –, lassen sich unter mitteleuropäischen Klimabedingungen nur wenige als Ziersträucher im Freien kultivieren. Es handelt sich um zierliche sommergrüne, jedoch giftige Sträucher mit wechselständigen, unpaarig gefiederten Blättern und meist kleinen Blättchen. Die rosa, rot oder purpurn gefärbten Blüten entstehen an diesjährigen Trieben in achselständigen Trauben. Die sommerliche Blüte zieht sich über mehrere Wochen hin.

Pflegetips. Nicht alle Arten sind in allen Lagen gänzlich frosthart. Sie brauchen deshalb warme, geschützte Standorte, an denen die Triebe möglichst gut ausreifen können. Im Winter ist eine schützende Bodendecke aus Mulchmaterial im Wurzelbereich angebracht. Erleiden die Triebe in strengen Wintern Frostschäden, kann man die Sträucher auch stark zurückschneiden.

▽ *Indigofera*

JASMINUM

Jasmin

Standort: sonnig bis schattig, ohne besondere Bodenansprüche gedeiht er aber am besten auf nährstoffreichem, nicht zu trockenem Boden
Wuchshöhe: 2 - 5 m, je nach Art
Blütezeit: zwischen Dezember und Juli, je nach Art
Vermehrung: meist durch Stecklinge oder Teilung

☼—●

Mit rund 200 Arten besiedelt die Gattung tropische und subtropische Regionen in Asien, Australien, Afrika und Südamerika. Sie gehört zur Familie der Ölbaumgewächse *(Oleaceae)* und stellt eine Fülle von schönen Straucharten mit unterschiedlichen Wuchseigenschaften.

Jasminum nudiflorum, Winterjasmin. Sommergrüner Strauch mit schlanken, rutenförmigen, vierkantigen, grünen, weit überhängenden Zweigen und gegenständigen, dreizähligen Blättern. Von Dezember bis April bringt der Strauch entlang der vorjährigen Triebe eine Fülle gelber, an der Röhre rötlich angelaufener Blüten hervor. *J. nudiflorum* stammt aus Nordchina und ist in unseren Gärten seit mehr als 150 Jahren einer der schönsten Winterblüher. Er wird meist an Hauswänden und Pergolen an Spalieren gezogen und kann dann Höhen und Breiten von 3 m erreichen. Gute Plätze findet er aber auch an Mauern oder Treppenwangen, über die er seine langen Zweige hängen lassen kann. In Südlage ist der Strauch besonders blühfreudig. Am Boden aufliegende Zweige bewurzeln sich leicht. Man kann, um neue Pflanzen zu gewinnen, die Zweige auch über gefüllte Blumentöpfe leiten und mit einem Stein beschweren. Im Folgejahr von der Mutterpflanze trennen.

Pflegetips. Winterjasmin ist in Mitteleuropa an den meisten Standorten ausreichend hart und liebt kräftigen, nicht zu trockenen Boden. Das regelmäßige Auslichten der dichtstehenden Triebe ist eine wichtige Pflegemaßnahme.

Jasminum nudiflorum, der Winterjasmin, ist ein überhängender Strauch mit kleinen, ovalen Blättchen. Die gelben Blüten erscheinen an den schlanken Trieben im Winter und Vorfrühling, noch vor dem Blattaustrieb.

▽ ***Jasminum nudiflorum***

***Kalmia angustifolia*, die Schmalblättrige Lorbeerrose, ist ein rundlicher Strauch mit ovalen, dunkelgrünen Blättern und tiefroten Blütendolden, die im Frühling bis Sommer erscheinen. Das attraktive Gehölz ist jedoch giftig!**

***Kalmia latifolia*, besticht durch zartrosa Blüten, die mit dem mittelgrünen Laub eine interessante Kombination bilden.**

***Kerria japonica* 'Pleniflora', der Ranunkelstrauch, ist in allen Teilen kräftiger als die Normalform und wird deshalb häufiger gepflanzt. Die alte Kulturpflanze war früher häufig in Bauerngärten zu finden.**

KALMIA

Lorbeerrose, Kalmie

Standort: halbschattige Lagen; frische, humose, kalkarme Böden
Wuchshöhe: 1 - 3 m
Blütezeit: Mai - Juli
Vermehrung: durch Aussaat, Stecklinge und Ableger

Zur großen Familie der Heidekrautgewächse *(Ericaceae)* gehören die 8 Arten der Gattung, die überwiegend in Nordamerika heimisch sind. Es sind vor allem immergrüne Sträucher mit wechselständigen, gegenständigen oder quirlig angeordneten Blättern. Die Blüten werden in end- oder achselständigen Trauben oder Doldenrispen angelegt. Die Einzelblüten sind breitglockig bis schüsselförmig. Die Blütenblätter haben nach außen gedehnte, taschenförmige Aussackungen, in denen die Staubblätter bis zur Reife festgehalten werden. Sie reagieren dann auf Berührungsreize, bei denen die Staubbeutel plötzlich herausgerissen werden und den Blütenstaub entlassen. Lorbeerrosen gehören zu den schönsten immergrünen Laubgehölzen. Sie sind vollkommen winterhart und stellen etwa die gleichen Boden- und Standortansprüche wie Rhododendron, mit denen sie sich gut vergesellschaften lassen. Wie Rhododendron brauchen auch sie nie geschnitten zu werden. Alle Arten sind giftig! Der Strauch sollte wegen der aparten Blüten als Einzelgehölz verwendet werden.

Kalmia angustifolia, die Schmalblättrige Lorbeerrose, kommt im nordöstlichen Nordamerika auf Torfmooren, in Sümpfen und als Unterholz vor, sie braucht in Kultur also frische bis feuchte Böden. Der etwa 1 m hohe, aufrechte Strauch hat kurze Ausläufer und meist unverzweigte Triebe. Die Blätter sind immergrün, meist zu dritt quirlig, länglich-lanzettlich, 2 - 6 cm lang und mittelgrün. Blüten erscheinen im Mai - Juni, etwa 1 cm breit, tief rosarot bis rot, in achselständigen Trauben am oberen Teil der Zweige. Die Sorte 'Rubra' unterscheidet sich durch dunkelpurpurne Blüten und etwas breitere Blätter.

Pflegetips. Als Dünger sind Kompost, Rindenkompost, Torfmull und alter Kuhdung geeignet. Als Mineraldünger nur sauer wirkende und chloridfreie Volldünger verwenden.

▽ *Kalmia angustifolia*

▽ *Kalmia latifolia*

KERRIA JAPONICA

Kerrie, Ranunkelstrauch

Standort: sonnige bis halbschattige Lagen; lockere, durchlässige Böden
Wuchshöhe: 1 - 2 m
Blütezeit: Mai - Juni
Vermehrung: durch Stecklinge

Kerria japonica ist eine monotypische Gattung mit nur einer Art, die in China heimisch ist und schon 1834 nach Europa kam. Der sommergrüne buschig und sehr dichtwachsende Strauch mit zahlreichen auffallend glänzendgrün gefärbten und gestreiften Trieben stammt aus der Familie der Rosengewächse *(Rosaceae)* und breitet sich durch zahlreiche kurze Ausläufer langsam aus. Die Zweige enthalten dickes, weißes Mark. Die Blätter sind wechselständig, eiförmig bis eilänglich, 3 - 6 cm lang, grob doppelt gesägt, frischgrün und laufen in eine scharfe Spitze aus. Blüten erscheinen einzeln oder zu wenigen an den Enden meist beblätterter Kurztriebe und sind etwa 3 cm breit, leuchtendgelb, meist zweihäusig, nur selten zwittrig. Die Sorte 'Pleniflora' hat Blüten bis 4,5 cm breit, kugelig, dicht röschenartig gefüllt.

Pflegetips. Die dichtverzweigten Sträucher sollten regelmäßig ausgelichtet werden, damit Platz für die neuen Bodentriebe geschaffen wird.

▽ *K. japonica* 'Pleniflora'

KOLKWITZIA AMABILIS

Kolkwitzie

Standort: sonnige bis leicht beschattete Lagen; jeder gepflegter Gartenboden
Wuchshöhe: 2 - 3 m
Blütezeit: Mai - Juni
Vermehrung: in der Regel durch Stecklinge

☼—◐

Kolkwitzia amabilis ist eine monotypische Gattung mit nur einer Art aus der Familie der Geißblattgewächse *(Caprifoliaceae)*. Die Gattung wurde zu Ehren des Berliner Professors Kolkwitz benannt, sie ist u. a. eng mit den Weigelien verwandt. Ein locker aufgebauter, im Alter bis 3 m hoher und ebenso breiter Strauch, dessen Äste und Zweige mit zunehmendem Alter immer stärker überhängen. Die Blätter sind gegenständig, breiteiförmig, 3 - 9 cm lang, lang bis geschwänzt zugespitzt, am Rand weit geschweift gezähnt und steif bewimpert, oberseits stumpfgrün und unterseits auf den Nerven rauh behaart. Von Ende Mai bis Ende Juni ist der Strauch dicht mit Büscheln von zartrosa Blütenglocken bedeckt. Die Einzelblüten sind 1,5 cm lang, fünfzipfelig, glockenförmig, außen rosaweiß und im behaarten Schlund gelb gefärbt. Aus den Blüten entwickeln sich etwa 6 mm lange, braunborstige, behaarte, langgeschnäbelte und von dem trockenen Kelch gekrönte Schließfrüchte. Borstig behaart sind auch die 2-3 mm langen Blattstiele. Der zierliche, überaus reizvolle Blütenstrauch kam zu Anfang dieses Jahrhunderts aus seiner westchinesischen Heimat nach Europa, er gehört heute zu den begehrtesten sommerblühenden Sträuchern. Neben der Art sind seit einigen Jahren zwei Gartensorten – 'Pink Cloud' und 'Rosea' – auf dem Markt, die schon als junge Pflanzen reich blühen und etwas kräftiger gefärbte Blüten haben. Als Blütenstrauch mit dichtbuschigem Wuchs kann die Kolkwitzie gut zur Einzelstellung verwendet werden. Sie ist aber auch eine hervorragende Gruppenpflanze und sollte dann möglichst in den Vordergrund gepflanzt werden, damit ihre Blütenfülle gut zur Geltung kommt.

Pflegetips. Will man den reichen Blütenflor dauerhaft erhalten, ist ein kontinuierlicher Auslichtungsschnitt notwendig. Dabei werden jeweils einige der ältesten Äste bis zum Boden herausgenommen, um neuen Trieben ausreichend Raum zu geben.

***Kolkwitzia amabilis*, die Kolkwitzie, ist wegen ihrer Blütenfülle ein beliebtes Gartengehölz. Sie ist völlig winterhart und bevorzugt sonnige Standorte.**

▽ ***Kolkwitzia amabilis***

***Lespedeza thunbergii*, der Buschklee, bildet, wie auch *L. bicolor*, zwittrige, meist zygomorphe Blüten, die aus einer Fahne, zwei seitlichen Flügeln und zwei weiteren Blütenblättern bestehen.**

***Ligustrum obtusifolium*, der Stumpfblättrige Liguster, wächst ziemlich schnell und sollte deshalb, wenn er nicht schon sowieso als Hecke verwendet wird, im Frühjahr zurückgeschnitten werden.**

LESPEDEZA

Buschklee

Standort: warme, geschützte, sonnige Plätze; durchlässige, lockere Gartenböden
Wuchshöhe: 1,5 - 2 m
Blütezeit: Juli - September
Vermehrung: durch Aussaat und Stecklinge

In Nordamerika, Asien und Australien sind etwa 100 Arten der Gattung verbreitet, sie gehört zur Familie der Schmetterlingsblütler *(Leguminosae)*. Die Gattung umfaßt Kräuter, Stauden, sommergrüne Halbsträucher und Sträucher, von denen in unserem Klima nur wenige ausreichend winterhart sind. Charakteristisch für die Gattung sind die wechselständigen, dreizähligen Blätter. Die Früchte sind kurze, elliptische, einsamige, nicht aufspringende Hülsen. Die Pflanze ist giftig.

Lespedeza bicolor, Zweifarbiger Buschklee, wird in der Heimat, im Amurgebiet, Nordchina und Japan, über 2 m hoch, bleibt bei uns aber meist kleiner. Die Triebe sind kantig, aufrechtwachsend, Blättchen breit-eiförmig bis verkehrt-eiförmig, Endblättchen im Mittel 4 cm lang. Violettrot oder purpurrosa Blüten erscheinen von Juli bis September in seitenständigen, bis 8 cm langen Trauben, die zu großen, beblätterten Rispen vereint sind.

▽ ***Lespedeza thunbergii***

LIGUSTRUM

Liguster, Rainweide

Standort: jeder Gartenboden in sonnigen bis schattigen Lagen
Wuchshöhe: 2 - 6 m, je nach Art
Blütezeit: Juni - Juli
Vermehrung: durch Aussaat, Steckholz oder Stecklinge

Von den rund 50 Arten der Gattung aus der Familie der Ölbaumgewächse *(Oleaceae)* ist nur eine in Mitteleuropa verbreitet, die anderen stammen vorwiegend aus Süd- und Ostasien. Es sind immer- oder sommergrüne Sträucher, selten Bäume, mit gegenständigen, kurzgestielten Blättern. Kleine, weiße, zwittrige Blüten stehen in meist großen, endständigen Rispen. Die Blütenkronen haben eine kurze oder lange Röhre mit 4 Lappen. Die Früchte sind meist schwarze, giftige Beeren. Die Ligusterarten sind zwar keine spektakulären Blütensträucher, dafür genügsame Gruppen- oder Decksträucher mit hoher Schnittverträglichkeit und deshalb ausgezeichnet als Heckenpflanzen geeignet.

Ligustrum obtusifolium, Stumpfblättriger Liguster. Bis 2 m hoher und fast ebenso breiter Strauch mit zottig behaarten, bogig abstehenden Zweigen und elliptisch-länglichen, 2 - 6 cm langen, unterseits mehr oder weniger behaarten Blättern. Weiße Blüten erscheinen im Juni in 2 - 3,5 cm langen, mehr oder weniger nickenden Rispen, die zu vielen an kurzen Seitenzweigen stehen. Stammt aus China, Japan und Korea.

▽ ***Ligustrum obtusifolium***

LONICERA

Heckenkirsche, Geißblatt

Standort: als Blüten- und Fruchtsträucher, Kletterpflanzen und Bodendecker an sonnigen bis schattigen Plätzen
Wuchshöhe: 50 cm - 5 m, je nach Art
Blütezeit: Februar - Juni, je nach Art
Vermehrung: durch Aussaat oder Stecklinge

Etwa 180 Arten der Gattung, die zur Familie der Geißblattgewächse *(Caprifoliaceae)* gehören, kommen vorwiegend in der nemoralen Zone von Europa, Asien und Nordamerika vor. Davon sind etwa 70 Arten für unsere Klimabereiche ausreichend hart, als Gartensträucher werden aber weit weniger Arten gehalten. Ihre Anspruchslosigkeit macht sie zu robusten Deck- und Heckensträuchern. Gemeinsame Merkmale aller Arten sind die Winterknospen mit 1 - 2 Paar Knospenschuppen, oft mit aufsteigenden Beiknospen. Blätter gegenseitig, einfach und ganzrandig, selten gelappt, Blüten zwittrig, oft zweiseitig-symmetrisch mit doppelter, fünfzähliger Blütenhülle. Bei strauchigen Arten erscheinen sie paarig an langgestielten Teilblütenständen in den Blattachseln, bei windenden Arten mit doppelter, verwachsenblättriger Hülle am Ende junger Kurztriebe kopfig, ährig oder rispenartig angeordnet. Die Blütenkrone ist radiär oder zygomorph mit langer, am Grunde oft bauchig oder höcker- bzw. sackartig erweiterter Röhre und fünf Zipfeln, die bei den zygomorphen Blüten zweilippig (mit vierlappiger Ober- und einlappiger Unterlippe) ausgebildet ist. Die Staubblätter sind in der Kronröhre eingeschlossen, die Früchte saftige Beeren oder durch Verwachsung Doppelbeeren, die meist giftig sind.

▽ ***Lonicera xylosteum***

Lonicera maackii, Maacks Heckenkirsche, kann bis 5 m Höhe erreichen und ist damit wohl eine der größten Heckenkirschen. Blätter sommergrün, eiförmig-elliptisch bis eiförmig-lanzettlich, langzugespitzt, 5 - 8 cm lang. Blüten erscheinen im Juni sehr zahlreich, mit weißer Krone, gelblich verblühend, 1 - 2 cm lang. Die Oberlippe meist bis zur Mitte eingeschnitten, die Kronröhre dünn. Die Blüten sitzen auf einem paarweise miteinander verwachsenen Vorblatt. Früchte als blutrote Beeren. Der im Amurgebiet, in der Mandschurei, in Korea und Zentraljapan heimische Strauch gehört zu den schönsten Blütensträuchern unter den Heckenkirschen. Sie läßt sich leicht durch Steckholz vermehren, das an Ort und Stelle in lockeren Boden im Spätherbst/Winter gesteckt wird. Bemerkenswert ist der Duft, den die Blüten in den Abendstunden verströmen. Freiwachsende Sträucher zeigen einen besonders malerischen Wuchs. Der Strauch ist daher zur Einzelstellung hervorragend geeignet. Auch in Gruppenpflanzungen und freiwachsenden Hecken läßt sich Maacks Heckenkirsche gut verwenden.

▽ ***Lonicera maackii***

Lonicera xylosteum, Gemeine Heckenkirsche, Rote Heckenkirsche. In Europa von Zentralspanien bis zum Ural, in Kleinasien und dem Kaukasus und in Westsibirien bis zum Altaigebirge verbreitete, sommergrüne Art. Ein 1 - 3 m hoher, reichverzweigter, breitbuschiger Strauch. Blätter breiteiförmig bis elliptisch, 3 cm lang, beiderseits schwach anliegend behaart. Die Blüten erscheinen im Mai - Juni paarig in den Blattachseln junger Triebe, die Krone ist 1 - 1,5 cm lang, gelblichweiß, außen oft rötlich getönt, verfärbt sich später gelb. Die Früchte sind 5 - 7 mm große, runde, glänzendrote, saftreiche Beeren. Anspruchsloser Hecken- und Deckstrauch.

<u>*Lonicera xylosteum*,</u> die Gemeine Heckenkirsche, ist ein aufrechter, dichter Busch, dessen cremeweiße Blüten im Spätfrühling oder Frühsommer erscheinen. Die Heckenkirsche sollte nicht gepflanzt werden, wenn kleine Kinder im Haus sind, denn die Beeren sind giftig.

<u>*Lonicera maackii*,</u> Maacks Heckenkirsche, ist ein kräftiger, buschigwachsender Strauch. Im Frühsommer erscheinen duftende, kurzröhrige weiße, später gelbe Blüten. Im Herbst schmückt sich das Gehölz mit korallenroten Beeren.

Magnolia stellata, die Sternmagnolie, ist eine der beliebtesten Magnolienarten, wohl auch deshalb, weil sie klein bleibt und somit auch für kleinere Gärten auf Dauer geeignet ist. Außerdem bringt sie schon sehr zeitig ihre herrlichen Blüten zum Vorschein.

MAGNOLIA

Magnolie

Standort: gutgepflegte, humose, nahrhafte, frische, leicht saure Böden; heller, geschützter Platz
Wuchshöhe: 2 - 25 m, je nach Art
Blütezeit: April - Juni
Vermehrung: durch Aussaat, Stecklinge oder Veredlung

Magnolien sind mit rund 75 Arten im östlichen Nordamerika, in Mittelamerika, in Ostasien und im Himalaya verbreitet. Weitere Informationen zu der Gattung finden Sie im Kapitel »Kleinkronige Bäume«.

***Magnolia loebneri* 'Merril'.** Strauch von breitem, kegelförmigem Wuchs mit straff aufrechtem Hauptteil und waagrecht abstehenden, gleichmäßig verzweigten Seitenästen. Etwa bis 5 m hoch und 4 m breit werdend. Der Jahreszuwachs beträgt etwa 10 cm. Zierend sind auch die sommergrünen, 10 - 15 cm langen, elliptisch bis verkehrt-eiförmigen, hellgrünen Blätter, die sich im Herbst leuchtendgelb färben. Die reinweißen, sternförmigen, duftenden Blüten erscheinen im April - Mai, voll geöffnet sind sie ca. 15 cm breit. Der Boden sollte schwach sauer bis alkalisch sein. Standort unbedingt sonnig.

Magnolia sieboldii, Siebolds Magnolie, wird in seiner japanischen Heimat ein bis 7 m hoher Baum, bei uns meist nur strauchig. Blätter sommergrün, breit-elliptisch bis breit verkehrt-eilänglich, 6 - 15 cm lang, unterseits bläulich. Nickende, 7 - 10 cm breite, becherförmige, duftende Blüten im Juni; die 6 Kronblätter sind 5 - 6 cm lang, die Staubblätter auffallend karminrot gefärbt. Gehört zu den wenigen ostasiatischen Arten, die erst nach der Laubentfaltung blühen. Weicht mit ihren aparten, nickenden Blüten ganz vom gewohnten Bild der Magnolien ab. Braucht unbedingt sauren Boden.

Magnolia stellata, die Sternmagnolie, ein sommergrüner, maximal 3 m hoher, sehr langsam wachsender, starkverzweigter Strauch. Blätter schmal verkehrt-eiförmig bis breit-lanzettlich, 5 - 10 cm lang, tiefgrün. Weiße, duftende Blüten im März - April mit 12 - 18 bis 6 cm langen, schmalen Tepalen, die ungleichartig zurückgeschlagen und sternförmig ausgebreitet sind. Diese japanische Art ist wohl die wichtigste frühblühende Gartenmagnolie und die einzige Art, die wirklich klein bleibt und deshalb in jedem Garten Platz findet. Ihrer sehr frühen Blüten wegen, die gelegentlich von Spätfrösten zerstört werden, braucht sie einen geschützten Platz; sonst ist sie nicht besonders anspruchsvoll. Neben der natürlichen Art gibt es auch einige sehr attraktive Gartenformen.

▽ ***Magnolia stellata***

Sortenübersicht. 'Chrysanthemiflora', Blüten mit 32 Tepalen stark gefüllt, rosarot gefärbt und in geöffnetem Zustand chrysanthemenähnlich. 'George Henry Kern', Blüten mit 8 - 10 Tepalen, innen weiß, außen rosa, oft gebogen und gedreht; eine wüchsige, sehr reich blühende Sorte. 'Massey', schwachwachsende, nur etwa 1,3 m hohe Sorte mit gefüllten Blüten (25 - 30 Tepalen), die weiß gefärbt und hell- bis zartrosa überhaucht sind. 'Norman Gould', sehr kompakt wachsende Sorte mit weißen Blüten. Wird stellenweise auch zu *M.* x *loebneri* gerechnet. 'Royal Star', Blüten reinweiß, mit 18 - 25 Tepalen gefüllt, robuster und stärker wachsend als die Wildform, außerdem etwas später blühend. 'Sentennial', Blüten besonders groß, bis 14 cm breit, reinweiß und mit 28 - 32 Tepalen gefüllt. 'Waterlily', Blüten in der Knospe rosa, aufgeblüht weiß, mit 14 - 18 Tepalen; Wuchs kräftiger als bei der Wildart.

Pflegetips. Die besonders früh blühenden Arten sind naturgemäß spätfrostgefährdet, sie brauchen geschützte Plätze. Alle Magnolien sind ausgesprochene Flachwurzler, sie nehmen Bodenbearbeitung im Wurzelbereich übel, sind aber für eine Mulchdecke dankbar. Sie hält den Boden locker, kühl und frisch und verhindert im Winter ein zu tiefes Eindringen des Frostes.

MAHONIA

Mahonie, Fiederberberitze

Standort: sonnige bis tief schattige Lagen; jeder gepflegte Gartenboden
Wuchshöhe: 1 - 2 m
Blütezeit: Januar - Mai
Vermehrung: durch Aussaat oder Stecklinge

Von den etwa 70 Mahonienarten sind weit über die Hälfte in Asien, die übrigen in Nord- und Mittelamerika verbreitet. Die Gattung gehört zur Familie der Berberitzengewächse *(Berberidaceae)*, sie umfaßt einige wertvolle immergrüne Gartensträucher. Alle sind immergrüne, unbewehrte Sträucher mit wechselständigen, unpaarig gefiederten Blättern. Die Blättchen sind ledrig und dornig gezähnt, die zwittrigen Blüten durchwegs gelb und mit 9 Kelch- und 6 Kronblättern ausgestattet. Sie vereinen sich zu vielblütigen Trauben oder Rispen, die in den Blattachseln an den Triebenden entstehen. Die Früchte sind meist dunkelblaue, bereifte Beeren. Von den zahlreichen Arten sind nur wenige in Kultur. Wichtigste Art ist die *Mahonia aquifolium*, die dank ihrer hohen Schattenverträglichkeit gern für flächige Unterpflanzungen unter Bäumen verwendet wird. Sie gedeiht auch auf schmalen Rabatten an den Schattenseiten von Häusern und Mauern. Dank ihrer hohen Regenerationsfähigkeit läßt sich die Fiederberberitze durch häufigen Schnitt leicht in der gewünschten Höhe halten.

▽ *Mahonia aquifolium*

Mahonia aquifolium, Gewöhnliche Mahonie. Ein bis 1m hoher, aufrechter, buschigwachsender Strauch. Blätter sind 20 cm lang, mit 5 - 9 eiförmigen, bis eiförmig-länglichen, oberseits glänzend-dunkelgrünen Blättchen, die sich im Winter oft bronzefarben oder braunrot verfärben. Hell- bis goldgelbe, oft rötlich überlaufene Blüten erscheinen im April - Mai in dichten, aufrechten, 5 - 8 cm langen Trauben. Von *M. aquifolium* gibt es seit einigen Jahren einige vegetativ vermehrte Formen: 'Apollo', kompakter wachsend als die Art, Blätter glänzend-dunkelgrün, Blüten goldgelb, sehr zahlreich und in großen Trauben. Wertvoll als Gruppenstrauch und für flächige Pflanzungen. 'Attropurpurea', mehr als 1m hohe, vieltriebige Sorte mit gelben Blüten in zahlreichen kleinen Trauben. Blätter im Winter lebhaft rotbraun. 'Orange Flame', amerikanische Sorte mit zahlreichen Trieben, wird bis 60 cm hoch. Blätter im Austrieb gelbgrün, später leuchtendbronzerot und im Winter weinrot. 'Smaragd', bis 70 cm hoch, breitwüchsig, Blätter beständig glänzendgrün, Blüten goldgelb in großen, dichten Ständen. 'Undulata', sehr stark wachsend, wird knapp mannshoch, Blätter groß, dunkelgrün und stark glänzend, am Rand auffallend gewellt, Blüten tiefgelb und sehr zahlreich.

Mahonia bealei. Ein bis 2 m hoher, sparrigwachsender, wenig verzweigter Strauch mit dicken Trieben. Blätter bis 40 cm lang, mit 9 - 17 eiförmigen bis eilänglichen, 5 - 12 cm langen, blasig aufgewölbten Blättchen, beiderseits mit 2 - 5 großen, dornartigen Zähnen, oberseits dunkelgrün und bläulich überlaufen, unten blaugrün bis gelbgrün. Duftende, rein hellgelbe Blüten erscheinen im Januar bis Mai, je nach Witterung in 8 - 20 cm langen, mehr oder weniger aufgerichteten bis überhängenden Trauben.

MALUS

Apfel

Standort: sonnige Lagen; jeder gepflegte Gartenboden
Wuchshöhe: 2 - 8 m
Blütezeit: Mai
Vermehrung: durch Aussaat oder Veredlung

Zieräpfel gehören zu der vielgestaltigen Gattung *Malus* aus der Familie der Rosengewächse (*Rosaceae*). Sie zählen zu den schönsten Blütensträuchern des Gartens. Ihre Wuchsform ist je nach Art sehr unterschiedlich. Im folgenden werden die strauchartig wachsenden Formen beschrieben. Baumartig wachsende Arten werden im Kapitel »Kleinkronige Bäume« vorgestellt.
Seit dem Ende des vergangenen Jahrhunderts befassen sich europäische und amerikanische Züchter und Gärtner mit der Züchtung und Auslese von Zieräpfeln. Viele von ihnen übertreffen in ihrem Garten- und Schmuckwert, in Blüte und Frucht also, ihre Eltern. Sie werden deshalb in weitaus größerer Zahl kultiviert als die Wildarten. Im allgemeinen entspicht die Kronenform der niedrig bleibenden Zieräpfel der bekannten Buschobstform. Die Zweige der Zieräpfel sind jedoch in der Regel zierlicher und verzweigter. Da die natürliche Wuchsform den Habitus bestimmen soll, ist ein Fruchtholzschnitt wie bei

▽ *Malus sieboldii*

Mahonia aquifolium, **die Gewöhnliche Mahonie, ist ein immergrüner Strauch mit lockerem Wuchs. Die glänzenden, grünen Blätter färben sich im Winter rot oder violett. Aus den gelben Blütenrispen entwickeln sich blauschwarze, stark bereifte Beeren.**

Malus sieboldii, **Siebolds Apfel, ist ein Zierapfel mit weißen oder rosa Blüten im Vorfrühling. Der Strauch ist breitkronig und überhängend, die Blätter nehmen im Herbst eine attraktive Färbung an.**

***Malus sargentii* 'Wintergold', der Zierapfel, entfaltet im Spätfrühling seine ganze weiße Blütenpracht. Im Spätsommer erscheinen die kleinen, tiefroten Früchte.**

***Paeonia suffruticosa*, die Strauchpäonie, sollte wegen der prachtvollen Blüten im Garten einen bevorzugten Platz erhalten. Der Strauch wächst langsam, oft vergehen einige Jahre, bis er blüht. Dafür kann er aber ein hohes Alter erreichen.**

den Obstbäumen nicht erforderlich. Der Zierapfel macht zweimal im Jahr auf sich aufmerksam: Schon in den ersten Jahren nach der Pflanzung zeigt sich im zeitigen Frühjahr ein reicher Blütenschmuck und im Herbst ein prächtiger Fruchtbehang. Die kleinen Früchte haften bis lange in den Winter hinein, da sie sehr sauer sind und von den Singvögeln erst zu fortgeschrittener Jahreszeit angenommen werden.Viele Sorten zeichnen sich darüberhinaus noch durch eine leuchtende Herbstfärbung aus. Zieräpfel sind ausgesprochene Solitärgehölze, die in Einzelstellung am Sitzplatz, in einer niedrigen Rabatte oder als Vorpflanzung einer Gehölzgruppe besonders zur Geltung kommen. Ihre Pflegeansprüche sind gering. Die Zweige eignen sich hervorragend zur Blumenbinderei.

Malus baccata, der Beerenapfel, ist ein bis zu 5 m hoher Strauch mit dünnen Zweigen. Blätter dünn, eiförmig bis länglich-eiförmig, 3-8 cm lang, scharf gesägt, glänzendgrün. Die Blüten, weiß und 3 - 3,5 cm lang, erscheinen im April. Rundliche, 8 - 10 mm dicke, rote oder gelbe Früchte. Heimisch von Nordostasien bis Nordchina. *M baccata* var. *mandshurica* fällt durch duftende Blüten und die sehr frühe Blütezeit auf.

Malus halliana, Halls Apfel, ein 2 - 4 m hoher Strauch oder Baum mit lockerer, ausladender Krone. Blätter derb, elliptisch bis eiförmig, 3,5 - 8 cm lang, glänzend-dunkelgrün, im Austrieb oft etwas rötlich. Die nickenden Blüten, 3 - 3,5 cm breit, lebhaft rosa, stehen zu 4 - 7 zusammen auf dünnen, rötlichen Stielen. Eirundliche, 6 - 8 mm dicke, rötliche, spätreifende Früchte. Halls Apfel stammt aus China, kam bereits 1863 nach Europa und ist nur aus Kultur bekannt.

▽ ***Malus sargentii* 'Wintergold'**

Malus* x *moerlandsii (*M. purpurea* 'Lemoine' x *M. toringo*). Hochwachsende, reichblühende Sträucher mit braungrünen, glänzenden, teilweise gelappten Blättern, dunkelroten bis rosa Blüten und kugeligen, 1 - 1,5 cm breiten, purpurnen, leicht schorfanfälligen Früchten.

Malus toringo* var. *sargentii, Sargents Apfel, ein etwa 2 m hoher, sehr dichtkroniger Strauch mit waagrecht ausgebreiteten Ästen und oft dornigen Zweigen. Blätter 5 - 8 cm lang, scharf gesägt, an Langtrieben dreilappig, im Herbst orangegelb gefärbt. Blüten erscheinen entlang den ganzen Zweigen, in der Knospe weiß oder nur zartrosa, später weiß. 6 - 8 mm dicke, dunkelrote, oft bis zum Frühjahr haftende Früchte. Heimisch in Nordjapan und den Kurilen. Obwohl oft alternierend, eine schöne und wertvolle Wildart.

Malus* x *zumii (*M. baccata* var. *mandshurica* x *M. toringo*). Kleiner Baum mit kegelförmigem Habitus. Blätter eiförmig, 5 - 9 cm lang, meist kerbig gesägt, nur selten gelappt. Blüten 3 cm breit, in der Knospe rosa, aufgeblüht weiß. Früchte etwa 1,2 cm dick, kugelig, rot.

Pflegetips. Zieräpfel werden in der Regel als veredelte, meist kurzstämmige Büsche, gelegentlich auch als Halb- oder Hochstämme angeboten. Bei allen ist in der Jugend ein Aufbauschnitt erforderlich, der sich später auf ein kontinuierliches, vorsichtiges Auslichten beschränkt. Zieräpfel wachsen in jedem Gartenboden und unter allen klimatischen Bedingungen, unter denen auch unsere Kulturäpfel gedeihen. Sie werden im Garten in der Regel als kleine Solitärbäume verwendet.

PAEONIA SUFFRUTICOSA

Strauchpäonie

Standort: sonnig bis halbschattig, an warmen geschützten Plätzen; nährstoffreicher, durchlässiger, gepflegter Boden
Wuchshöhe: 1 - 2 m
Blütezeit: Mai - Juni
Vermehrung: durch Aussaat oder Veredlung

Paeonia suffruticosa ist unter den rund 35 Arten der Gattung eine der wenigen verholzenden, die in Europa, Ostasien und im westlichen Nordamerika verbreitet sind. Alle strauchigen Arten sind in Westchina heimisch. Der langsamwachsende, breitbuschige, sommergrüne Strauch hat dicke Triebe, große, wechselständige, fiederschnittige Blätter und große, einzelstehende, endständige Blüten mit 5 - 10 großen Blütenblättern und zahlreichen Staubblättern. Die Blüten der Wildform sind rosa bis weiß, jedes Blütenblatt hat an der Basis einen großen, dunkelviolettroten, rotgerandeten Basalfleck. Bei der Wildform erreichen die einfachen Blüten 15 cm Durchmesser, die Blüten der Gartenformen sind nicht selten noch größer und teilweise gefüllt.

Pflegetips. Besonders junge Pflanzen brauchen im Winter einen Wurzelschutz. Strauchpäonien treiben im Frühjahr sehr zeitig aus und leiden deshalb unter Spätfrösten. Veredelte Pflanzen sollen beim Pflanzen so tief gesetzt werden, daß die Veredelungsstelle unter die Erdoberfläche kommt. Die Pflanzen wachsen später um so besser, je mehr Wurzeln sich über der Veredelungsstelle bilden konnten. Strauchpäonien werden in der Regel nicht zurückgeschnitten, im Frühjahr werden nur abgestorbene Zweigspitzen entfernt.

▷ ***Paeonia suffruticosa***

***Philadelphus* 'Dame Blanche', der Pfeifenstrauch, ist einer der schönsten Blütensträucher. Er wächst buschig-kompakt, hat dunkle Rinde und herrlich duftende, halb- oder lockergefüllte, weiße Blüten. Sie erscheinen in großer Fülle im Sommer.**

PHILADELPHUS

Pfeifenstrauch, Sommerjasmin

Standort: sonnige bis halbschattige Stellen; als Einzelpflanzen, in kleinen Gruppen oder Hecken
Wuchshöhe: 1 - 3 m
Blütezeit: Juni - Juli
Vermehrung: überwiegend durch Stecklinge

☼—◐

Mit etwa 75 Arten in Südeuropa bis zum Kaukasus, in Ostasien und im Himalaya beheimatet; auch in Nord- und Mittelamerika sind die zur Familie der Steinbrechgewächse *(Saxifragaceae)* gehörenden *Philadelphus*-Arten eine weitverbreitete Gattung. Die bei uns kultivierten Arten sind ausschließlich sommergrüne Sträucher mit markerfüllten Zweigen, die oft eine auffallende Streifenborke tragen. Die Blätter sind gegenständig, meist kurz gestielt, eiförmig bis länglich, entfernt gezähnt oder gesägt und drei- oder fünfnervig. Die meist duftenden, weißen Blüten stehen einzeln oder zu wenigen in Trauben oder Rispen am Ende beblätterter Triebe. Die Blüten sind 1,5 - 5 cm breit und mit je 4 Kelch- und Kronblättern sowie 12 - 40 Staubblättern und 4 Griffeln ausgestattet. *Philadelphus*-Arten gehören dank ihrer besonderen Attraktivität zu den fast unentbehrlichen Blütensträuchern des Gartens.

▽ ***Philadelphus* 'Dame Blanche'**

Philadelphus coronarius, Europäischer Pfeifenstrauch. Steif aufrecht wachsend, bis 3 m hoch. Blüten Mai/Juni, sehr stark duftend, weiß, einfach oder gefüllt.

Philadelphus inodorus, Duftloser Pfeifenstrauch. Bis 3 m hoher, breit überhängender Strauch mit schalenförmigen, weißen, 4 - 5 cm breiten, duftlosen Blüten im Juni. Die Blüten der Varietät *P. grandiflorus* sind zunächst glockenförmig, später quadratisch und flach, ca. 4 - 5 cm breit. Häufiger kultiviert als die Art.

Philadelphus pubescens, Weichhaariger Pfeifenstrauch. Bis 5 m hoher, straff aufrecht wachsender Strauch mit duftlosen, rahmweißen, 3,5 cm breiten Blüten. Aus den USA stammende, sehr reich blühende Art.

Hybriden- und Sortenübersicht. Zugehörigkeit, soweit bekannt, in Klammern. 'Belle Etoile' (*P. purpureo-maculatus*), bis 2 m hoch, aufrechter Wuchs, sehr reich blühend, stark duftend, milchweiße Blüten mit purpurfarbener Mitte und gefransten Rändern im Juni/Juli. 'Dame Blanche' (*P.* x *lemoinei*), bis 1,8 m hoher, gedrungen aufrecht wachsender Strauch mit stark duftenden, 2 cm breiten Blüten im Juni/Juli. Für kleine Hecken geeignet. 'Erectus' (*P.* x *lemoinei*), bis 2 m hoch, aufrecht, einfache, bis 3 cm breite, duftende Blüten im Juni/Juli, gute Heckenpflanze. 'Manteau d'Hermine' (*P.* x *lemoinei*), dichter, überhängender Strauch mit locker bis dicht gefüllten, schwach duftenden, rahmweißen, ca. 3 cm breiten Blüten im Juni/Juli. Höhe bis 1,5 m. 'Schneesturm' (*P. virginalis*), bis 2 m hoher Strauch mit schneeweißen, stark duftenden, gefüllten Blüten im Juni/Juli. Massenblüher. 'Virgal' (*P. virginalis*), sehr reichblühend, straff aufrecht wachsend, bis 4 m hoch. Blüten rahmweiß, gefüllt, 5 - 6 cm breit, im Juni/Juli. Sehr schöne, dunkelgrüne Belaubung.

PIERIS

Lavendelheide, Weißglockenstrauch

Standort: halbschattig; humose, lockere, kalkfreie, ausreichend frische Böden
Wuchshöhe: 2 - 3 m
Blütezeit: März - Mai
Vermehrung: überwiegend durch Stecklinge

Von den 10 in Ostasien und Nordamerika verbreiteten Arten - sie gehören zur Familie der Heidekrautgewächse *(Ericaceae)* - sind nur zwei in Kultur. Die krugförmigen Blütchen mit fünflappiger Krone werden in end- und achselständigen Doppeltrauben angelegt. Die Pflanze ist giftig.

Pieris floribunda, Vielblütige Lavendelheide. Aufrechter, etwa mannshoher Strauch, Blüten in aufrechten, dichten, endständigen 5 - 10 cm langen Doppeltrauben, Blütenkronen weiß, 5 - 6 mm lang, mit 5 auffallenden, bauchigen Kanten; Blütezeit im April - Mai.

Pieris japonica, Japanische Lavendelheide. Bis 3 m hoher, dichter, rundlicher Busch. Nickende Blüten in ausgebreitet-überhängenden, lockeren, 6 - 12 cm langen Doppeltrauben. Blütenkrone weiß, 6 - 8 mm lang, nur schwach kantig; Blütezeit März - Mai.

▽ *Pieris japonica*

POTENTILLA FRUTICOSA

Fingerstrauch

Standort: sonnige Plätze, durchlässige Böden
Wuchshöhe: 50 cm - 1 m
Blütezeit: Mai - August
Vermehrung: überwiegend durch Stecklinge

Von den rund 300 Arten der Gattung, die in gemäßigten und kalten Zonen weltweit verbreitet sind, kommt als verholzende Art hier nur *Potentilla fruticosa* in Betracht, ein aufrechter, dichtverzweigter, buschiger, bis 1,5 m hoher Strauch mit in der Regel dreizähligen Blättern. Blättchen 1 - 3 cm lang, mehr oder weniger seidig behaart und am Rand eingerollt; Blüten reingelb, 2 - 3 cm breit, einzeln oder zu mehreren zusammen.

Potentilla fruticosa läßt sich im Garten vielseitig verwenden: Als niedrigbleibender Dauerblüher findet er Platz in größeren Steingärten oder an Böschungen oder als Vorstrauch auf der Strauchrabatte, nicht selten wird er in größeren oder kleineren Flächen gepflanzt. Die Sträucher brauchen freie, sonnige Standorte. Gut geeignet sind sie zur Anlage kleiner Blütenhecken, nicht geeignet zur Unterpflanzung von Bäumen. Jährlicher Rückschnitt fördert reichen Flor und große Blüten.

▽ *Potentilla fruticosa*

PRUNUS

Kirsche, Mandel, Pfirsich, Pflaume

Standort: die meisten Arten sonnig, einige halbschattig bis schattig; Bodenansprüche meist gering
Wuchshöhe: 1 - 20 m, je nach Art
Blütezeit: März - Juni
Vermehrung: durch Aussaat, Stecklinge oder Veredlung

Die recht vielgestaltige Gattung, sie gehört zur Familie der Rosengewächse *(Rosaceae)*, enthält eine Fülle wichtiger Gartengehölze, außerdem eine Reihe von Obstgehölzen. Die meisten Arten sind sommergrüne, nur wenig immergrüne Bäume oder Sträucher mit einfachen, wechselständigen Blättern. Die fünfzähligen, zwittrigen, schüssel- bis glockenförmigen oder röhrigen Blüten erscheinen in Trauben, Scheintrauben oder Dolden, meist an seitlichen Kurztrieben. Die ansehnlichen, meist weißen, aber auch rosa oder roten Blüten entfalten sich nicht selten vor dem Laubausbruch. Neben einfachen Blüten bei den Wildformen kennen wir auch gefüllte Blüten bei einigen Gartenformen, bei ihnen sind die Staubblätter zugunsten zusätzlicher Blütenblätter reduziert. Die Früchte sind meist einsamige Steinfrüchte, nicht selten mit eßbarem Fruchtfleisch.
Innerhalb der Gattung stellen die Zierkirschen den bedeutendsten Anteil, interessante Blütengehölze finden wir aber auch bei der Gruppe der Pfirsiche oder der Mandeln und auch bei anderen Arten, die sich diesen Gruppen nicht zuordnen lassen. Im allgemeinen stellen *Prunus*-Arten keine großen Ansprüche an Lage und Boden. Sie gedeihen auf jedem normalen Gartenboden und versagen nur auf schweren, kalten und nassen Böden. Alle sommergrünen Arten brauchen helle, sonnige Standorte, die immergrünen Lorbeerkirschen gedeihen am besten an halbschattigen Plätzen auf

Pieris japonica, die Japanische Lavendelheide, gehört zu den schönsten und dankbarsten immergrünen Blütensträuchern. Sie kann am richtigen Standort Jahrzehnte alt werden. Die Lavendelheide stellt in etwa die gleichen Ansprüche wie Rhododendron, läßt sich also gut mit diesem kombinieren.

Potentilla fruticosa, der Fingerstrauch, erfreut den Sommer hindurch mit seinen tellerförmigen, leuchtendgelben Blüten, die sehr hübsch mit den dunkelgrünen Blättern kontrastieren.

Prunus x cistena, die Zierkirsche, ist ein langsamwachsender Strauch mit weißen bis rosaweißen Blüten im Spätfrühling. Im Spätsommer bilden sich violette Früchte.

Prunus laurocerasus 'Otto Luyken', der Kirschlorbeer, bildet im Spätfrühling weiße Blütenähren, im Herbst kirschähnliche rote Früchte, die später schwarz werden.

Prunus triloba, das Mandelbäumchen, ist ein sommergrünes Gehölz, das gerne geschützt steht und am besten an einer sonnigen Mauer gedeiht.

sauren bis neutralen Böden, während andere auch kalkhaltige Substrate vertragen.

Prunus* x *cistena (*P. cerasifera* 'Atropurpurea' x *P. pumila*). Strauchig wachsend, kaum mehr als 2 m hoch und breit. Blätter 3 - 6 cm lang, dunkelbraunrot, glänzend. Blüten im Mai zu 1 - 2, weiß, einfach. Viel hübscher als die starkwachsende *P. cerasifera* 'Atropurpurea'.

Prunus laurocerasus, Kirschlorbeer. Immergrüner, 2 - 4 m hoher Strauch, in milden Klimazonen auch baumförmig, 6 - 8 m hoch. Blätter länglich oder elliptisch, 5 - 15 cm lang, dick, steif, ledrig, glänzenddunkelgrün. Blüten weiß, etwa 8mm breit, in aufrechten, 5 - 12 cm langen, vielblütigen Trauben. Nach der Hauptblüte im Mai oft noch eine schwache Nachblüte im Herbst. Früchte 8 mm lang, kegelförmig, schwarzrot. Heimisch in Südosteuropa und Kleinasien. Eine für den Garten wichtige Art, die in vielen Sorten gepflanzt wird. Verträgt schattige Standorte unter hohen Bäumen und gedeiht auch auf schmalen Rabatten an den Schattenseiten hoher Gebäude. Gut geeignet für niedrige, freiwachsende Hecken. Der Boden muß in jedem Fall locker und frisch sein.

Prunus subhirtella. In seiner japanischen Heimat ein großer, bis 18m hoher, langlebiger Baum, bei uns wesentlich kleiner. Blätter eiförmig, bis länglich-eiförmig, 3-8 cm lang. Blüten weiß bis leicht rosa. Die Wildform bei uns kaum in Kultur; folgende Formen sind wertvoll: 'Accolade', zierlicher Strauch oder Kleinbaum mit gestielten, halbgefüllten, rosafarbenen Blüten, Frühblüher. 'Autumnalis', Strauch oder kleiner Baum, kaum mehr als 5 m hoch, breitkronig und fein verzweigt. Blüten weiß, halbgefüllt, bei offenem Wetter schon im November. In Japan bereits seit 1500 in Kultur. 'Fukubana', 4 - 6 m hoher Baum, Krone breit-kegelförmig, aufgelockert, Blüten halb- oder dichtgefüllt, im Aufblühen dunkelrosa, später etwas heller werdend, gilt als schönste Form der Art. 'Pendula', entwickelt sich in Japan zu hohen Bäumen mit fast schirmförmigen Kronen und hängenden Zweigen. Blüten weißlichrosa, reichblühend. 'Pendula Rosea', im Wuchs ähnlich, Blüten aber rosa, rosettenartig gefüllt oder halbgefüllt. 'Plena', Strauch, fein verzweigt, bis 4 m hoch, breitkronig, gefüllte, weiße Blüten erscheinen in großer Fülle im April.

Prunus tenella, Zwergmandel. Ein besonders hübscher, von Südosteuropa bis Sibirien verbreiteter Kleinstrauch mit rosaroten, bis 3cm breiten Blüten, die von April-Mai erscheinen. Der etwa 150 cm hoch werdende Strauch ist sehr reichblühend. Besonders geeignet für Steingärten und als Solitär in niedrigen Staudenrabatten. Auch sehr attraktiv in Kombination mit Zwiebelblumen. Jährlicher Rückschnitt ist empfehlenswert, um die Blühwilligkeit zu fördern. Gut geeignet für Kübel.

Prunus triloba, das Mandelbäumchen, ein meist auf Stämmchen veredelter, kleiner Baum oder wurzelechter Strauch mit dichter, rundlicher Krone; Zweige dunkelbraun, dicht samtig behaart. Blätter breit verkehrt-eiförmig, 3-6 cm lang, grob doppelt bis eingeschnitten gesägt, vorne nicht selten dreilappig. Rosa, 2,5 bis 3 cm breite, röschenartig gefüllte Blüten vor oder mit den Blättern im April - Mai. Schöner, häufig gepflanzter, kleiner Blütenbaum, dessen Zweige sich gut vortreiben lassen. Die Pflanzen sollten möglichst wurzelecht gezogen werden, weil sonst die Veredelungsunterlage ständig durchtreibt. 'Rosenmund', neue Sorte, die sich von der bisher kultivierten Form durch stärkeren Wuchs, früheren Blühtermin und deutlich dunkler gefärbten Blüten unterscheidet.

▽ **Prunus x cistena**

▽ **P. laurocerasus 'Otto Luyken'**

▽ **Prunus triloba**

PYRACANTHA

Feuerdorn

Standort: sonnig, warm; auf jedem Gartenboden
Wuchshöhe: 2 - 3 m
Blütezeit: Mai - Juni
Vermehrung: überwiegend durch Stecklinge

Die 6 Arten der Gattung, sie sind von Südosteuropa bis zum Himalaya und Mittelchina verbreitet, sind gärtnerisch nur als Ausgangsarten für die heutigen Gartenformen von Bedeutung. Wechselständige, einfache Blätter und kleine, 7 - 10 mm breite, fünfzählige Blüten in reichblütigen, 2 - 4 cm breiten Doldentrauben kennzeichnen die zur Familie der Rosengewächse *(Rosaceae)* gehörende Gattung. Zur Beliebtheit des immergrünen Strauches trägt sein auffallender Fruchtschmuck bei; zahlreiche, rot, orange oder gelb gefärbte Früchte bringen im Herbst Farbe in den Garten. Feuerdorn gedeiht in jedem Gartenboden, er verträgt Trockenheit. In strengen Wintern können obere Pflanzenbereiche absterben. Nach einem Rückschnitt treiben die Pflanzen wieder durch.

Pyracantha coccinea, Mittelmeer-Feuerdorn. 2 - 3 m hoher, dichttriebiger Strauch. Blätter elliptisch bis verkehrt-lanzettlich, 2 - 4 cm lang. Früchte 5 - 7 mm dick, leuchtendrot bis gelb, lange haftend.

RHODODENDRON

Alpenrose, Rhododendron

Standort: halbschattig; auf humosen, lockeren, sauren Böden
Wuchshöhe: 20 cm - 5 m, je nach Art
Blütezeit: April - Mai
Vermehrung: durch Aussaat, Stecklinge oder Veredlung

Mit annähernd 1000 Arten ist Rhododendron aus der Familie der Heidekrautgewächse *(Ericaceae)* eine der umfangreichsten Gattungen unter den Gartengehölzen. Ihre Hauptverbreitung haben sie in Ostasien, von Südchina bis zum Himalaya und Japan, eine größere Anzahl von Arten kommen im temperierten Nordamerika, 4 Arten in Mittel- und Südeuropa, 5 Arten im Kaukasus vor. Alle haben wechselständige, einfache, ganzrandige Blätter. Die Blüten sitzen überwiegend in mehr oder weniger großen, endständigen Doldentrauben, seltener achselständig oder einzeln. Die Blütenkronen sind überwiegend glockig oder trichterförmig, bei einigen Arten auch röhrenförmig oder becher- bis radförmig, im allgemeinen haben die Blüten einen fünflappigen Saum.
Rhododendron nimmt im Garten oft eine Sonderstellung ein, nicht nur wegen der meist überreichen Blütenfülle und auffallenden Blütenfarben, sondern vor allem durch seine Standortansprüche. Alle Arten sind sehr empfindlich gegen kalkhaltige Böden, sie benötigen unbedingt saure Substrate, lockere und humose, durchlässige und frische Böden, windgeschützte Lagen, vor allem im Winter, und halbschattige Standorte im Schutz höherer Bäume oder Sträucher. An schattigen Standorten kommen sie nur sehr spärlich zur Blüte. Ideale Schutzbäume sind Arten mit tiefgehenden Wurzeln wie Kiefern und Eichen, die den flachstreichenden Wurzeln der Rhododendren keine Konkurrenz machen. Gut geeignet, vor allem für kleiner bleibende Arten, sind auch alle schwachwachsenden Ahornarten, *Amelanchier*-Arten, Pagoden- und Blumenhartriegel *(Cornus controversa* sowie *C. kousa* und *C. florida)*, Schneeglöckchenbäume (*Halesia*-Arten), alle Magnolien, Zieräpfel und zierliche Zierkirschenformen.
Rhododendron gedeiht am besten auf den humosen, sauren Sandböden und im luftfeuchten Klima des nordwestdeutschen Raumes. Wo solche Standortbedingungen fehlen, sind Bodenverbesserungen notwendig. Gegenwärtig werden in Gärten und Botanischen Sammlungen annähernd 100 Rhododendron-Wildarten, aber eine weitaus größere Zahl von Hybriden und Gartenformen kultiviert. Diese fast unübersehbare Fülle läßt sich in leicht überschaubare Gruppen gliedern. Den hier zunächst behandelten Wildarten stehen die Hybriden gegenüber, die sich, orientiert nach ihrer Abstammung oder ihrem Habitus,

▽ *Pyracantha coccinea*

▽ *Rhododendron keleticum*

▽ *Rhododendron viscosum*

Pyracantha coccinea, der Mittelmeer-Feuerdorn, ist ein in der Gartengestaltung wichtiger und vielseitig einsetzbarer Strauch. Er wird einzeln oder in kleinen Gruppen, als Hecke oder auch zur Fassadenbegrünung gepflanzt.

Rhododendron keleticum ist ein Zwerstrauch mit zarten, violetten Blüten.

Rhododendron viscosum bringt seine hübsch geformten, weißen Blüten erst spät hervor.

***Rhododendron hirsutum*, der Almrausch, bereichert mit seinen hellroten, in Doldentrauben zusammenstehenden Blüten jeden Steingarten.**

***Rhododendron-Impeditum*-Hybride 'Magor' ist eine robuste Pflanze und gehört zu den wertvollsten Arten für den Steingarten. Sie läßt sich vielfältig kombinieren.**

wieder in verschiedene Gruppen gliedern.

Wildarten

Hier werden natürliche Arten vorgestellt, die für die Gartenkultur in Mitteleuropa von Interesse sind. Dazu zählen sowohl immergrüne wie sommergrüne, höherwerdende oder zwergig wachsende Arten:

Rhododendron albrechtii. Sommergrüner, 1 - 3 m hoher Strauch. Blätter verkehrt-eiförmig bis verkehrt-lanzettlich, 4 - 12 cm lang, meist zu 5 an den Enden von Kurztrieben, am Rand wimperig fein gesägt. Breit-glockige, 5 cm breite, rosarote Blüten zu 3 - 5 im April - Mai vor den Blättern. Heimisch in Nord- und Mitteljapan. Gehört zu den schönsten sommergrünen Wildarten.

Rhododendron ambiguum. Immergrüner, bis 1,5 m hoher Strauch mit dünnen, straff aufrechten Trieben. Blätter länglich-eiförmig, 6 - 9 cm lang. Blüten im April - Mai, bis 5 cm breit, trichterförmig, gelb mit grünen Flecken. Heimisch in Westchina. Eine der wenigen ausreichend frostharten Arten mit gelben Blüten.

Rhododendron calophythum. Immergrüner Strauch, in seiner westchinesischen und tibetischen Heimat 7 - 10 m hoch, bei uns wesentlich kleiner. Junge Triebe dick und zunächst weißfilzig. Blätter länglich-lanzettlich, 20-30 cm lang, abwärts gerichtet. Blüten im März - April, Krone offen-glockig, weißrosa bis weiß, mit deutlichem karminrosa Basalfleck, bis zu 30 in lockeren Trauben. Eine sehr schöne, aber empfindliche Art mit auffallend großen Blättern.

Rhododendron carolinianum. Immergrüner, 1 - 1,5 m hoher Strauch. Blätter elliptisch bis verkehrt-eiförmig, 6 - 10 cm lang. Schmal trichterförmige, 3 cm lange, hell purpurrosa Blüten im Mai - Juni zu 4 - 9. Heimisch in offenen Hochlagen der südlichen Appalachen im östlichen Nordamerika. Wertvoll durch ihre gute Frosthärte und die vergleichsweise gute Bodenverträglichkeit.

Rhododendron catawbiense. Immergrüner, 2 - 4 m hoher, breitbuschiger Strauch. Blätter eilänglich, 5 - 7 cm lang. 5 cm breite, lilarosa Blüten im Juli zu 15 - 20. Heimisch im östlichen Nordamerika in Hochlagen der Appalachen. Eine besonders winterharte Art, die deshalb häufig für Kreuzungen verwendet wurde. Die Wildform ist kaum in Kultur.

Rhododendron dauricum. Ein meist sommergrüner, 1 - 1,5 m hoher Strauch. Blätter elliptisch, 2 - 4 cm lang, tiefgrün. Purpurrosa, bis 4 cm breite Blüten schon im Februar - März zu 1 - 2. Heimisch in Korea, der Mandschurei und in Nordjapan. Interessant wegen der frühen Blüte; braucht einen geschützten Platz.

Rhododendron fastigiatum. Immergrüner, straff aufrechter oder kissenförmig wachsender Zwergstrauch. Blätter elliptisch bis verkehrt-eiförmig, 1 cm lang. Breittrichterförmige, purpurlila bis tief purpurblaue Blüten im April - Mai zu 4 - 5. Heimisch in Westchina, in Höhen zwischen 3300 und 4800m.

Rhododendron ferrugineum, Rostblättrige Alpenrose. Immergrüner, bis 1m hoher, nicht selten niederliegender Strauch. Blätter elliptisch bis länglich-lanzettlich, 3 - 5 cm lang, oben dunkelgrün, unten dicht rotbraun beschuppt. Blüten im Juni - Juli, zu 6 - 12 in lockeren Büscheln, Krone trichterförmig, der Saum ausgebreitet, 2 cm breit. Heimisch in den Alpen, den Pyrenäen und auf dem Balkan, auf Urgesteinsböden in Höhen von 1500 bis 2300m. Gedeiht dort auf feuchten, aber gut durchlüfteten Böden und bildet oberhalb der Waldgrenze stellenweise ausgedehnte Bestände. Im Steingarten eine langlebige und leicht zu kultivierende Art.

Rhododendron forrestii var. *repens* ist ein immergrüner, kriechender, teppichbildender, 10 - 15 cm hoher Zwergstrauch. Blätter breit verkehrt-eiförmig bis rundlich, 1,5 - 3 cm lang, auf der Oberseite die Nerven deutlich vertieft, unten mehr oder weniger blaugrün. Blüten im April - Mai, meist einzeln, Krone schmal-glockig, 3 cm lang und breit, dunkelkarmin. Heimisch in Nordost-Yünnan und Südwest-Tibet auf feuchten Bergweiden und Mooren. Eine sehr va-

▽ ***Rhododendron hirsutum***

▷ ***R.-Impeditum*-Hybride 'Magor'**

riable Art, die in den vergangenen Jahrzehnten oft zu Kreuzungen verwendet worden ist.
Die sogenannten *Repens*-Hybriden sind, im Gegensatz zur Wildart, auch bei uns gut frosthart. Außerdem lassen sie sich, bei hoher Boden- und Luftfeuchtigkeit auch in voller Sonne kultivieren. Alle bestechen durch ihren niedrigen, kompakten Wuchs und die Fülle ihrer leuchtend- oder scharlachroten Blüten. Die sehr früh erscheinenden Blüten leiden leider nicht selten unter Spätfrösten. Alle Sorten lassen sich als Kübelpflanzen gut halten.

Rhododendron hippophaeoides. Immergrüner, aufrechter, bis 1 m hoher Strauch. Blätter schmal-lanzettlich, 3 - 4 cm lang. Blüten im April zu 6 - 8 in Büscheln, Krone kurz trichterförmig, 2,5 cm breit, lilarosa. Heimisch in den chinesischen Provinzen Szetschuan und Yünnan in Höhen zwischen 2700 und 4200 m auf Mooren und feuchten Wiesen. Eine besonders winterharte und schwachwachsende, kleinblättrige Art; sie braucht gleichmäßig feuchten Boden.

Rhododendron hirsutum, Almrausch. Wintergrüner, bis 1 m hoher, dichtbeblätterter Strauch. Blätter derb ledrig, elliptisch, 3 cm lang, am Rand fein gekerbt und borstig bewimpert. Blüten im Juni zu 3 - 10 in Doldentrauben, Krone trichterförmig-glockig, hellrot, innen behaart. Heimisch in den bayerischen, schweizerischen und österreichischen Alpen in Höhen zwischen 1200 und 2000 m. Gedeiht im Garten auf reich mit Humus durchsetzten Böden auch an verhältnismäßig trockenen Plätzen. Wird am besten im Steingarten untergebracht und ist dort eine willig wachsende Pflanze.

Rhododendron impeditum. Immergrüner, sehr dicht verzweigter, bis 40 cm hoher Zwergstrauch. Blätter elliptisch-eiförmig, bis 1,5 cm lang, beiderseits dicht beschuppt. Blüten Ende April zu 2 - 3, schwach duftend, Krone offen trichterförmig, etwa 2,5 cm breit, tief gelappt, purpurviolett bis lila. Heimisch in den westchinesischen Provinzen Yünnan und Szetschuan, in Höhen von 2700 bis 4900 m. *Rhododendron impeditum,* vor allem aber seine robusteren Hybriden, gehören zu den wertvollsten Zwergarten für den Steingarten oder für Hochbeete. Sie bevorzugen helle Plätze auf humusreichen, frischen bis feuchten Böden. Ihr zierlicher Habitus verträgt sich nicht mit großblumigen und großblättrigen Hybriden, eher mit kleinblättrigen Wildarten oder mit Japanischen Azaleen.

Die schönsten Impeditum-Hybriden				
Sorte	**Blütenfarbe**	**Blütezeit**	**Wuchshöhe (m)**	**Bemerkungen**
'Azurika'	leuchtend dunkellila	früh	0,5	Wuchs kompakt, sehr reich blühend
'Blue Tit Magor'	hellblau, zart lila getönt	früh	1,2	Wuchs aufrecht, sehr reich in dichten Büscheln blühend
'Gristede'	leuchtend lila	mittel	0,8	Wuchs sehr breit, reichblühend, Blütenstände mehr oder weniger ballförmig
'Violetta'	intensiv violett, Staubgefäße auffallend braunrot	mittel	0,8	Wuchs breit, halbaufrecht, sehr reich blühend

Rhododendron insigne. Immergrüner, 1 - 4 m hoher Strauch mit dicken, aschgrauen, dünnfilzigen Jungtrieben. Blätter ledrig, länglich-lanzettlich, am Rand leicht eingerollt, oben dunkelgrün, unten mit einer meist silbrigen Haut überzogen. Blüten im Mai - Juni zu 8 in mehr oder weniger breiten Doldentrauben. Krone breitglockig, 4 cm breit, zart rosaweiß, dunkler getönt, innen karminrot gefleckt. Heimisch in der Provinz Szetschuan, in Höhen von 2500 bis 3500 m. Langsam wachsende Arten mit sehr dekorativer Belaubung.

Rhododendron japonicum. Sommergrüner, 1 - 2 m hoher Strauch. Blätter schmal verkehrt-lanzettlich, 8 - 10 cm lang, oben stumpfgrün, unten bläulich, im Herbst oft hochrot gefärbt. Blüten vor den Blättern, zu 6 - 10 in Büscheln, Krone breit trichterförmig, 6 - 8 cm breit, lachsrosa bis orange mit einem großen, orangenen Fleck. Heimisch in Nord- und Mitteljapan. Seit langem bei uns in Kultur und oft noch unter der Bezeichnung *Azalea mollis* angeboten. Eine robuste Art, die oft für Kreuzungen benutzt wurde.

Rhododendron keleticum. Immergrüner, teppichbildender, bis 20 cm hoher Zwergstrauch. Blätter verkehrt-eiförmig bis elliptisch, 1,5 cm lang. Blüten im Juni zu 1 - 3, Krone rad- oder trichterförmig, etwa 2,5 cm breit. Heimisch in Südost-Tibet, in Yünnan und Oberburma, in Höhen von 3300 bis 4600 m. Gedeiht am besten im Alpinum an absonnigen Plätzen und auf anmoorigen, nicht zu trockenen Böden.

Rhododendron kiusianum. Immergrüner, breitbuschiger, dichtverzweigter, bis etwa 0,7 m hoher Strauch. Blätter ei-elliptisch bis verkehrt-lanzettlich, 1 - 2 cm lang. Blüten im Mai - Juni zu 2 - 5, Krone trichterförmig, lachsrot oder rosa bis karminrot. Heimisch in Süd- und Mitteljapan. Die Art ist wesentlich am Zustandekommen der Japanischen Azaleen beteiligt. Die alten japanischen Sorten wie 'Hatsugiri' und 'Hinomayo' sind selektierte und vegetativ vermehrte Klone der Wildart.

Rhododendron 'Lavandula'. Immergrüne, 80 - 100 cm hohe, breitaufrechte, kompakte und langsamwachsende Hybride, deren unterseits braunbeschuppte Blätter angenehm duften. Blüten Ende Mai, Krone 5 - 6 cm breit, lavendelfarben mit grünlicher bis bräunlichgrüner oder rotbrauner Zeichnung. Eine sehr wertvolle, vollkommen winterharte Hybride für Heide- und Steingärten.

Rhododendron luteum. Sommergrüner, 1 - 4 m hoher, dichtverzweigter Strauch. Blätter länglich-lanzettlich, 6 - 12 cm lang. Blüten im Mai vor den Blättern zu 7 - 12, stark duftend, Krone trichterförmig, bis 5 cm breit, goldgelb, außen drüsig-klebrig. Heimisch von Osteuropa bis zum Kaukasus. Seit langem kultivierte, harte und wertvolle Art.

Rhododendron makinoi. Immergrüner, bis 1,5 m hoher, sehr dicht verzweigter Strauch mit geschlossenem, rundlichem Aufbau. Blätter schmal-lanzettlich, bis 17 cm lang, unterseits anfangs weißlich, später bräunlich-filzig und am Rand eingerollt. Glockig-trichterförmige, zartrosa Blüten im Juni in mittelgroßen Dolden. Heimisch in Japan. Blüht erst im Alter reich. 'Rosa Perle', sehr schöne Laubpflanze mit schmal-lanzettlichen, im Austrieb weißfilzigen Blättern und dunkelrosa Blüten. Winterhart und schwachwachsend.

Rhododendron mucronulatum. Sommergrüner, dichtverzweigter, kurztriebiger Strauch. Blätter elliptisch-lanzettlich, 4 - 10 cm lang. Blüten schon im Januar - März vor den Blättern, Krone breit-trichterförmig, 3 cm breit, purpurrosa. Heimisch in Nordost-Asien und Japan. Interessant wegen der frühen Blüte; braucht aber geschützte Plätze.

Rhododendron oreotrephes. Immergrüner, bis 2,5 m hoher Strauch. Blätter länglich-elliptisch, 4 - 7 cm lang. Blüten im Mai zu 5 - 10 in lockeren Doldentrauben. Heimisch in Südost-Tibet und Yünnan. Braucht einen geschützten Platz. Wertvoll, weil sehr reich blühend.

Rhododendron ponticum. Immergrüner, 3 - 5m hoher Strauch. Blätter länglich-lanzettlich, 10 - 15 cm lang. Blüten im Juni, zu 10 - 15 in Doldentrauben, Krone breit-trichterförmig, 4 - 5 cm breit, hell purpurviolett mit gelbgrünen Flecken. Verbreitet von Spanien bis Portugal und in Kleinasien. War früher bei uns als Veredlungsunterlage wichtig. 'Imbricatum' wächst, im Gegensatz zur Art, schwach und kompakt, wird in 15 Jahren nur 70 cm hoch, Blätter dunkelgrün und stark gewölbt, Blüten hellviolett. 'Variegatum', Blätter am Rand gelb gefleckt. Eine der wenigen Sorten mit panaschierten Blättern. Braucht geschützten Standort und Winterschutz.

Rhododendron 'Praecox'. Bis 1,5 m hoch. Blätter wintergrün und stark glänzend. Blüten im Februar - März, lilarosa. Sehr reich blühende, wildhaft anmutende, winterharte Hybride. Wird von allen sehr früh blühenden Sorten am häufigsten gepflanzt.

Rhododendron racemosum. Immergrüner, bis 1m hoher, aufrechter Strauch. Blätter länglich-elliptisch, 2 - 6 cm lang. Blüten im März - April, achselständig entlang der Triebe, Krone trichterförmig, 2,5 cm breit, rosa bis weißlich. Heimisch in Yünnan in Höhen von 2500 bis 3000 m. Hübsche Zwergart für den Steingarten.

Rhododendron radicans. Immergrüne, teppichbildende, etwa 10 cm hohe Zwergart. Blätter schmal verkehrt-eiförmig, 1,5 cm lang. Blüten im Mai, einzeln auf 1,5 cm langem Stiel, Krone radförmig, 2 cm breit, tief fünflappig,

▽ ***Rhododendron* 'Ramapo'**

▽ ***Rhododendron ponticum***

__*Rhododendron* 'Ramapo'__ ist eine der wertvollsten Zwerghybriden, anspruchslos und zierlich im Wuchs.

__*Rhododendron ponticum*__ trägt große trichterförmige Blüten in Purpurviolett. Attraktiv sind auch seine Sorten.

purpurn. Heimisch in Hochlagen von Südost-Tibet auf steinigen Mooren. Gehört zu den wertvollsten Zwergarten, gedeiht am besten im Steingarten an geschützten, halbschattigen Stellen auf gleichmäßig frischen, anmoorigen Böden.

Rhododendron 'Ramapo' ist eine immergrüne, breit und gedrungen wachsende, in 10 Jahren etwa 60 cm hohe Hybride. Blätter 2 - 3 cm lang, im Austrieb auffallend blau, später graugrün, aromatisch duftend. Pastellila Blüten Anfang Mai zu 3 - 5. Eine frostharte, ziemlich anspruchslose Hybride, die zu den wertvollsten Zwergrhododendron gehört.

Rhododendron russatum. Immergrüner, aufrechter, 50 - 80 cm hoher Strauch. Blätter länglich-lanzettlich, 3 cm lang. Blüten im April - Mai, zu 4 - 5; Krone offen trichterförmig, etwa 2,5 cm breit, dunkelviolett, im Schlund weiß. Heimisch in Nordwest-Yünnan in offenen Hochlagen (3300 - 4300 m) und am Rand von Kiefernwäldern. Gehört mit ihrer reichen Blüte und den sehr effektvollen Blüten zu den wichtigsten Wildarten unserer Gärten. Auch sie steht am besten im Steingarten oder auf Rhododendron-Hochbeeten.
Neben der Wildart werden inzwischen auch 3 Sorten angeboten: 'Azurwolke', Blüten tief reinblau mit auffallend klarem Farbton. Blätter dunkelgrün. Wuchs in der Jugend locker, später breitrund, bis 80 cm hoch. 'Gletschernacht', Blüten im Aufblühen blauviolett, später dunkelblau, weit geöffnet. Wuchs zunächst straff aufrecht, später kompakt, bis 1,10 m hoch. 'Lauretta', Blüten tief violettblau, blüht später als andere Sorten. Blätter glänzend dunkelgrün. Bis 80 cm hoch, winterhart.

Rhododendron schlippenbachii. Sommergrüner, bei uns etwa 2 m hoher, unregelmäßig verzweigter Strauch. Blätter verkehrt-eiförmig, 6 - 10 cm lang, zu fünft quirlig an den Enden kurzer Triebe, im Herbst gelb bis karminrot. Blüten im April - Mai vor oder mit den Blättern zu 3 - 6. Krone breit-trichterförmig, 7 - 8 cm breit, hell- bis dunkelrosa. Heimisch in lichten Wäldern Koreas, der Nordost-Mandschurei und Mitteljapans. Die sehr winterharte Art gehört zu den schönsten sommergrünen Wildarten.

Rhododendron sutchuenense. Immergrüner, in Kultur etwa 2 - 3 m hoher Strauch mit dicken, zuerst weiß-filzigen Jungtrieben. Blätter länglich-elliptisch, 15 - 25 cm lang, oben zuletzt matt dunkelgrün, unten auf der Mittelrippe wollig. Blüten im Februar - März zu 8 - 10 in fast 20 cm breiten Doldentrauben; Krone breit-glockig, 5 - 7 cm lang, schön rosa, purpurn punktiert. Heimisch in den chinesischen Provinzen Szetschuan und Hubei. Gilt als eine der schönsten chinesischen Wildarten. Braucht der sehr frühen Blüte wegen einen geschützten Platz.

Rhododendron vaseyi, ein sommergrüner, bis 2 m hoher, unregelmäßig verzweigter Strauch. Blätter elliptisch-länglich, 5 - 10 cm lang, am Rand etwas gewellt. Blüten im April - Mai vor den Blättern zu 5 - 8; Krone tief fünflappig, 3 cm breit, blaßrosa. Heimisch im östlichen Nordamerika. Sehr reich blühend und eine der besten amerikanischen Wildarten.

Rhododendron viscosum. Sommergrüner, bis 2 m hoher Strauch. Junge Triebe dicht angedrückt rauhhaarig, Blätter verkehrt-eiförmig, 3 - 5 cm lang. Blüten erst im Juli zu 5 - 10; Krone schmalröhrenförmig mit trichterförmig abstehenden Lappen, 3 cm breit, meist weiß, selten rosa gefärbt, außen fein klebrig-drüsig behaart. Heimisch im östlichen Nordamerika. Interessant wegen der späten, starkduftenden Blüten.

Rhododendron wardii. Immergrüner, 1 - 3 m hoher, breiter Strauch. Blätter ledrig, elliptisch bis breit-elliptisch, 5 - 10 cm lang, mit 10 - 15 deutlichen Nervenpaaren. Blüten im Mai zu 7 - 14; Krone becherförmig, etwas fleischig, 3 - 4 cm breit, gelb. Heimisch in West-Yünnan. Ist für die Klimaverhältnisse Mitteleuropas die beste gelb blühende, immergrüne Wildart. Braucht trotzdem einen geschützten Platz.

Rhododendron williamsianum. Immergrüner, dicht aufgebauter, breitkugeliger, 0,5 - 1 m hoher Strauch. Blätter breit-eirund, an der Basis herzförmig, 2 - 4 cm lang, frischgrün, im Austrieb schön bronzebraun. Blüten im April zu 3 - 4, Krone glockig, 3 - 4 cm breit, reinrosa. Heimisch in Westchina in Höhen von 2500 bis 3000 m. Sehr schöne, aber oft etwas blühfaule, in Blüte und Austrieb stets frostgefährdete Art. Heute werden nahezu ausschließ-

Die schönsten Williamsianum-Hybriden

Sorte	Blütenfarbe	Blütezeit	Wuchshöhe (m)	Bemerkungen
'August Lamken'	dunkelrosa, innen dunkelrot	mittel	1,5 - 2	Wuchs breit-aufrecht, schöne, dunkelgrüne, kräftige Belaubung
'Gartendirektor Glocker'	rosarot, später aufhellend	früh	1,3	Wuchs breitkugelig und kompakt; sehr reichblütig
'Gartendirektor Rieger'	cremeweiß, innen dunkelrot gezeichnet	früh	1,5	Wuchs breit-aufrecht, sehr großblumig, verhältnismäßig lange Blütezeit
'Rothenburg'	im Aufbl. zitronengelb, später cremefarben	früh	2,0	aufrecht und starkwachsend, Blütenstutz sehr groß
'Rosa Wunder'	reinrosa, Blüten groß u. weit offen	mittel	1,5	Wuchs kompakt, Winterschutz ratsam
'Stadt Essen'	rosa, hellfarbener Schlund	früh – mittel	1,5	Wuchs breit-aufrecht u. locker, Einzelblüten sehr groß
'Vater Böhlje'	helllila	früh	1,0	Wuchs kugelig und kompakt; sehr winterhart

lich die *Williamsianum*-Hybriden verwendet. Sie zeichnen sich u.a. dadurch aus, daß sie im Boden etwas höhere pH-Werte vertragen als großblumige Hybriden. Alle brauchen einen Platz, der Schutz vor Spätfrösten bietet. Die meisten Sorten wachsen langsam, erreichen erst nach vielen Standjahren Höhen von 1,5 oder gar 2 m. Alle Hybriden sind durch *R. williamsianum* geprägt, das mit seinen rundlichen, dekorativen Blättern, dem farbigen Austrieb, dem geschlossenen Wuchs und den glockenförmigen Blüten einen ganz eigenen Charakter hat.

Rhododendron yakushimanum. Immergrüner, 0,5 - 1 m hoher und mindestens gleich breiter, dichtgeschlossener Strauch. Der junge Austrieb silbrig-filzig. Blätter länglich bis verkehrt-eiförmig, löffelförmig gewölbt, Ränder stark eingerollt, steif und derb ledrig, oben glänzend-dunkelgrün, unten dick hellbraun filzig. Blüten im Mai, etwa zu 12 in flachen, lockeren Doldentrauben; Krone breit-glockig, 5 - 6 cm breit, zuerst zartrosa, später reinweiß. Heimisch nur auf der südjapanischen Insel Yakushima in Höhen zwischen 1200 und 1800 m. Die harte und sehr reich blühende Art wurde erst lange nach dem 2. Weltkrieg in die Kultur eingeführt. Sie besticht durch ihren flachen, kompakten Wuchs, den auffallenden Austrieb, die dekorativen Blätter und die zart gefärbten Blüten. Eine dekorative, großblumige Art, wie geschaffen für kleine Gärten. *Rhododendron yakushimanum* ist in den vergangenen Jahren züchterisch stark bearbeitet worden, so stehen uns neben der Wildart heute eine ganze Reihe von Sorten zur Verfügung. Leider haben nicht alle den Charme der Wildart bewahrt.

Rhododendron-Hybriden

Den wenigen in Kultur befindlichen Wildarten steht eine große Zahl von Hybriden und Sorten gegenüber. Hybriden und Sorten sind Produkte gärtnerischer Züchtungsarbeit.
Rhododendron-Hybriden werden in der Regel zur besseren Übersicht in folgende größere Gruppen eingeteilt: Großblumige, immergrüne Rhododendron-Hybriden, kleinbleibende Rhododendren mit Wildcharakter; dazu gehören neben den schon behandelten natürlichen Zwergarten auch die ebenfalls behandelten Impeditum-, Repens-, Williamsianum- und Yakushimanum-Hybriden, Japanische Azaleen und Sommergrüne Rhododendron-Hybriden.

Großblumige, immergrüne Rhododendron-Hybriden: Hierzu gehören verschiedene Hybridgruppen, unter denen die *Catawbiense*-Hybriden dominieren. Ihre Vorzüge sind hohe Winterhärte, Wüchsigkeit und eine gesunde Belaubung. Gerade die Belaubung ist für die Beurteilung des Gartenwertes von besonderer Bedeutung. Von der Belaubung wird während des ganzen Jahres eine Schmuckwirkung erwartet, die von den Blüten ja nur für kurze Zeit erreicht wird. Alle anderen Hybridgruppen sind nur für einzelne Sorten von Bedeutung.
Die meisten Sorten dieser Gruppe können sich zu großen Sträuchern entwickeln, die im Laufe von Jahren mehrere Meter Höhe und Breite erreichen. In einem kleinen Garten heißt es, diese Wüchsigkeit zu berücksichtigen.

▽ ***Williamsianum*-Hybride 'Rothenburg'**

▽ ***Rhododendron yakushimanum***

Die *Williamsianum*-Hybride 'Rothenburg' besticht durch ihre cremeweißen Blüten.

Rhododendron yakushimanum **steht uns nicht nur als Wildart, sondern dank der züchterischen Anstrengungen auch in vielen Sorten zur Verfügung.**

Japanische Azaleen: Die Anfänge der Züchtung Japanischer Azaleen liegen in Japan. Später wurden auch anderenorts Züchtungsarbeiten mit Wildarten oder Sorten unternommen. Entsprechend ihrer Herkunft oder Abstammung werden die Sorten zu verschiedenen Gruppen gestellt. Deren Abgrenzung ist aber nicht selten recht willkürlich. Von den zahlreichen Hybridgruppen sind nur die folgenden für die Gartenkultur von Interesse:

Arendsii-Hybriden. Ab 1950 brachte Georg Arends, Ronsdorf, Sorten in den Handel, die nach Flüssen des Bergischen Landes benannt waren. Sie stammen u.a. von der als besonders winterhart bekannten Sorte 'Noordtiana' ab. Arendsii-Hybriden sind wintergrün, sie werden mittelhoch, ihre Blüten sind mittelgroß.

Diamant-Azaleen. Es handelt sich um Kreuzungen von C. Fleischmann, Wiesmoor, zwischen 'Multiflorum' und *R.-kiusianum*-Abkömmlingen. Die Sorten werden mit Farben bezeichnet. Sie zeichnen sich u.a. durch gedrungenen, flachen Wuchs, kleine Blüten und großen Blütenreichtum aus.

Kaempferi-Hybriden (Malvaticum-Hybriden). Zunächst um 1920 bei P.M. Koster, Boskoop, durch Kreuzungen von R. kaempferi 'Malvatica' entstanden. Von anderen Züchtern wurden später mehrere Klone der 2. und 3.Generation ursprünglicher Kaempferi-Hybriden mit anderen Sorten gekreuzt. So entstand im Laufe der Jahre eine sehr heterogene Gruppe.

Kurume-Hybriden. Kurume ist eine Stadt in Südjapan. Dort wurden schon Anfang des vorigen Jahrhunderts Formen von *R. obtusum* und Naturhybriden zwischen diesen und *R. kiusianum* sowie *R. kaempferi* ausgelesen und kultiviert. Später nahm man entsprechende Selektionen auch in USA und Holland vor. Kurume-Azaleen wachsen gedrungen, tafelförmig , sie werden 60 - 80 cm hoch, sind halbimmergrün, kleinblumig und sehr reichblütig.

Vuykianum-Hybriden. Es handelt sich um holländische und belgische Kreuzungen zwischen der Sorte 'J.C. van Tol' und Sorten von *R. kaempferi*. Durch spätere Einkreuzungen mit dem frostempfindlichen *R. simsii* entstanden die neuen Sorten, bei denen eine wesentliche Verbesserung der Blütenfarbe erreicht wurde, leider auf Kosten der Winterhärte. *Vuykianum*-Hybriden bleiben im allgemeinen sehr niedrig, sie bauen sich locker auf und haben große, meist leuchtende Blüten.

Andere Hybriden: Mit der Züchtung Japanischer Azaleen haben sich in Deutschland in den letzten Jahren u.a. auch U. Schumacher, Kevelaer, und W. Nagel, Bretten, beschäftigt. Von Schumacher stammen die Sorten 'Georg Arends' und 'Lysande', von Nagel die Sorte 'Anne Frank'. Auch H. Hachmann, Barmstedt, hat eine Reihe von Japanischen Azaleen in den Handel gebracht. Er hat bei seinen Auslesen besonderen Wert auf Winterhärte und kompakten Wuchs gelegt.
Japanische Azaleen gehören zu den Zwergen unter den Rhododendren, sie werden selten mehr als 1 m hoch. Mit ihren kleinen Blättern und den meist kleinen Blüten sind sie sehr zierliche Pflanzen, die sich noch etwas vom Wildcharakter bewahrt haben. Es sind in der Regel dichtbuschige, nicht selten flachwachsende, in unserem Klima meist nur wintergrüne Azaleen, die durch ihre Reichblütigkeit bestechen. Alle Sorten zeigen sich in unserem Klima weniger winterhart als die meisten anderen genannten Rhododendron-Arten und -Sorten. Sie benötigen für eine optimale Entwicklung nicht nur die für alle Rhododendren notwendigen, zusagenden Bodenbedingungen, sondern auch einen Platz, der vor allem im Winter Schutz vor Wind und Sonneneinstrahlung bietet. Halbschattige Plätze verhindern das vorzeitige Ausbleichen der Blüten. In weniger günstigen Klimazonen ist eine winterliche Abdeckung mit Nadelholzreisig zum Schutz gegen Sonne und austrocknende Winde notwendig. Das gilt vor allem für Kurume- und Vuykianum-Hybriden.

Sommergrüne Rhododendron-Hybriden: Nur vergleichsweise wenige sommergrüne Wildarten werden in unseren Gärten kultiviert, aber eine große Zahl sommergrüner Hybriden und Sorten. Sie werden allgemein als Azaleen bezeichnet.
Seit Anfang des vorigen Jahrhunderts sind in Belgien, Holland und England, später auch in Deutschland verschiedene Wildarten miteinander gekreuzt worden, um Sorten zu erzielen, die ihre Eltern in bezug auf Blütenfarbe, Blütengröße, Blühwilligkeit, Farbkonstanz der Blüten, Wüchsigkeit und Gesundheit übertreffen. So können wir heute aus einer Fülle von Sorten wählen, die verschiedenen Hybridgruppen zugeordnet werden können:

Genter-Hybriden. Der Name dieser Gruppe bezieht sich auf den Ort ihres Entstehens, die belgische Stadt Gent. Genter-Hybriden zeichnen sich durch Winterhärte, Wüchsigkeit und Blühwilligkeit aus. Sie können im Alter 2 - 3 m hoch und entsprechend breit werden. Sie blühen mit verhältnismäßig kleinen, einfachen oder gefüllten Blüten Mitte bis Ende Mai auf.

Mollis-Hybriden. Ihre Bezeichnung bezieht sich auf *R. japonicum*, das früher *Azalea mollis* hieß. Die Züchtung begann in Holland und Belgien um 1870. Neben anderen Kombinationen wurden vor allem ausgesuchte Sämlinge von *R. japonicum* miteinander gekreuzt. Mollis-Hybriden wachsen schwächer als die Genter-Hybriden. Man sollte möglichst vegetativ vermehrte Pflanzen oder Sämlingspflanzen mit Angabe der Blütenfarbe auswählen.

Rustica-Hybriden. Sie sind nahe mit den Genter-Hybriden verwandt und zeichnen sich vor allem durch gedrungenen, niedrigen Wuchs aus, was sie gerade für kleinere Gärten wertvoll macht. Sie sind winterhart und blühen

Großblumige Hybriden

Die Goßblumigen Hybriden werden bis zu 5 m hoch und wachsen breitbuschig-ausladend, aber auch verkehrt-kegelförmig. Die Blütendolden sind üppig, sie erreichen Handtellergröße. Berücksichtigt man die Wüchsigkeit, eignen sich einige Sorten sogar als Kübelpflanze.

△ R.-Hybride 'Susan'

△ R.-Hybride 'Pink Pearl'

▽ R.-Hybride 'Humboldt'

▽ R.-Hybride 'Lord Robert's'

▽ R.-Hybride 'Lee's Dark Purple'

▽ R.-Hybride 'Cunningham's White'

***Rhododendron* 'Sahara' leuchtet in warmem Gelb.**

Die schönsten sommergrünen Rhododendron-Hybriden				
Sorte	**Blütenfarbe/-form**	**Blütezeit**	**Abstammung**	**Bemerkungen**
'Annabella'	orangegelb mit teils rötlichem Saum	mittel	Knap.	sehr schöne Farbkombinationen
'Cécile'	lachsrosa, gelber Fleck	mittel	Knap.	Wuchs locker und aufrecht, Blätter im Austrieb schwach bräunlich getönt
'Coccinea Speciosa'	dunkel orangerot	spät	Gent.	Wuchs schwach, etagenförmig, kleinbleibend und sehr reichblühend
'Feuerwerk'	glühend rot, innen zart orange getönt	mittel	Knap.	sehr großblumig; schönste rote Neuzüchtung
'Fireball'	tief orange mit oranger Tönung	spät	Knap.	Laub im Austrieb bronzefarben
'Freya'	gelb, rosa getönt	mittel	Rust.	
'Gibraltar'	orange, Saum stark gekräuselt	mittel	Knap.	Wuchs kompakt und breitrund, schönste orangefarbene Sorte
'Klondyke'	goldgelb, lebhaft rötlich-orange geflammt	spät	Knap.	Wuchs mittelstark, breit-aufrecht, Austrieb braunrot
'Koster's Brillant Red'	zinnoberrot mit dunkler Zeichnung	früh	Moll.	Blüten mit besonders leuchtender Farbe, Wuchs breit-aufrecht
'Nabucco'	tief dunkelrot, im Innern leicht orangefarben getönt	spät	Knap.	Sorte mit dem dunkelsten Rot, Wuchs breit-aufrecht
'Narcissiflorum'	hellgelb	mittel	Gent.	Blüten gefüllt, duftend
'Parkfeuer'	glühend reinrot, im Innern orangerot, schwach duftend	spät	Knap.	Wuchs stark und straff-aufrecht
'Pink Delight'	reinrosa mit großem, golgelbem Fleck	spät	Knap.	Wuchs locker und aufrecht, eine der interessantesten rosa Sorten
'Sarina'	rosa, lachsorange getönt, mit großem, goldorangem Fleck	spät	Knap.	sehr großblumige Blüten mit schönem Farbspiel, Herbstfärbung orangerötlich, Wuchs breit und kompakt
'Schneegold'	reinweiß mit goldgelbem Fleck, leicht gekräuselt und leicht rosa getönt	spät	Knap.	großblumig und sehr reichblühend, Wuchs sehr gleichmäßig

zur gleichen Zeit wie die Genter-Hybriden.

OCCIDENTALE-HYBRIDEN. Das im westlichen Nordamerika heimische *R. occidentale* gab dieser Gruppe ihren Namen. Aus Kombinationen mit Mollis-Hybriden entstanden winterharte, starkwüchsige, bis 2,5 m hohe, großblumige Sorten. Die Blüten duften angenehm und sind an einem von *R. occidentale* vererbten Farbfleck zu erkennen. Die Blütezeit liegt etwas später als bei den bisher genannten Gruppen.

KNAP-HILL-HYBRIDEN. Der Name dieser Gruppe bezieht sich auf die Knap-Hill-Nurseries in Surrey, England. Dort begann A. Waterer ab 1870 mit seinen Kreuzungen, an denen zahlreiche Arten und Hybriden beteiligt waren. 1945 kamen die ersten, später zahlreiche weitere Sorten zu uns. Sie zeichnen sich durch gesunden, kräftigen Wuchs, durch Anpassungsfähigkeit an weniger gute Böden, schöne, leuchtende Blütenfarben, große Blüten und Widerstandsfähigkeit gegen Rote Spinne und Weichhautmilben aus. Ihre Blüten sind über einer langen, engen Röhre weit geöffnet; neben Sorten mit einfachen gibt es auch solche mit gefüllten Blüten. Bei vielen Sorten stehen die Blüten in großen Blütenständen aus 18 - 30 Blüten zusammen. Die Knap-Hill-Hybriden sind in Deutschland vor allem von H. Hachmann züchterisch weiterentwickelt worden. 1965 kamen die ersten Sorten auf den Markt, inzwischen haben sie eine große Bedeutung erlangt.

Pflegetips. In bezug auf Standortansprüche, Pflege und Düngung unterscheiden sich sommergrüne Rhododendron-Hybriden nicht von ihren immergrünen Verwandten. Durch den Verlust ihres Laubes leiden sie allerdings im Winter nicht so sehr. Viele sommergrüne Arten bringen kräftige, leuchtende Farben in den Garten, die in dieser Intensität bei immergrünen Arten und Sorten nicht vorkommen. Die Vergesellschaftung von sommergrünen Sorten mit ihren kräftigen Farben mit den meist zarten Blütenfarben der immergrünen Arten und Sorten kann also Probleme bereiten. Nicht selten ist es zweckmäßig, die beiden Gruppen räumlich zu trennen. Attraktive und von den Standortansprüchen her passende Begleitpflanzen für sommergrüne Rhododendren sind zum Beispiel Farne, Funkien, Elfenblumen. Die warmen, feurigen Töne vieler Knap-Hill-Hybriden leuchten am intensivsten, wenn man mehrere Exemplare einer Sorte zusammenpflanzt.

▷ ***Rhododendron* 'Sahara'**

***Ribes sanguineum*, die Blutjohannisbeere, ist ein sommergrüner, breitwüchsiger Strauch mit duftendem, blaßgelbem Laub und rosa bis roten Blütentrauben, die im Frühling erscheinen.**

***Robinia hispida* 'Macrophylla', eine besonders robuste Sorte, ist etwas dunkler und satter in der Farbe als die Art. Doch Vorsicht: Die Robinie ist in allen Teilen giftig.**

***Robinia hispida*, die Borstige Robinie, ist ein lockerer, zierlicher Strauch mit reizvollen, zarten Blütentrauben, die im Frühsommer erscheinen. Der Strauch eignet sich auch für kleinere Gärten.**

RIBES

Johannisbeere, Stachelbeere

Standort: in Garten und Park als Blütengehölze oder in Hecken und Schutzpflanzungen
Wuchshöhe: 1 - 3 m
Blütezeit: Mai
Vermehrung: durch Aussaat, Stecklinge oder Steckholz

Die Gattung aus der Familie der Steinbrechgewächse *(Saxifragaceae)* umfaßt etwa 150, meist sommergrüne Arten, die überwiegend in den Waldgebieten der Nemoralen und Borealen Zone, außerdem in einigen Regionen der südlichen Hemisphäre verbreitet sind. Die gartenwürdigen Arten sind entweder auffallend blühende Ziersträucher oder anspruchslose Hecken- und Sichtschutzpflanzen.

Ribes sanguineum, Blutjohannisbeere. Gut 2 m hoher, aufrechter Strauch mit rotbraunen, aromatischen Zweigen. Blätter drei- bis fünflappig, 5 - 10 cm breit, an der Basis herzförmig, oben dunkelgrün, unten weißlich-filzig. Rote oder rötliche Blüten im April - Mai in ansteigenden bis hängenden, etwa 8 cm langen Trauben. Früchte schwarz, dicht blauweiß bereift, etwa 1 cm dick. Gute Sorten sind 'Atrorubeus', etwa 2 m hoch mit dunkelroten Blütentrauben im April/Mai und 'King Edward VII', schönste dunkelrote Form.

▽ ***Ribes sanguineum***

ROBINIA

Robinie

Standort: in Garten und Park an sonnigen Plätzen; keine besondere Ansprüche an den Boden
Wuchshöhe: 2 - 25 m, je nach Art
Blütezeit: Juni
Vermehrung: durch Aussaat oder Veredlung

In Nordamerika und Mexiko kommen die rund 20 Arten dieser Gattung vor, die zur Familie der Schmetterlingsblütler *(Leguminosae)* gehören. Ausschließlich sommergrüne Bäume oder Sträucher mit oft etwas kantigen Zweigen, die glatt, aber auch borstig oder klebrig sein können. Die Blätter sind wechselständig und unpaarig gefiedert, die Nebenblätter oft zu kräftigen Dornen umgewandelt. Die meist duftenden Schmetterlingsblüten sind weiß bis lila oder purpurrosa und in hängenden Trauben angeordnet. Die Früchte sind zweiklappig aufspringende Hülsen. Alle kultivierten Arten haben ansehnliche Blüten, sie brauchen helle, sonnige Plätze, sind sonst anspruchslos, gedeihen auch auf trockenen Böden. Vorsicht: Die Pflanze ist in allen Teilen giftig!

▽ ***R. hispida* 'Macrophylla'**

Robinia hispida, Borstige Robinie. Kaum mehr als 1 m hoher, wenig verzweigter, Ausläufer treibender Strauch. Zweige dicht mit langen, roten Borsten besetzt. Blätter mit 7 - 13, fast kreisrunden, 3 - 5 cm langen, dunkelgrünen Blättchen. Blüten im Juni und September, purpurn oder rosa, etwa 2,5 cm lang, ohne Duft, zu 3 - 6 in borstig behaarten Trauben. Heimisch im südöstlichen Nordamerika. Es handelt sich um eine sehr schöne Art, die häufig auf *R. pseudoacacia* veredelt wird und dann keine Ausläufer treibt. Die Zweige sind brüchig, *R. hispida* benötigt deshalb windgeschützte Standorte an Mauern oder Hauswänden. Sie wird als Spalierpflanze gezogen. Die Sorte 'Macrophylla' wächst etwas kräftiger und ist nicht so windbrüchig.

▽ ***Robinia hispida***

ROSA

Rose

Standort: sonnige bis halbschattige, freie Lage; möglichst nahrhafte, lehmdurchsetzte Erde
Wuchshöhe: 50 cm - 3 m
Blütezeit: Mai - Oktober
Vermehrung: durch Aussaat, Stecklinge oder Veredlung

Mit 150 - 200 Arten sind die zur großen Rosenfamilie *(Rosaceae)* gehörenden Rosen über den größten Teil der gemäßigten Zonen verbreitet. In den Tropen und Subtropen ist ihr Vorkommen auf die Gebirge beschränkt. In Europa kommen etwa 40 Arten vor. Rosen haben bestachelte, aufrechte oder bogig überhängende, seltener kletternde oder am Boden kriechende Triebe. Die Blätter sind unpaarig gefiedert. Die meist fünfzähligen, mit zahlreichen Staubgefäßen ausgestatteten Blüten erscheinen einzeln oder in Doldenrispen an den Enden kurzer Seitenzweige. Zahlreiche Fruchtblätter sind in einen krugförmigen Knospenbecher eingesenkt, dessen Öffnung von den zahlreichen Griffeln verschlossen wird. In der Sammelfrucht, der Hagebutte, bildet der rote bis schwarze Blütenbecher das Fruchtfleisch, das die zahlreichen Nüßchen umschließt.
Seit Jahrtausenden sind Rosen eng mit den Menschen und ihrer Gartenkultur verbunden, stets kam ihnen eine Sonderstellung zu. Die Rose wurde zur »Königin der Blumen«. Rosen zeigen in Habitus, Form und Farbe der Blüten eine große Vielfalt; da sind die bescheiden wirkenden Wildrosen, die Park- und Strauchrosen, die Kletterrosen, vielblumige Polyantha- und Floribundarosen und schließlich die Edelrosen. Sie bieten zahlreiche Verwendungsmöglichkeiten, etwa in mehr oder weniger ausgedehnten Rosenbeeten, einzeln oder in kleinen Gruppen in Verbindung mit Stauden, als bodendeckende Rosen in mehr oder weniger ausgedehnten flächigen Pflanzungen, als Blütensträucher oder schließlich als Kletterpflanzen.
In Kultur verlangen Rosen eine freie, sonnige und luftige Lage. Sie gedeihen am besten auf tiefgründigen, nährstoffreichen, lockeren Böden mit einem pH-Wert von 5,5 - 6,5. Da Rosen sehr langlebige Gartenpflanzen sind, ist vor dem Pflanzen eine gute Bodenvorbereitung, also tiefgründige Lockerung und notfalls das Einbringen von Bodenverbesserungsmitteln (alter verrotteter Stallmist, Rindenhumus oder Torf) angebracht.
Rosen können sowohl im Herbst als auch im Frühjahr gepflanzt werden. Bei Herbstpflanzung ist das Anhäufeln der Triebe unbedingt erforderlich. Bei Frühjahrspflanzung empfiehlt sich vor dem Pflanzen ein 24stündiges Wasserbad, besonders wenn die Rosen in einem Kühlhaus überwintert haben. Auch bei Frühjahrspflanzung werden Rosen zunächst angehäufelt, um Austrocknung zu vermeiden. Rosen werden so tief gepflanzt, daß die Veredlungsstelle gut geschützt etwa eine Handbreit unter der Bodenoberfläche steht. Man vermeidet dadurch Totalausfall, falls die oberirdischen Triebteile in einem extrem kalten Winter erfrieren. Im Frühjahr nach dem Pflanzen werden bei allen Rosenarten und -sorten die Triebe stark zurückgeschnitten, Edel- und Polyantharosen nimmt man auf 3 - 6 Augen, stärker wachsende auf 8 - 10 Augen zurück. Später werden nur noch alle Beetrosen regelmäßig im Frühjahr nach dem Abhäufeln in ähnlicher Weise stark zurückgeschnitten. Alle strauchförmig wachsenden Arten und Sorten werden nur regelmäßig ausgelichtet, dabei werden in Abständen von 2 - 3 Jahren jeweils einige der älteren Astpartien bis zum Boden ausgeschnitten.
In der Regel sind bei Rosen Winterschutzmaßnahmen notwendig. Bei genügend tief gepflanzten Buschrosen ist ein Anhäufeln nicht notwendig, es genügt lockeres Abdecken mit Nadelholzreisig, Strauchrosen und Bodendeckerrosen werden in der Regel nicht abgedeckt. In rauhen Lagen müssen auch Stammrosen geschützt werden. Man biegt die Krone bis zur Erde herunter, befestigt sie durch entsprechende Klammern und deckt die Krone mitsamt der Veredlungsstelle mit Erde (keine Komposterde) ab. Der Stamm wird mit Deckreisig geschützt.

▽ ***Rosa mundi***

Rosa mundi **ist eine bezaubernd schöne** ***Rosa gallica*****-Varietät, die es schon im 12. Jahrhundert gegeben haben soll. Wegen ihrer verschiedenen Farben läuft sie auch oft unter der Bezeichnung 'Versicolor'.**

Rosa rugosa, die Kartoffelrose, zählt wegen der intensiv rosafarbenen Blüten zu den schönsten Wildrosen. Die an sich widerstandsfähige Rose ist für viele Verwendungsbereiche geeignet. Was viele nicht wissen: Sie ist sehr kalkempfindlich. Eine attraktive Varietät ist 'Hansa'.

Rosen werden nicht selten von Schädlingen und Krankheiten befallen. Neben tierischen Schädlingen, die bei einem stärkeren Auftreten durch Insektizide bekämpft werden, treten vor allem einige Krankheiten (Mehltau, Sternrußtau und Rost) fast regelmäßig auf. Mehltau wird ab Anfang Juni vorbeugend mit Fungiziden wie Saprol, Euparen oder Compo-Rosenschutz bekämpft. Zur Bekämpfung von Rosenrost sind spätestens ab Befallsbeginn wiederholte Spritzungen mit Baymat flüssig, Euparen oder Saprol notwendig. Auch zur Bekämpfung von Sternrußtau sind ab Anfang Juni mehrfach Spritzungen mit Baymat flüssig, Fungaflor, Saprol oder Tarsol notwendig (jeweils in den auf den Packungen vermerkten Konzentrationen). Die Bekämpfung von Rost und Sternrußtau wird durch eine optimale Kultur der Pflanzen (ausreichende Kaliversorgung, nicht zu hohe Stickstoffgaben) und durch das Entfernen befallener Blätter im Herbst unterstützt.

Wildrosen und deren Sorten

Unter Wildrosen werden im allgemeinen aus Samen gezogene Pflanzen verstanden, während alle andere Rosen vegetativ vermehrt werden, das gilt auch für die Sorten der Wildrosen. Alle echten Wildrosen, natürliche Arten also, haben einfache, mehr oder weniger weit geöffnete Blüten. Sie blühen in der Regel nur einmal, im Gegensatz zu den öfterblühenden Parkrosen und allen Beetrosen. Wildrosen werden in Parkanlagen und in größeren Gärten verwendet, vor allem in Windschutzhecken oder für die Böschungs- und Hangbefestigungen. Alle sind ausgezeichnete Vogelschutzgehölze.

Rosa acicularis, Nadelrose. Bis 2 m hoher, dichtbuschiger und dichtbelaubter Strauch. Blüten im Juni - Juli, rosa bis dunkelrosa, 3 - 5 cm breit, leicht duftend. Früchte eirundlich bis kugelig, etwa 2,5 cm lang, reich an Gerb- und Farbstoffen. Heimisch in Nordosteuropa, Sibirien und Nordamerika. Wertvoll für die Anlage dichter Schutzhecken. Die Sorte 'Dornröschen', etwa mannshoch, aufrecht, öfterblühend, Blüten edelrosenähnlich, gut gefüllt, lachsrosa bis hellrot.

Rosa x alba, Weiße Rose. 2 - 3 m hoher, reichblühender Strauch mit überhängenden Ästen. Blüten im Juni, weiß bis zartrosa, 5 - 8 cm breit, gefüllt, stark duftend, Blütezeit nur etwa 20 Tage. Früchte länglich-eiförmig, 2,5 cm lang, rot. Wird im Mittelmeergebiet schon seit dem Altertum kultiviert, kam mit den Römern über die Alpen und hat dank einer ungewöhnlich hohen Winterhärte in Bauerngärten überlebt. Von den etwa 20 Sorten werden die beiden folgenden häufiger kultiviert: 'Königin von Dänemark' blüht im Juni - Juli mit zahlreichen, gutgefüllten, starkduftenden, porzellanrosa Blüten. Wohl eine der schönsten und besten alten Parkrosen. 'Suaveolens', Blüten reinweiß, gefüllt, stark duftend.

Rosa arvensis, Kriechrose. Mit bogig überhängenden oder kriechenden Trieben knapp 1 m hoch wachsend oder mehrere Meter hoch kletternd. Blüten im Juni, einzeln oder zu wenigen, 3 - 5 cm breit, weiß, ohne Duft. Früchte rot, etwa 1 cm lang. Heimisch von Europa bis Westasien. Ist gut geeignet zur Begrünung beschatteter Hänge.

Rosa centifolia, Provencerose. Bis 2 m hoher, locker wachsender, zunächst aufrechter, später überhängender Strauch mit wenigen Ausläufern. Blüten im Juni - Juli, meist rosa, dicht gefüllt, wohlriechend. Die Kelchblätter sind mit auffallend großen, dicht stieldrüsigen Fiedern ausgestattet. Herkunft ungeklärt, seit Jahrhunderten in Kultur, besitzt starke Vitalität und große Winterhärte. Zu *R. centifolia* gehören die Moosrosen, die etwa um 1700 entstanden sind und bei denen Kelch und Blütenstiele dicht mit drüsigen Borsten besetzt sind.

Rosa x *damascena,* Damascenerrose. Bis 2 m hoher Strauch. Zweige bogig abstehend, stark bewehrt. Blüten im Juni - Juli, meist zu vielen zusammen, rosa, halbgefüllt, stark duftend. Früchte etwa birnenförmig, bis 2,5 cm lang, borstig. Damaszenerrosen wurden in Griechenland schon um 1000 v.Chr. kultiviert, später in großem Umfang auch im Römischen Reich. Sie kamen vermutlich mit den Kreuzzügen aus dem Orient nach Europa. In Kultur sind heute vorwiegend zwei Sorten: 'Rose de Resht', dichtbuschig, gut 1 m hoch. Blüten kirschrot, mittelgroß, stark gefüllt, rosettenförmig (Pomponblüten), von Juli bis September; 'Trigintipetala', 1,5 - 3 m hoch. Blüten rosa, gefüllt, stark duftend. Wichtigste Sorte für die Gewinnung von Rosenöl.

Rosa foetida, Fuchsrose. Mit überhängenden Trieben locker aufgebauter, bis 2 m hoher Strauch. Blüten Anfang Juni, meist einzeln, 5 - 6 cm breit, dunkelgelb, etwas unangenehm riechend. Früchte rundlich, rot, etwa 1 cm dick. Heimisch von Kleinasien bis zum nordwestlichen Himalaya. Gilt als schönste gelbblühende Wildrose. 'Bicolor', die Kapuzinerrose, Blüten einfach und zweifarbig, außen goldgelb, innen kapuzinerrot. 'Persian Yellow', Persische Goldrose, Blüten goldgelb, gefüllt, sehr zahlreich, buschig wachsend und etwa mannshoch werdend.

Rosa gallica, Essigrose. Kaum über 1 m hoher, aufrechter, gedrungener, vieltriebiger Strauch mit zahlreichen unterirdischen Ausläufern. Blüten im Juni - Juli einzeln auf drüsigen Stielen, 4 - 7 cm breit, hellrot bis dunkelpurpurn, duftend. Früchte 1 - 2 cm lang, ziegelrot, drüsig-borstig. Heimisch in Süd- und Mitteleuropa sowie in Vorderasien. Eine kalkliebende und Hitze ertragende, sehr reich blühende Wildrose. Sie stellt einige alte Gartensorten, von denen viele in Kultur sind.

Rosa hugonis, Chinesische Goldrose. Bis 2,5 m hoch und breit, Zweige überhängend. Blüten im April - Mai, einfach, hellgelb, etwa

▷ ***Rosa rugosa***

5 cm breit. Früchte dunkelrot, etwa 1,5 cm dick. Heimisch in Mittelchina. Schöne und ungewöhnlich früh blühende Wildrose.

Rosa majalis, Zimtrose, Mairose. Knapp mannshoher, sparsam verzweigter Strauch mit zahlreichen unterirdischen Ausläufern; Triebe dünn und oft unbewehrt. Blüten im Mai - Juni, zu 1 - 3, etwa 5 cm breit, karminrot bis purpurn. Früchte flachrund, bis 1,5 cm breit, scharlachrot, reich an Vitamin C. Heimisch von Europa bis Nord- und Westasien. Verträgt in Kultur vergleichsweise viel Schatten und frische bis feuchte Böden.

Rosa moyesii, Mandarinrose. Bis 3 m hoher, starkwüchsiger, locker aufgebauter Strauch. Blüten Anfang Juni, weinrot, 5 - 6 cm breit, mit goldgelben Staubgefäßen. Früchte flaschenförmig, 5 - 7 cm lang, tief orangerot. Heimisch in der chinesischen Provinz Szetschuan. Gehört zu den schönsten Wildrosen.

Rosa multiflora, Vielblütige Rose. Bis 3 m hoher und breiter, sehr starkwüchsiger Strauch; Zweige zunächst aufrecht, sich bald überneigend oder kletternd. Blüten im Juni - Juli, weiß, bis 2 cm breit, nach Honig duftend, in großen, kegelförmigen Rispen, sehr reich blühend. Früchte rundlich, 5 mm dick, orange bis rot. Heimisch in Japan und Korea. Eignet sich gut zur Unterpflanzung hoher Bäume und zur Begrünung schattiger Hänge. Die alten, reichblühenden Kletterrosen 'Tausendschön', 'Crimson Rambler' oder 'Maria Lisa' stammen von *R. multiflora* ab.

Rosa nitida, Glanzblättrige Rose. Dichtbuschiger, kaum mehr als 50 cm hoher Strauch mit zahlreichen Ausläufern und roten Trieben, die dicht mit dünnen, borstigen Stacheln besetzt sind. Blätter oberseits stark glänzend, im Herbst leuchtend-orange bis karminrot. Blüten im Juni - Juli, 4 - 6 cm breit, rosa, leicht duftend. Früchte etwa 1 cm dick, hell- bis dunkelrot. Heimisch von Neufundland bis Connecticut. Gut für flächige Pflanzung geeignet.

Rosa omeiensis, Omeirose. 3 - 4 m hoher, sparriger, starkwüchsiger Strauch. Zweige mit an der Basis stark verbreiterten Stacheln und zahlreichen Stachelborsten. Blüten im Mai - Juni, einzeln, weiß, 2,5 - 3 cm breit, meist mit nur 4 Blütenblättern. Früchte birnenförmig, hellrot, bis 1,5 cm lang. Benannt nach dem Berg Omei in der chinesischen Provinz Szetschuan. In Kultur ist meist nur die folgende Form.

Rosa omeiensis f. pteracantha, Stacheldrahtrose. Die Stacheln im Austrieb auffallend blutrot und an der Basis in Längsrichtung der Zweige flügelartig verbreitert. Gut für geschützte Standorte.

Rosa pendulina, Alpen-Heckenrose. 2 - 3 m hoher, aufrechter Strauch mit zahlreichen Ausläufern. Blüten im Mai - Juni, rosarot, etwa 4 cm breit. Früchte flaschenförmig, 3 cm lang, ziegelrot, reich an Vitamin C. Heimisch in den Gebirgen Süd- und Mitteleuropas. Verträgt schattige und kühle, luftfeuchte Lagen.

Rosa pimpinellifolia, Bibernellrose, Dünenrose. Bis 1 m hoher Strauch mit dünnen Zweigen, die dicht mit Stacheln und Stachelborsten bedeckt sind. Blüten im Mai - Juni, weiß bis blaßgelb, 3 - 5 cm breit. Früchte schwarz bis schwarzbraun, rundlich, bis 1,5 cm dick. Heimisch in Europa, Westasien und Nordafrika. Die Art ist ein Pioniergehölz für extreme Standorte, ein ausgezeichneter Bodenbefestiger, der Wind, Hitze und Trockenheit erträgt. Zu *R. pimpinellifolia* gehören zahlreiche Gartenformen, von denen einige wertvolle Zierrosen sind.

Rosa rubiginosa, Weinrose, Schottische Zaunrose. Bis 3 m hoher, zunächst straff aufrechter, später übergeneigter Strauch. Blätter unterseits mit apfelartig duftenden Drüsen ausgestattet. Blüten im Juni - Juli, hellrosa bis rosarot, 3 - 5 cm breit. Früchte rundlich, 1,5 cm dick, orange bis rot oder braun. Heimisch in Europa, Kleinasien und im Kaukasus. Besonders gut zur Anlage dichter Hecken; auch als Pioniergehölz geeignet. Folgende Sorten werden häufiger als die Art gepflanzt: 'Fritz Nobis', starkwachsend, bis 2 m hoch. Blüten lachsrosa, innen heller, mit dem Charakter von Edelrosen. 'Magnifica', sehr starkwachsend, überhängend, Blüten hellrot, mittelgroß, halbgefüllt.

Rosa rugosa, Kartoffelrose. Bis 2 m hoher, aufrechter, ausläuferbildender, dicktriebiger Strauch. Zweige mehr oder weniger dicht mit Stacheln und Stachelborsten besetzt. Blätter oben runzelig und glänzend dunkelgrün, im Herbst goldgelb gefärbt. Blüten im Juni - September, purpurn, rosa oder weiß, schalenförmig, 6 - 10 cm breit. Früchte flachkugelig, 2 - 2,5 cm breit, ziegelrot, reich an Vitamin C und Provitamin A. Heimisch in den gemäßigten und nördlichen Teilen von Ostasien bis zu den Kurilen, Kamtschatka und Sachalin. *R. rugosa* gehört zu den wichtigsten Wildrosen für die Anlage von Hecken, Schutzstreifen und zur Begründung von Halden und Böschungen. Sie ist ungewöhnlich vital und stets frei von Krankheiten. Neben der Wildart werden gegenwärtig eine Fülle von Gartenformen verwendet. Sie wachsen meist niedriger und kompakter als die Wildart.

Rosa sweginzowii. Aufrechter, bis 5 m hoher Strauch. Jungtriebe auffallend weinrot. Blüten im Juni, rosa, etwa 4 cm breit. Früchte schlank flaschenförmig, 3 - 4 cm lang, orangerot. Heimisch in Nordwestchina. 'Macrocarpa', nur 2 m hoch, Zweige bogig überhängend. Blüten karminrot. Früchte sehr zahlreich, bis 5 cm lang und 2 cm dick. Meist wird nur diese Form gepflanzt.

Rosa tomentosa, Filzrose. Bis 2 m hoch, Zweige ausgebreitet und bogig überhängend. Blüten im Juni - Juli, blaßrosa bis weiß, 4 cm breit, angenehm duftend. Früchte eiförmig, 1 - 2 cm lang, rot, stark borstig, reich an Vitamin C. Heimisch in Europa, Kleinasien und im Kaukasus. Eine sehr widerstandsfähige Art. Der zahlreichen Früchte wegen früher häufiger gepflanzt.

△ 'Empereur du Maroc'
△ 'Great Maiden's Blush'
△ 'Königin Victoria'

▽ 'Boule de Neige'
▽ 'Tour de Malakoff'
▽ 'Versicolor'

▽ 'Belle de Crécy'
▽ 'Königin von Dänemark'
▽ 'Cardinal de Richelieu'

▽ 'Mrs. John Laing'
▽ 'Mme. Isaac Pereire'
▽ 'Mme. Hardy'

Märchen-Rosen. Die auf diesem Tableau versammelten Rosenarten und -sorten strahlen Poesie und Nostalgie aus und duften fast alle verführerisch. Sie sind eine Bereicherung in jedem Garten.

1. Reihe v.l.n.r.: 'Empereur du Maroc' (kleine Strauchrose), 'Great Maiden's Blush (Strauchrose), 'Königin Victoria' (Bourbonrose).

2. Reihe v.l.n.r.: 'Boule de Neige' (Bourbon-Rose), 'Tour de Malakoff' (Provencerose), 'Versicolor' (Gallica-Rose).

3. Reihe v.l.n.r.: 'Belle de Crécy' (Gallica-Rose), 'Königin von Dänemark' (lockere Strauchrose), 'Cardinal de Richelieu' (Gallica-Rose).

4. Reihe v.l.n.r.: 'Mrs. John Laing' (buschige Rosen-Hybride), 'Madame Isaac Pereire' (Bourbonrose), 'Madame Hardy' (Damaszenerrose).

'Centenaire de Lourdes' zählt zu den starkwüchsigen Strauchrosen. Die etwa 10 cm großen Blüten sind locker gefüllt und duften zart. Es empfiehlt sich, diese Rose durch gekonnten Schnitt in Form zu halten, da sie sich stark verzweigt.

Bodendeckende Rosensorten

Sorte	Wuchshöhe (cm)	Blüten	Bemerkungen
'Ballerina'	70-90	karmesinrosa, mit weißer Mitte, einfach, klein	Wuchs mittelstark, Triebe teils aufrecht, teils überhängend, rasche Neutriebbildung; 2-3 Pflanzen je m²
'Candy Rose'	60-70	lachsrosa mit weißem Auge und gelben Staubgefäßen, mittelgroß, halbgefüllt	Wuchs kräftig, langtriebig, Triebe bogenförmig überhängend; 2-3 Pflanzen je m²
'Fair Play'	150	hellrot mit heller Mitte, halbgefüllt, groß	Wuchs breitbuschig, Triebe flachwachsend; 1-2 Pflanzen je m²
'Fairy Dance'	60	blutrot, stark gefüllt, klein	Wuchs überhängend, vom 2. Jahr an ein dichtes Polster bildend, aus dem einzelne Triebe herauswachsen; 3-4 Pflanzen je m²
'Fairyland'	20	weiß mit rosa Hauch, leicht gefüllt	meist kriechend, Triebe dicht am Boden aufliegend, dichte Polster bildend; 3-4 Pflanzen je m²
'Fairy Prince'	80-100	hellrot, gut gefüllt, klein, sehr zahlreich	Wuchs stark, breitbuschig, Triebe überhängend, auch als Einzelpflanze und für kleine Gruppen geeignet; 1-2 Pflanzen je m²
'Ferdy'	60-90	fuchsienrosa mit cremegelber Mitte, klein, halbgefüllt; sehr reichblühend	Wuchs mäßig stark,flachbogig bis aufstrebend; 2-3 Pflanzen je m²
'Fiona'	50	tiefblutrot, gut gefüllt, anhaltend blühend	Wuchs breitbuschig mit bogig überhängenden Trieben; 3-4 Pflanzen je m²
'Fleurette'	100	karminrosa mit heller Mitte; leicht duftend	Wuchs buschig, breit ausladend; 3-4 Pflanzen je m²
'Heideröslein-Nozomi'	20-40	perlmuttrosa, zierlich, halbgefüllt; leicht duftend	Wuchs kriechend, mit 1,5 - 1,8 m langen Trieben und zahlreichen kleinen Zweigen; 4-6 Pflanzen je m²
'IGA München 83'	60-70	karminrosa, groß, halbgefüllt	Wuchs mäßig stark, buschig-aufrecht, mit kräftigen Trieben, Fruchtansatz nach dem ersten Flor; 4-5 Pflanzen je m²
'Immensee'	20	perlmuttrosa mit gelben Staubgefäßen; stark duftend	Wuchs üppig, Triebe bis 2 m lang, dem Boden aufliegend,; sehr gute Bienenweide; 2 Pflanzen je m²
'Lavender Dream'	60	lavendelfarben, duftend, klein; sehr haltbar	Wuchs locker und gut verzweigt; 3-4 Pflanzen je m²
'Palmengarten Frankfurt'	70	kräftig rosa, mittelgroß, gefüllt, reichblühend	Wuchs üppig, breiter als hoch, im 2. Jahr über 1 m breit; 2 Pflanzen je m²
'Pink Bells'	50-70	rosa, dicht gefüllt, am zweijährigen Holz sehr reich blühend	Wuchs sehr dicht, vieltriebig, mit bogig überhängenden Trieben; 3-5 Pflanzen je m²
'Pink Meidiland'	90-100	intensiv lachsrosa mit weißem Auge und gelben Staubgefäßen, einfach	Wuchs mäßig stark, breitbuschig, kompakt; 3-4 Pflanzen je m²
'Red Bells'	60-70	rot, sonst wie 'Pink Bells'	Wuchs wie'Pink Bells'; 3-5 Pflanzen je m²
'Red Meidiland'	50-60	dunkelrot mit weißer Mitte und gelben Staubgefäßen, mittelgroß	Wuchs ausladend, breitbuschig, Triebe bogig überhängend und gut verzweigt; 3-4 Pflanzen je m²
'Red Yesterday'	60-80	leuchtend-dunkelrot mit weißer Mitte, klein, einfach	Wuchs mittelstark, kompakte Büsche bildend, Triebe stark überhängend; 2-3 Pflanzen je m²
'Repandia'	60-80	leuchtendrosa, schalenförmig; im 1. Jahr blühend	Wuchs stark und robust, Triebe 2-3 m lang, dem Boden aufliegend: 1 Pflanze je m²
'Rotelfe'	60	leuchtend samtblutrot, mittelgroß, gefüllt	Wuchs breit, bogig überhängend; 4-5 Pflanzen je m²
'Scarlet Meidiland'	50-60	leuchtend-orangerot, klein, locker gefüllt	Wuchs breitbuschig, ausladend, gut verzweigt, überhängend; 3-4 Pflanzen je m²
'Snow Ballet'	30-50	reinweiß, mittelgroß, gut gefüllt	Wuchs kriechend, dauerblühend; 3-4 Pflanzen je m²
'Swany'	40-50	reinweiß, mittelgroß, stark gefüllt; lange und reich blühend	Buschig, breitausladend, mit langen, niederliegenden, teils bogig aufrechten Trieben; 3-4 Pflanzen je m²
'The Fairy'	70	zartrosa, klein, dicht gefüllt; sehr haltbar	Wuchs mittelstark, feintriebig, stark und breit verzweigt, Triebe teils bogig geneigt; 4-5 Pflanzen je m²
'White Bells'	50-70	reinweiß mit gelber Mitte, sonst wie 'Pink Bells'	Wuchs wie 'Pink Bells'; 3-5 Pflanzen je m²
'Yesterday'	60	malvenrosa mit goldgelben Staubgefäßen, klein, leicht gefüllt	Wuchs mittelstark, kompakte Büsche bildend; guter Dauerblüher; 3-4 Pflanzen je m²

▷ 'Centenaire de Lourdes'

'Heideröslein' eignet sich für flächige Pflanzungen. Die japanische Züchtung ist auch unter dem Namen 'Nozomi' erhältlich und wird 20 bis maximal 30 cm hoch.

'The Fairy' bildet Unmengen von duftigen Blütendolden in zartem Rosa. Die robuste Sorte besitzt kleine Blätter und wird etwa 70 cm hoch. Sie ist sowohl als Bodendecker- wie auch als Kleinstrauchrose geeignet.

'Grouse', eine kriechende Bodendeckerrose mit glänzendem Laub und bis 4 cm großen blaßrosa Blüten, duftet angenehm. Sie wird auch unter dem Namen 'Korimro' geführt.

'American Pillar' gehört zu den berühmtesten Kletterrosen. Sie wurde 1902 von Fleet herausgebracht und entstand aus *Rosa wichuriana, Rosa setigera* und einer roten Remontanthybride. Das Foto zeigt einen blütenübersäten Rosenbogen im Park von Bagatelle/Paris. Sie blüht nur einmal, dafür aber mit überschäumender Pracht.

Rosa virginiana, Virginische Rose. Aufrechtwachsende, bis 1,5 m hohe Rose. Triebe braun, Blätter glänzendgrün, im Herbst feurigorange und tiefgelb. Blüten Ende Juni bis Anfang August, hellrosa, 5 cm breit, wohlriechend; Früchte rundlich, 1 - 1,5 cm breit, rot, lange haftend. Verbreitete von Neufundland südlich bis Missouri. Robuster Strauch für Hecken und Schutzpflanzungen.

Strauch- und Parkrosen

Hier werden höherwachsende Rosensorten zusammengefaßt, deren Blüten Polyantharosen-Charakter haben. Alle Sorten blühen, oft im Gegensatz zu den Wildrosen und deren Sorten, mehrmals im Jahr. Strauch- und Parkrosen werden in der Regel als Solitärsträucher oder in kleinen Gruppen gepflanzt, nicht selten aber auch in freigewachsenen Hecken. Ihrer meist lang andauernden Blüte wegen verdienen sie in kleineren Gärten eher einen Platz als die Wildrosen. Die einfach blühenden Sorten tragen im Herbst oft reichen Fruchtschmuck.

Bodendeckende Rosen

Bodendeckende Rosen sind eigentlich eher niedrigbleibende Strauchrosen, die in mehr oder weniger großen Stückzahlen flächig gepflanzt werden können. Es sind meist robuste, pflegeleichte Sorten, die entweder mit zahlreichen, aufrechtstehenden Trieben dicht und buschig wachsen oder mit mehr oder weniger langen, bogenförmig geneigten oder niederliegenden Trieben den Boden teppichartig überziehen. Bodendeckende Rosen sollen den Boden möglichst rasch dicht bedecken und so den Unkrautwuchs verhindern. Außerdem sollten sie möglichst reich und bis in den Spätherbst hinein blühen. So können sie eine Alternative zu den sonst oft nur einheitlich grünen Bodendeckern sein.

Bodendeckende Rosen eignen sich besonders gut zur Begrünung von Hängen oder Böschungen oder zur Bepflanzung von Mauerkronen, über die ihre langen Triebe herabhängen können. Man sollte sie im Hausgarten in nicht zu großen Flächen, sondern eher in kleineren Gruppen pflanzen, die von Stauden oder Gehölzen unterbrochen werden. Sie vertragen durchaus leicht beschattete Standorte, aber nicht den Traufbereich von Bäumen oder Großsträuchern.

Bodendeckende Rosen werden heute nicht selten durch Stecklinge vermehrt, stehen also auf eigenen Wurzeln. Sind die Sorten veredelt, muß man auf durchtreibende Unterlagen achten und die Wildtriebe rechtzeitig entfernen. Ein regelmäßiger Rückschnitt ist bei diesen Rosen nicht erforderlich, aber möglich. In der Regel werden im Frühjahr nur kranke und abgestorbene Triebe entfernt. Zu den bodendeckenden Rosen gehören auch einige Wildrosen, etwa *R. nitida* oder die niedrigbleibenden Sorten von *R. rugosa*.

Kletterrosen

Kletterrosen stammen von verschiedenen Wildarten ab, oder es handelt sich um kletternde Mutanten von Edel- oder Floribundarosen. Alle zeichnen sich durch mehr oder weniger lange Triebe aus, mit denen sie als Wildrosen an ihren natürlichen Standorten andere Sträucher oder Bäume durchschlingen und sich so den notwendigen Lebensraum verschaffen. In der Gartenkultur müssen den Kletterrosen entsprechende Gerüste zur Verfügung gestellt werden. Man pflanzt sie an Bögen, Lauben oder Pergolen, an freistehende Pyramiden und Säulen oder an Mauern und Hauswände. Weniger stark wachsende Sorten können auch als Strauchrosen verwendet werden. Schnittmaßnahmen sind an Kletterrosen selten notwendig, es gilt, möglichst lange Triebe zu erzielen. An ihnen entstehen im kommenden Jahr Kurztriebe, die am Ende die Blütenstände tragen. Kletterrosen benötigen viel Platz, je nach Wuchsstärke sollen sie in Abständen von 1 - 3 m gepflanzt werden. Für extrem heiße Südwände sind Kletterrosen übrigens nicht geeignet, da hier Verbrennungsgefahr besteht, die Blütenfarben verblassen und mit Spinnmilbeninvasionen zu rechnen ist. Kletterrosen werden nicht selten auch als Hochstammrosen gezogen. Das gilt vor allem für Sorten mit langen, schlaffen Trieben, die sich als Trauerrosen eignen. Gegenwärtig werden aber auch andere Rosensorten, z.B. verschiedene Sorten aus der Gruppe der bodendeckenden Rosen oder der Miniaturrosen, als Hochstämmchen gezogen.

▷ **'American Pillar'**

▽ **'Heideröslein'**

▽ **'The Fairy'**

▽ **'Grouse'**

'Träumerei' wirkt wie alle Beetrosen in Gruppen und flächiger Pflanzung am schönsten. Hier steht sie in einer buchsbaumgesäumten Rabatte im Park von Bagatelle/Paris. Die Züchtung des berühmten deutschen Rosenzüchters Kordes bildet einzelne, leicht duftende Blüten an langen Stielen und mehrere an kurzstielig verzweigten Trieben.

Beetrosen

Unter der Bezeichnung Beetrosen werden heute meist Rosenklassen zusammengefaßt, die ähnliche Eigenschaften besitzen und häufig in gleicher Weise verwendet werden. Zu den Beetrosen gehören: Polyantharosen (Sorten mit kleinen, mehr oder weniger einfachen Blüten, die in vielblumigen Dolden stehen), Polyantha-Hybriden (Sorten mit größeren Einzelblüten in Dolden), Floribundarosen (Sorten mit edelrosengleichen Blüten), Floribunda-Grandiflora (sie gleichen in Form und Farbe den Edelrosen) und Zwergpolyantha (niedrigbleibende Sorten mit kleinen Blüten in Dolden). Zwergpolyantha-Rosen werden auch als Miniaturrosen bezeichnet. Beetrosen werden oft in geschlossenen, sortenreinen Beeten gepflanzt. Sie lassen sich aber recht gut auch in aufgelockerten

▷ 'Träumerei'

Die schönsten Beetrosen

Sorte	Wuchshöhe (cm)	Blüten	Bemerkungen
'Allgold'	60	leuchtend-goldgelb, halbgefüllt; dauerblühend	F., Wuchs schlank aufrecht, locker verzweigt
'Allotria'	50	orangerot, locker gefüllt	PH., Wuchs mittelstark, buschig, dicht verzweigt
'Amada'	60	leuchtend-lachsorange, groß, locker gefüllt	Fl., Wuchs kräftig, breit
'Amber Queen'	50	tief ambergelb, sehr gut gefüllt	Fl., Wuchs breitbuschig, sehr gesund
'Amsterdam'	70	leuchtend-scharlach, mittelgroß, fast einfach; wetterbeständig, sehr reichblühend	Fl., Wuchs straff aufrecht, locker verzweigt
'Andalusien'	80	samtig, leucht. blutrot, halb gef., schalenf.	PH., Wuchs locker, breitbuschig verzweigt
'Anne Harkness'	90	karamelfarben-gelborange	Fl., Wuchs stark aufrecht, Blühbeginn ziemlich spät
'Attraktion'	40	goldgelb, innen rosa, gefüllt	F., lang anhaltender Flor; stark duftend
'Bad Füssing'	50	leuchtend blutrot; mit Wildrosenduft	Fl., Wuchs kompakt, stark verzweigt
'Bad Wörishofen'	40	leuchtend blutrot	Fl., Wuchs breitbuschig, geschlossen, stark verzweigt
'Bella Rosa'	50	leuchtend reinrosa, gef.; sehr reich blühend	Fl., Wuchs buschig, kompakt, Bl. in riesigen Dolden
'Berliner Luft'	70	gelbor. bis orangerosa, gut gef.; duftend	Fl., Wuchs kräftig, breitbuschig
'Betty Prior'	80	karmin bis lachsrosa, einfach	PH., starkwachsend und besonders reichblühend; auch für dauerblühende Hecken geeignet
'Bonica 82'	50	hellrosa, stark gefüllt	Fl., Wuchs buschig, locker verzweigt; sehr robuste und frostharte Sorte; auch für extreme Lagen und Trogbepflanzung geeignet
'Champagner'	60	cremefarben mit zartrosa Anflug	Fl., vieltriebig, edle Blumen auf kräftigen, drahtigen Stielen; Schnittsorte
'Chorus'	60	im Öffnen lachs-scharlachrot, zum Rand hin samtig blutrot	Fl., ADR-Rose, Wuchs kräftig, buschig verzweigt; reichblühend
'Dolly'	60	dunkelrosa, halbgefüllt	Fl., Wuchs breitbuschig, aufrecht
'Duftwolke'	60	korallenrot, gut gefüllt, sehr stark duftend	Fl., starkwachsend; dauerblühend
'Edelweiß'	40	cremeweiß, gefüllt, in riesigen Dolden	Fl., Wuchs breit und kompakt
'Escapade'	80	lilarosa, zur Mitte heller, halbgefüllt, groß	Fl., Wuchs kräftig, locker
'Europeana'	70	dunkelkarminrot, gut gefüllt, groß, in reichbl. Dolden	Fl., Wuchs mittelstark, aufrecht, locker, Stiele schwach; Blüten hängen bei Regen
'Fanal'	70	leuchtendrot, halbgefüllt	PH., Wuchs kräftig; sehr reichblühend
'Frau Astrid Späth'	60	korallenrosa, halbgefüllt; dauerblühend	P., Wuchs buschig, gleichmäßig niedrig
'Friesia'	50	leuchtend goldgelb, groß, halbgefüllt, gut duftend	Fl., Wuchs kräftig, aufrecht, treibt willig nach
'Geisha'	50	karminrosa mit Lachston, groß, halbgefüllt, bei starker Sonne deutlich aufhellend	Fl., Wuchs aufrecht, locker
'Golden Holstein'	70	leuchtend tief goldgelb, groß, schalenförmig, leicht gewellt	Fl., Wuchs straff aufrecht, gut verzweigt; gut nachblühend
'Goldmarie'	60	tief goldgelb, im Verblühen mit leicht rötlichem Hauch; sehr haltbar und regefest	Fl., Wuchs buschig, geschlossen; reichblühend
'Goldquelle'	60	satt goldgelb, gut gefüllt; sehr haltbar	Fl., Wuchs kräftig, mittelhoch, gut nachtreibend, bis in den Herbst blühend
'Goldtopas'	40	bernsteinbraun und bernsteingelb, gefüllt	Fl., Wuchs kräftig, buschig
'Gruß an Bayern'	65	samtig blutrot, mittelgroß, halbgefüllt; Wildrosenduft	Fl., Wuchs aufrecht, stark verzweigt, bis zum Frost blühend

Englische Rosen vereinen Schönheit und Charme der historischen Rosen mit Blühwilligkeit, Gesundheit und Wetterfestigkeit moderner Rosen. Sie wurden von dem Engländer David Austin gezüchtet und sind auch unter der Bezeichnung Austin-Rosen ein Begriff.

'Heritage' besitzt mittelgroße, dicht gefüllte Blüten, die stark duften und blüht reich und andauernd. Sie wird etwa 120 cm hoch und wächst buschig und verzweigt.

'Graham Thomas' besticht durch intensiv gelbe Blütenfarbe, die im Verblühen stark verblaßt. Sie wird 125 cm hoch und wächst buschig-aufrecht.

'Charles Austin' weist das bei historischen Rosen fehlende Aprikosenrosa auf. die großen Blüten sind voll gefüllt, geviertelt und duften stark fruchtig. Die öfterblühende Rose wird 150 cm hoch.

'Valencia' ist eine der zahlreichen Edelrosen oder Teehybriden, die durch elegante Blüten und Knospen auffällt.

Pflanzungen, in Verbindung mit Stauden, Gräsern und Zwerggehölzen unterbringen. Für solche gemischten Pflanzungen eignen sich am besten Sorten, die sich mit ihren einfachen Blüten noch einen Hauch Natürlichkeit bewahrt haben. Die gefüllten Teehybriden und die großblumigen Floribunda- und Floribunda-Grandiflora-Sorten pflanzt man am besten in geschlossenen Beeten. Bei der Kombination von Rosen mit Gräsern, Stauden und Gehölzen werden nur dann ansprechende Gartenbilder erzielt, wenn nicht nur die Wuchshöhen der Partner berücksichtigt werden, sondern auch die farbliche Harmonie zwischen den Rosen und ihren Partnern.

Miniaturrosen

Als Miniatur- oder Zwergbengalrosen werden Sorten zusammengefaßt, die u. a. aus *Rosa chinensis* 'Minima' gezüchtet worden sind. Zwergrosen werden oft kaum mehr als 20 - 30 cm hoch. Sie finden ihren Platz in Heide-, Stein- und Troggärten oder auch in Töpfen. Bei einer Kultur in Gefäßen ist besonders auf ausreichende Wasserversorgung zu achten. Hierher gehören auch die als Compacta-Rosen bezeichneten Sorten, die sich vor allem durch gleichmäßig hohen Wuchs und gesunde, tiefgrüne Belaubung auszeichnen. Insgesamt werden Miniaturrosen nicht anders behandelt als andere Beetrosen, ihre Triebe werden im Frühjahr kräftig zurückgeschnitten. Bei beetweiser oder flächiger Pflanzung werden je Quadratmeter etwa 15 Pflanzen benötigt.

Edelrosen/Teehybriden

Edelrosen, auch als Teehybriden bekannt, unterscheiden sich von anderen Rosengruppen dadurch, daß sie am Ende eines Triebes nur eine oder wenige Blüten entwickeln. Bei den modernen Sorten verwischen sich aber die Grenzen zu den Grandiflora-Rosen immer mehr. Edelrosen haben stets gefüllte, elegant geformte Blüten und werden im Schnitt 50 - 100 cm hoch. Leider fehlt manchen modernen Sorten ein intensiver Duft. Wegen der geringeren Blütenzahl ist die Gesamtwirkung auf dem Beet nicht so eindrucksvoll wie etwa bei den vielblumigen Polyantharosen. Edelrosen pflanzt man deshalb meist in kleineren oder größeren Gruppen im Staudenbeet oder vor einer Gehölzkulisse.

Englische Rosen

Wie alte oder historische Rosen sind die Blüten dieser modernen Neuzüchtungen des Engländers David Austin dicht gefüllt, duftend und in subtilen Gobelintönen gehalten. Im Gegensatz zu den alten Rosen bleiben sie aber niedriger, blühen mehrmals und sind wie viele moderne Sorten gesund und wetterfest. Außerdem findet man aprikosengelbe, goldgelbe und lachsrosa Nuancen.

▷ **'Valencia'**

▽ **'Heritage'**

▽ **'Graham Thomas'**

▽ **'Carles Austin'**

Auswahl schöner Edelrosen

Sorte	Wuchshöhe (cm)	Blüten	Bemerkungen
'Königin der Rosen'	70	innen lachsorange, außen goldgelb, mittelgroß, stark gefüllt, leicht duftend	buschig aufrecht, mit dicken, stark bestachelten Trieben
'Lolita'	80	in der Mitte goldbronze, am Rand kupfrig-lachsfarben, groß, gefüllt; reich duftend	vieltriebig, mit kräftigen Stielen; rasch nachtreibend
'Mabelle'	70	zitronengelb, groß, mäßig bis gut gefüllt; stark duftend	stark, gut verzweigt, mit kräftigen, stark bestachelten Trieben; gut nachtreibend
'Pariser Charme'	60	reinrosa, mittelgr., zieml. gef.; stark duftend; lange haltbar, etwas wetterempfindlich	breitbuschig, kompakt; reich blühend
'Sylvia'	90	reinrosa, groß, gefüllt; leicht duftend, reichbl.	stark, langtriebig; schnell nachtreibend
'Tatjana'	70	samtig blutrot, groß, gefüllt, stark duftend	buschig, dicht verzweigt, dicktriebig
'Virgo'	50	weiß, mittelgr., leicht gef.; sehr leicht duftend	schwach, straff aufrecht, locker

***Rubus odoratus*, die Zimthimbeere, ist ein aufrechter, Dickicht bildender Zierstrauch, der sowohl an sonnigen als auch an schattigen Standorten gedeiht. Außer einem Rückschnitt braucht er keine besondere Pflege.**

***Skimmia japonica*, die Skimmie, erfreut im Frühling mit ihren kleinen, weißen, stark duftenden Blüten, die weiblichen Pflanzen können später noch mit einem leuchtendroten Fruchtschmuck aufwarten.**

RUBUS

Brombeere, Himbeere

Standort: sonnige bis schattige Plätze
Wuchshöhe: 20 cm - 3 m
Blütezeit: Mai - August
Vermehrung: durch Aussaat, Ausläufer oder Wurzelschnittlinge

Mit über 400 Arten ist die Gattung aus der Familie der Rosengewächse *(Rosaceae)* vorwiegend auf der nördlichen Halbkugel verbreitet.

Rubus odoratus, die Zimthimbeere, ein sommergrüner Strauch mit aufrechten, in der Jugend zottigdrüsigen Trieben, 1 - 2 m hoch. 3 - 5 cm breite, duftende, purpurne Blüten im Juni - August. Früchte rot, halbkugelig. Einer der schönsten Blütensträucher der Gattung, gedeiht auch unter hohen Bäumen.

***Rubus* 'Tridel'** entstand aus einer Kreuzung zwischen *R. deliciosus* und *R. trilobus*. Mit den elegant und leicht überhängenden Trieben ein schöner, reinweißblühender Strauch.

Pflegetips. Beim Schnitt beachten, daß bei allen aufrechtwachsenden, sommergrünen Arten die zweijährigen Äste absterben, nachdem sie geblüht und gefruchtet haben. Die Äste im Herbst oder Nachwinter zurückschneiden.

▽ ***Rubus odoratus***

SKIMMIA

Skimmie

Standort: geschützte, halbschattige bis schattige Plätze; lockere, humose Böden
Wuchshöhe: 50 cm - 1 m
Blütezeit: April - Mai
Vermehrung: überwiegend durch Stecklinge

Mit 7 - 8 Arten ist die Gattung, die zur Familie der Rautengewächse *(Rutaceae)* gehört, verbreitet. Es sind lorbeerartige, immergrüne, kahle Sträucher mit dicken, ledrigen, wechselständigen Blättern. Die kleinen, weißen, vier- oder fünfzähligen Blüten sind zu ansehnlichen, endständigen Rispen vereint. Die Blüten sind zwittrig, polygam oder eingeschlechtlich und zweihäusig verteilt. Die Früchte sind rundliche Steinfrüchte mit 2 - 4 Steinkernen und giftig.
Skimmien zieren nicht allein durch ihre Blüten, sondern auch durch ihre immergrünen Blätter und teilweise durch einen beachtlichen Fruchtschmuck. Man verwendet sie einzeln, in kleinen Gruppen oder in flächigen Pflanzungen unter hohen Bäumen oder Sträuchern.

▽ ***Skimmia japonica***

Skimmia* x *foremanii *(S. japonica* x *S. reevesiana)* ist ein bis 50 cm hoher Strauch. Blätter lanzettlich bis verkehrt-lanzettlich, gelbgrün, Blattstiele rötlich. Blüten meist vierzählig. Früchte am gleichen Strauch teils rund, teils verkehrteiförmig. Wird vor allem in der Sorte 'Rogersii' kultiviert und unterscheidet sich durch tiefgrüne Blätter mit grünen Stielen. Die Früchte sind karminrot und mehr kugelig-kantig. Setzt in unserem Klima stets Früchte an. Sehr reichblühend mit duftenden Blüten, die im Februar/März erscheinen.

***Skimmia japonica*.** Immergrüner, bis 1,5 m hoher Strauch. Blätter schmal-länglich bis schmal verkehrt-eiförmig, 6 - 12 cm lang. Vierzählige, zwittrige, kleine Blüten im April. Früchte kugelig bis etwas abgeflacht, etwa 8 mm dick, rot. Heimisch in Japan, auf den Riukiu-Inseln und auf Taiwan.

***Skimmia reevesiana*.** Niedriger, kaum mehr als 50 cm hoher Strauch, Blätter lanzettlich bis länglich-lanzettlich, 5 - 10 cm lang, oben tiefgrün. Zwittrige, fünfzählige Blüten im April - Mai in 5 - 8 cm langen Rispen. Die Früchte sind stumpfrot, verkehrt-eiförmig und 8 mm lang.

Pflegetips. In Kultur benötigen Skimmien geschützte, halbschattige bis schattige Lagen in wintermilden Gebieten und durchlässigen, humosen, sauren Böden. In rauhen Lagen ist im Winter Schutz vor Wind und Sonne nötig.

SORBARIA

Fiederspire

Standort: geschützte, sonnige bis halbschattige Plätze in Garten und Park
Wuchshöhe: 2 - 5 m
Blütezeit: Juni - August
Vermehrung: durch Aussaat

☼—◐

Die aus Ostasien stammenden 10 *Sorbaria*-Arten gehören zur großen Familie der Rosengewächse *(Rosaceae)*. Sie tragen wechselständige, gefiederte Blätter und kleine, weiße Blüten, die zu großen, endständigen Rispen vereint sind. Die Früchte sind als Balgfrüchte ausgebildet, die an der Bauchnaht aufspringen. Fiederspiren sind nur zur Blütezeit ansehnlich, sie sind eher robuste und anspruchslose Deck- und Sichtschutzsträucher. Sie vertragen trockene Standorte, pralle Sonne, aber auch Schattenlagen.

Sorbaria sorbifolia ist ein bis 2 m hoher, sommergrüner Strauch mit aufrechten, ziemlich steifen, braunen, sehr markigen Ästen. Blätter bis 25 cm lang, mit 13 - 23 lanzettlichen oder länglichen, zugespitzten Blättchen. Etwa 8 mm breite Blüten im Juni - Juli in 10 - 25 cm langen, aufrechten Rispen. Heimisch vom Ural bis Kamtschatka, Sachalin und Japan. Ein ausläufertreibender Strauch, der sich in größeren Gärten zum Verwildern eignet.

▽ ***Sorbaria sorbifolia***

SPIRAEA

Spierstrauch

Standort: freie, sonnige Lagen
Wuchshöhe: 30 cm - 3 m
Blütezeit: Mai - August
Vermehrung: durch Aussaat, Steckholz oder Steckling

☼—◐

Überwiegend im gemäßigten Asien, aber auch in Europa, Nordamerika und Mexiko sind rund 100 *Spiraea*-Arten verbreitet; sie gehören zur Familie der Rosengewächse *(Rosaceae)* und sind gekennzeichnet durch wechselständige, einfache, gezähnte oder gelappte Blätter und durch kleine, vier- bis fünfzählige, überwiegend weiße Blüten, die in Trauben, Rispen oder Doldentrauben zusammenstehen. Die Früchte sind kleine, wenig auffallende Balgkapseln.

Spiersträucher fehlen in fast keinem Garten. Als robuste und anpassungsfähige, stets überreich blühende und dazu in der Anschaffung preiswerte Sträucher sind sie beliebt und verbreitet. Man verwendet die höherwerdenden Arten einzeln oder in kleinen Gruppen, kann mit ihnen aber auch wunderschöne Blütenhecken anlegen. Die niedrigbleibenden Arten werden stets in kleinen Gruppen oder sogar flächig gepflanzt. Besondere Wirkung entfalten sie vor einem dunklen Hintergrund.

▽ ***Spirea nipponica* 'Snowmound'**

<u>*Sorbaria sorbifolia,*</u> die Fiederspiere, wirkt mit ihren gefiederten, gezähnten, mittelgrünen Blättern und den großen, weißen Blütenrispen leicht und elegant.

<u>*Spirea nipponica* 'Snowmound'</u>, der Spierstrauch, ist einer der populärsten Ziersträucher, und das zu Recht. Das anspruchslose Gehölz trägt im Frühsommer eine Fülle von winzigen, weißen Blütchen, die in dichten Dolden zusammenstehen.

***Staphylea colchica*, die Kolchische Pimpernuß, ist im Kaukasus heimisch. Dort werden die Blüten in Essig eingelegt und als Beilage gegessen. Und aus den dauerhaften Samen lassen sich Ketten fertigen.**

***Stephanandra tanakae*, die Kranzspiere, ist in Japan und Korea heimisch. Sie ist ein anspruchsloses Gehölz, das sich hervorragend als Deckstrauch eignet und einen sonnigen Standort bevorzugt.**

Von den seit vielen Jahren züchterisch bearbeiteten Arten und Sorten nachfolgend die wichtigsten in einer kurzen Übersicht.

Wuchshöhe über 2 m: *S.* x *cinerea* 'Grefsheim', *S. nipponica*, *S. prunifolia*,. *S.* x *vanhouttei*.

Wuchshöhe 1 -2 m: *S.* x *arguta*, *S.* x *bumalda* 'Anthony Waterer', *S.* x *bumalda* 'Froebelii', *S. thunbergii*.

Wuchshöhe unter 1 m: *S. albiflora*, *S.* x 'Dart's Red', *S. decumbens*, *S. japonica* 'Little Princess'.

Blütezeit April/Mai: *S.* x *arguta*, *S.* 'Grefsheim', *S. prunifolia*, *S. thunbergii*.

Blütezeit ab Juni: *S. albiflora*, *S.* 'Anthony Waterer', *S.* x 'Dart's Red', *S. decumbens*, *S.* 'Froebelii', *S.* 'Little Princess', *S. nipponica*, S. x *vanhouttei*.

Blütenfarbe rot: *S.* 'Anthony Waterer', *S.* 'Froebelii', *S.* 'Little Princess', *S.* x 'Dart's Red'.

Blütenfarbe weiß: *S. albiflora*, *S.* x *arguta*, *S. decumbens*, *S.* 'Grefsheim', *S. nipponica*, *S. prunifolia*, *S. thunbergii*, *S.* x *vanhouttei*.

Als Decksträucher und Heckenpflanzen geeignet: *S.* x *arguta*, S. 'Grefsheim', *S. nipponica*, *S. prunifolia*, *S.* x *vanhouttei*.

Für niedrige Hecken geeignet: *S. albiflora*, *S.* 'Anthony Waterer', *S.* 'Froebelii', *S.* 'Little Princess', *S. thunbergii*.

Niedrige Pflanzen für den Steingarten: *S. albiflora*, *S. decumbens*, *S.* 'Little Princess', *S. thunbergii*.

Pflegetips. Spiersträucher lieben einen sonnigen Standort. Im Halbschatten ist die Blüte gering. Um die Blühwilligkeit der Sträucher zu erhalten, müssen sie im Abstand von 2 - 3 m ausgelichtet werden. Dazu nimmt man die alten Äste bis kurz über dem Boden zurück, daß sie sich von unten herauf verjüngen können.

STAPHYLEA

Pimpernuß

Standort: sonnig bis halbschattig; frische, nahrhafte Böden
Wuchshöhe: 3 - 5 m
Blütezeit: Juni
Vermehrung: durch Aussaat

In Europa, Asien und Nordamerika kommen die 10 *Staphylea*-Arten vor, sie gehören zur Familie der Pimpernußgewächse *(Staphyleaceae)*. Die Sträucher tragen an Zweigen mit glatter, gestreifter Rinde gegenständige Blätter mit 3 - 7 feingesägten Blättchen. Weiße oder hellrosa, doppelt fünfzählige Blüten mit glockig zusammengeneigten Kelch- und Kronblättern stehen in endständigen Rispen zusammen. Die Früchte sind große, blasig aufgetriebene, pergamenthäutige Kapseln mit 2 - 3 Zipfeln und 2 - 3 erbsengroßen, glatten, glänzenden, Samen.

Staphylea colchica, die Kolchische Pimpernuß, ist ein straff aufrechter, bis 4 m hoher Strauch. Blätter an Laubtrieben fünfzählig, an Blütentrieben oft sämtlich dreizählig. Blättchen eiförmig-länglich, 5 - 8 cm lang, oben lebhaft grün, unten glänzend hellgrün. Blüten Ende Mai, in 5 - 10 cm langen und gleich breiten, aufrechten Rispen, gelblichweiß, 12 - 15 mm lang. Früchte 4 - 5,5 cm lang, meist länger als dick, zwei- bis dreizipfelig, Samen 8 mm lang.

▽ ***Staphylea colchica***

STEPHANANDRA

Kranzspiere

Standort: sonnige bis halbschattige Plätze; einzeln oder als Hecke
Wuchshöhe: 1,5 - 2 m
Blütezeit: Juni - Juli
Vermehrung: durch Aussaat oder Stecklinge

Nur 4, in Ostasien heimische, Arten umfaßt die *Stephanandra* aus der Familie der Rosengewächse *(Rosaceae)*. Es sind zierliche, sommergrüne Sträucher mit wechselständigen, zweizeilig gestellten und meist gelappten Blättern. Die fünfzähligen Blüten sind klein, nur 4 - 5mm breit und mit 10 - 20 Staubblättern ausgestattet, sie sitzen in endständigen Rispen zusammen. Die Früchte sind kleine, nur an der Basis aufspringende Balgkapseln mit 1 - 2 Samen.

Stephanandra incisa, die Kleine Kranzspiere, ist ein kaum über 1m hoher Strauch. Zweige überhängend ausgebreitet, hin- und hergebogen und lebhaft braunrot. Blätter eiförmig, 2 - 6 cm lang, grob und unregelmäßig tief eingeschnitten gesägt, lang zugespitzt, im Herbst tief braunrot. Gelblichweiße, 4 - 5 mm breite Blüten im Juni, in bis 6 cm langen Rispen. Ein sehr zierlicher, reichblühender Strauch.

Pflegetips. Regelmäßiges Auslichten der Sträucher ist notwendig.

▽ ***Stephanandra tanakae***

SYMPHORICARPOS

Schneebeere

Standort: sonnige bis schattige Plätze; jeder Gartenboden
Wuchshöhe: 1 - 2 m
Blütezeit: Juni - September
Vermehrung: durch Aussaat, Steckholz oder Stecklinge

In Nordamerika, südlich bis Mexiko, sind 18 Arten der Gattung verbreitet, eine einzige in Westchina. Alle sind dichtbuschige, mehr oder weniger stark Ausläufer treibende sommergrüne Sträucher mit gegenständigen, meist ganzrandigen Blättern. Die Blüten sind klein und wenig ansehnlich, rosarot oder weiß, vier- bis fünfzählig und in end- oder seitenständigen, köpfenartigen Ständen vereint. Aus ihnen entwickeln sich auffallende, beerenartige, zweikernige, giftige Steinfrüchte, die bis weit in den Winter an den Sträuchern haften. Die Gattung gehört zur Familie der Geißblattgewächse *(Caprifoliaceae)*. Alle Arten und Formen sind robuste Gartengehölze, die auf jedem Gartenboden und in der Sonne wie im Schatten gedeihen. Sie werden meist als Decksträucher oder zum Unterbau von Bäumen eingesetzt, wo sie sich durch Ausläufer ausbreiten und verwildern können. Besonders gut für naturnahe Gärten geeignet.

Symphoricarpos albus, Gemeine Schneebeere. Bis 1 m hoher Strauch mit dünnen, aufrechten, feinbehaarten Trieben. Blätter rundlich bis eiförmig-elliptisch, 4 - 6 cm lang. Rötliche, 5 - 6mm lange Blüten von Juni bis September. Früchte weiß, 1 - 1,5 cm breit. Heimisch im nördlichen Nordamerika. In Kultur ist bei uns meist nicht die Art, sondern die Varietät *laevigatus*. Sie wird bis 2 m hoch und treibt starke Ausläufer; Blätter eiförmig, größer als bei der Wildart und an den Langtrieben meist gelappt. Früchte sehr zahlreich, weiß, ebenfalls größer als bei der Wildart. Heimisch von Alaska bis Kalifornien. Bei uns als Gartenflüchtling stellenweise verwildert. 'White Hedge' wächst breit aufrecht, wird etwa 1,5 m hoch und trägt dicke, weiße Früchte in aufrechten Ständen. Besonders gut für freiwachsende Hecken geeignet.

Symphoricarpos* x *chenaultii. Etwa mannshoher, aufrechter, reich und locker verzweigter Strauch, die ganze Pflanze dicht und fein behaart. Blätter eiförmig, 1 - 2 cm lang, oben dunkelgrün, unten blaugrün, dicht weich behaart. Blüten im Juni - Juli in kurzen, endständigen Ähren. Früchte kugelig, rot mit weißen Punkten. Eine überaus reich fruchtende Form. 'Hancock' ist eine starkwüchsige Form, die mit niederliegenden und wurzelnden Zweigen sehr breit wächst und als Bodendecker zur Begrünung größerer Flächen eingesetzt wird. Erreicht im dichten Bestand Höhen von etwa 1 m.

Symphoricarpos* x *doorenbosii ist ein mannshoher, kräftigwachsender Strauch. Blätter elliptisch bis breit-eirund, 2 - 4 cm lang, dunkelgrün. Blüten mit glockiger Krone, 5 - 7 mm lang, weiß, etwas rosa überlaufen. Früchte 10 - 13 mm dick, in dichten Büscheln, weiß mit rosa Wange. Einige Sorten mit abweichenden Fruchtfarben: 'Magic Berry' mit lilaroten Früchten und 'Mother of Pearl' mit sehr großen rosa Früchten in reicher Fülle.

Symphoricarpos orbiculatus, Korallenbeere. Straff aufrechter, 1 - 2 m hoher Strauch. Blätter eirundlich, 2 - 4 cm lang, dunkelgrün, unten mehr graugrün. Blüten im Juli bis August in kleinen, dichten, achselständigen Büscheln, etwa 4 mm lang, gelblichweiß, rosa überlaufen. Früchte 4 - 6 mm dick, fast kugelig, purpurrot, bis in den Winter hinein haftend. Heimisch in Nordamerika.

▽ ***Symphoricarpos albus***

Symphoricarpos albus, die Gemeine Schneebeere, wird neben ihrer Blüten auch wegen ihrer Trauben schöner, langlebiger, murmelgroßer Früchte gepflanzt. Aber Vorsicht: Die Früchte sind giftig.

***Syringa meyeri* 'José'** **ist die Varietät einer Fliederart aus Nordchina. Der dichtwachsende Strauch wird kaum höher als150 cm. Die zartvioletten Blütenrispen erscheinen im Mai-Juni.**

***Syringa vulgaris* 'Prinzess Clementine'** **gehört zu den weißen gefüllten Sorten und duftet verführerisch.**

***Syringa vulgaris* 'Edward Harding', eine purpurviolette Spielart, bildet auffallend große und breite Blütenrispen. Sie wurde 1930 von dem Franzosen Lemoine, dem wir viele Fliederschöpfungen verdanken, gezüchtet.**

***Syringa x chinensis*, der Chinesische Flieder, wird bis zu 5 m hoch und braucht zur vollen Entfaltung seiner Schönheit Einzelstand.**

SYRINGA

Flieder

Standort: sonnige Plätze; tiefgründiger Boden
Wuchshöhe: 1 - 5 m
Blütezeit: Mai - Juni
Vermehrung: durch Aussaat, Stecklinge oder Veredlung

In Ostasien und Südosteuropa kommen die rund 30 Fliederarten vor, die zur Familie der Ölbaumgewächse *(Oleaceae)* gehören. In Kultur sind bei uns nur sommergrüne Sträucher mit gegenständigen, meist ungeteilten, seltener gelappten oder gefiederten Blättern. Die kleinen, oft auffallend duftenden Blüten sind mit einer zylindrischen Kronröhre und 4 abstehenden Abschnitten ausgestattet, sie stehen in end- oder seitenständigen Rispen an den vorjährigen Zweigen. Die Frucht ist eine längliche, ledrige Kapsel. Häufiger gepflanzt als die Wildarten werden Kultursorten, von denen die meisten zu *Syringa vulgaris* gehören.

***Syringa* x *chinensis*.** Buschiger, bis 3 m hoher und gleich breiter Strauch, die dünnen Zweige bogig überhängend. Blätter eiförmig-lanzettlich, spitz, 4 - 8 cm lang. Duftende, lila Blüten im Mai in großen, schlaffen Rispen entlang der Zweige. Stammt nicht aus China, sondern ist in Frankreich in Kultur entstanden. Die reichblühende Form kann sich in vielen Standjahren zu ausgedehnten Büschen entwickeln. 'Saugeana', Blüten rotlila, dunkler als beim Typ.

***Syringa microphylla*.** Kleiner, buschiger, breit-aufrechter, bis 1,5 m hoher Strauch, blaßlila, stark duftende Blüten erscheinen im Juni in 4-7 cm langen Rispen. Sehr reich blühende Art, von der in der Regel die attraktive Form 'Superba' gepflanzt wird.

***Syringa sweginzowii*.** Bis 3 m hoher Strauch mit kahlen, purpurbraunen Zweigen. Blätter eiförmig bis länglich, 5 - 10 cm lang, dunkelgrün. Blüten im Juni. Außen fleischrosa, innen weißliche, in bis 20 cm langen, aufrechten, lockeren Rispen. Heimisch in Nordwestchina. Wertvoller, spätblühender Wildflieder. Für Naturgärten gut geeignet.

***Syringa* x *swegiflexa*.** Bis 3 m hoher Strauch mit großen, dichten, bis 30 cm langen Rispen. Blüten in der Knospe tiefrot, später heller. Eine wertvolle Verbesserung des Wildfliedersortiments.

***Syringa vulgaris*,** Gemeiner Flieder. Aufrechter Strauch oder kleiner Baum mit stark gedrehten Stämmen. Blätter eiförmig bis breit-eiförmig, 8 - 12 cm lang, derb. Blauviolette, Blüten im April - Mai in 15 - 20 cm langen, reichblütigen Rispen. Heimisch in Südosteuropa, Rumänien, Bulgarien, Serbien, Mazedonien, Albanien und Nordost-Griechenland an vollsonnigen bis halbschattigen Standorten auf sommertrockenen, schwach sauren bis kalkreichen Böden. Er gehörte seit dem 16. Jahrhundert zur Grundausstattung jedes Bauerngartens. Heute verwendet man Gartenformen, mit deren Züchtung vor etwa 100 Jahren in Frankreich begonnen wurde. Etwa 800 Gartenformen mit einfachen oder gefüllten Blüten in weißen, gelben, lila, bläulichen, rötlichen und violetten Farbtönen werden angeboten; die meisten Sorten duften stark und angenehm.

Pflegetips. Alle Arten und Sorten verlangen tiefgründigen, nahrhaften Boden, sie sind große Nährstoffverbraucher und für regelmäßige Düngergaben dankbar. Alle Sorten und auch manche Wildarten werden als veredelte Pflanzen geliefert. Aus den Unterlagen entstehen nicht selten Wildtriebe, die rechtzeitig an ihrer Entstehungsstelle entfernt werden müssen. Geschnitten werden Fliedersträucher nur unmittelbar nach der Pflanzung, das gilt besonders für junge Pflanzen mit wenigen Trieben. Später sind Schnittmaßnahmen nur selten notwendig.

△ ***Syringa meyeri* 'José'**

▽ ***S. v.* 'Prinzess Clementine'**

▽ ***S. v.* 'Edward Harding'**

▽ ***Syringa x chinensis***

TAMARIX

Tamariske

Standort: sonnige, eher trockene, kalkhaltige Plätze
Wuchshöhe: 3 - 5 m
Blütezeit: Mai oder August - September
Vermehrung: durch Aussaat, Steckholz oder Stecklinge

Von den etwas mehr als 50 teilweise immergrünen *Tamarix*-Arten sind bei uns nur einige sommergrüne Arten in Kultur. Die Verbreitung der Sippe, die zur Familie der Tamariskengewächse *(Tamaricaceae)* gehört, erstreckt sich von Westeuropa und dem Mittelmeergebiet bis nach Ostasien. Die kleinen, vier- bis fünfzähligen, rosa Blüten sitzen in dichten Trauben oder Doppeltrauben zusammen. Die kultivierten *Tamarix*-Arten sind meist hohe, locker aufgebaute Sträucher mit überhängendem Wuchs und einer heideartigen Belaubung. Man pflanzt sie in der Regel als Solitärsträucher oder in kleinen Gruppen.

Tamarix tetandra. Heimisch in Südosteuropa und im Orient. Meist etwa 3 m hoher Strauch mit dünnen, rutenförmigen, überhängenden und fast schwarzrindigen Zweigen. Blätter eilanzettlich, schuppenförmig, lebhaft grün. Rosa Blüten im April - Mai in 4 - 5 cm langen, mehr oder weniger büscheligen Trauben.

▽ ***Tamarix tetandra***

VIBURNUM

Schneeball

Standort: sonnige bis halbschattige Plätzen; durchlässige Böden
Wuchshöhe: 1 - 4 m
Blütezeit: Februar - Juni
Vermehrung: durch Aussaat, Steckholz oder Stecklinge

Mit rund 200 Arten sind die Schneebälle eine umfangreiche Gattung innerhalb der Familie der Geisblattgewächse *(Caprifoliaceae)*. Alle sind mehr oder weniger hohe Straucharten mit gegenständigen, einfachen oder gelappten Blättern und meist kleinen, weißen Blüten, die in Schirmrispen oder Rispen zusammenstehen. Die fünflappigen Blütenkronen sind rad-, glocken- oder röhrenförmig. Innerhalb des Blütenstandes sind die Randblüten nicht selten steril und mit einer vergrößerten, zygomorphen Krone ausgestattet. Bei einigen Kulturformen sind alle Blüten steril; der Blütenstand ist dann mehr oder weniger kugelig. Die Früchte sind trockene oder saftige Steinfrüchte und giftig.

***Viburnum* x *bodnantense*.** Sommergrüner, aufrechter, bis über 3 m hoher, kräftig wachsender Strauch. Blätter lanzettlich bis eiförmig, 3 - 10 cm lang, mit 6 - 9 vertieften Nervenpaaren. Blüten in 5 - 7 cm breiten, dichten Ständen an den Enden der Kurzzweige, die Krone etwa 1 cm lang und am Saum etwa 1 cm breit, in der Knospe tiefrosa, später hellrosa, sehr stark duftend. Der Strauch beginnt regelmäßig schon im Oktober-November zu blühen, die Blüte wird dann meist vom Frost unterbrochen, danach aber fortgesetzt. *V.* x *bodnantense* gehört zu den robustesten Winterblühern.

***Viburnum* x *carlcephalum*.** Sommergrüner, bis 2 m hoher Strauch. Blätter rundlich-eiförmig, bis 7,5 cm lang, grob gezähnt. Reinweiße, etwa 1,7 cm breite Blüten im April in rispig-schirmförmigen, bis über 10 cm breiten Ständen. Blütenduft stark.

***Viburnum carlesii*,** Koreanischer Schneeball. Sommergrüner, knapp mannshoher, locker aufgebauter Strauch. Blätter breit-eiförmig bis elliptisch, etwa 8 cm lang, oben stumpfgrün, unten heller und auf den Nerven braun-sternhaarig. Weiße, außen fleischrote, bis 1,4 cm breite, duftende Blüten im April - Mai in sehr dichten, mehr oder weniger halbkugeligen, fünfstrahligen Ständen. Früchte 1 cm lang, elliptisch, blauschwarz. Schöner Strauch, der auch an halbschattigen Plätzen gut gedeiht.

***Viburnum plicatum*,** Japanischer Schneeball. Sommergrüner, 3 - 4 m hoher, breitrunder Strauch; Äste und Zweige meist horizontal abstehend. Blätter breit- bis länglich-eiförmig, 4 - 6 cm breit, oben dunkelgrün, unten mehr oder weniger sternhaarig, im Herbst weinrot bis violett. Weiße Blüten im Mai - Juni

▽ ***Viburnum* x *carlcephalum***

▽ ***Viburnum plicatum* 'Mariesii'**

Tamarix tetandra, die Tamariske, baut sich mit langen, rutenförmigen Zweigen auf. Die grün-bläulichen Blätter stehen so dicht an den Zweigen, daß sie sich dachziegelartig decken. Die Blüten wirken aus der Ferne wie ein rosaroter Regen.

Viburnum x carlcephalum, der Großblumige Schneeball, ist ein rundlicher Strauch, der im Frühling große Blütendolden mit rosafarbenen Blütenknospen und duftenden, weißen Blüten trägt. Das Laub färbt sich bisweilen im Herbst rot.

Viburnum plicatum 'Mariesii', der Japanische Schneeball, ist ein eher breiter, flachwachsender Strauch mit dunkelgrüner Belaubung, die sich im Herbst rötlich färbt. Die Blütendolden sind flacher als die von *V.* x *carlcephalum* und erscheinen später.

***Weigela florida*, die Weigelie, ist ein überhängender Strauch mit ovalen, gezahnten, mittelgrünen Blättern. Die Blüten erscheinen im Frühsommer in großer Anzahl. Die Pflanze wird etwa 3 m hoch.**

in 6 - 8 cm breiten, ballförmigen Schirmrispen entlang den Zweigen. Stammt aus China und Japan und ist nur als Kulturpflanze bekannt. Braucht in Kultur frische Böden und ist mit der Fülle weißer Blütenbälle eine wertvolle Art, die – im Gegensatz zu *V. opulus* 'Roseum' – fast nie von Läusen befallen wird.

***Viburnum plicatum* f. *tomentosum*.** Die Wildform der Art erreicht Höhen von 2 - 3 m und wird oft breiter als hoch. Auch bei dieser Form stehen Äste und Zweige waagrecht ab. Die Blätter färben sich im Herbst tiefrot. Die im Mai - Juni erscheinenden, weißen Blüten stehen in flachen Ständen, in denen nur die Randblüten steril sind. Die Blütenstände entwickeln sich in 2 Reihen auf den waagerecht abstehenden Zweigen. Heimisch in China und Japan. Ist vor allem in den folgenden sehr reichblühenden Formen in Kultur. Sie gehören zu den wertvollsten Formen der Gattung und gedeihen alle nur auf frischen, gepflegten Böden: 'Lanarth' unterscheidet sich von 'Mariesii' durch etwas stärkeren Wuchs, stärker ansteigende Äste und größere Blätter. 'Mariesii', Wuchs schwächer, Äste und Zweige fast tischförmig flach ausgebreitet. Eine überreich blühende Sorte. 'Watanabe' wird nur etwa 1,5 m hoch, Blüten im Mai - Juni; Nachblüten bis zum Herbst, die Blütenstände sind relativ klein.

Pflegetips. Alle sommergrünen Arten sind recht problemlose Sträucher, die an Lage und Boden keine besonderen Ansprüche stellen. Die immergrünen Arten brauchen einen halbschattigen, vor Wintersonne geschützten Platz, sie lieben durchlässige, frische, leicht saure Böden. Während die immergrünen Arten in der Regel nicht geschnitten werden, empfiehlt sich bei den sommergrünen Arten kontinuierliches Auslichten. Hierbei werden starke, vergreiste Äste etwa 20 cm über dem Boden abgesägt. Wichtig ist, daß alle Schnittstellen mit Wundverschlußmittel behandelt werden, um Pilzbefall zu vermeiden.

WEIGELA

Weigelie

Standort: sonnige Plätze; gepflegte, nahrhafte Böden
Wuchshöhe: 2 - 3 m
Blütezeit: Mai - Juni
Vermehrung: durch Stecklinge oder Steckholz

Zu den Geisblattgewächsen *(Caprifoliaceae)* gehören die 12 in Ostasien verbreiteten *Weigela*-Arten: sommergrüne Sträucher mit gegenständigen, kurzgestielten, einfachen Blättern und ziemlich großen, ansehnlichen, zygomorphen Blüten, die einzeln oder in bis zu dreiblütigen Ständen endständig an Kurztrieben sitzen; letztere entspringen den vorjährigen Zweigen. Die Blüten haben einen bis zum Grunde fünfzipfeligen Kelch und eine große, röhrenförmig-glockige bis trichterförmige Krone mit breitem, fünfzipfeligem Saum. Die Frucht ist eine sich zweiklappig öffnende, holzige, geschnäbelte Kapsel. Weigelien gehören, wie Forsythien und Falscher Jasmin, zu den bekanntesten Gartensträuchern. Mit ihrer Fülle auffallender Blüten sind sie zur Blütezeit nicht zu übersehen. Sie sind robust, langlebig und wachsen auf jedem gepflegten Gartenboden, am besten in sonnigen Lagen. Wie bei allen sich aus dem Wurzelstock erneuernden Straucharten ist ein regelmäßiger Auslichtungsschnitt notwendig. Durch Herausnehmen älterer Astpartien wird Platz für junge Triebe geschaffen. In der Gartenkultur sind heute Zuchtformen wertvoller als die Wildarten, von denen nur wenige in Kultur sind. Bekannte Sorten sind: 'Bristol Ruby', karminrot, innen hellrot, starkwachsend. 'Eva Rathke', langsam wachsend, karminrot.

***Weigela floribunda*,** Reichblütige Weigelia. Ein bis 3 m hoher, dünntriebiger Strauch. Blätter elliptischlänglich, 7 - 10 cm lang. 2,5 - 4 cm lange, in der Knospe bräunlich-karminrote, später dunkelrote bis fast schwärzliche Blüten im Mai - Juni. Heimisch in Japan. Sehr reich blühende Art.

Weigela florida aus China/Korea ist ein kräftigwachsender Strauch mit reinrosa, innen helleren Blüten, die im Mai/Juni erscheinen. Verträgt Halbschatten, liebt aber vollsonnigen Standort.

▽ ***Weigela florida***

▷ ***Weigela***

BLÜHENDE WILDGEHÖLZE

Naturnahe Gärten werden immer beliebter. Sie werden mit Gehölzen gestaltet, die in der freien Natur vorkommen. Diese an Standort und Klima hervorragend angepaßten Bäume und Sträucher beanspruchen wenig oder keine Pflege und sind heute in allen guten Baumschulen erhältlich. Manche haben allerdings die unangenehme Eigenschaft, sich die guten Bodenverhältnisse im Garten zunutze zu machen und sich stark auszubreiten. Hier muß dann die ordnende Hand des Gärtners eingreifen, um das Gerangel zu schlichten. Heimische Gehölze sind meist wertvolle Nahrungsquellen für die Insekten- und Vogelwelt. Sie sind selbstverständlich nicht nur den naturnahen Gärten vorbehalten, sondern können auch jederzeit in Gärten mit Pflanzen aus anderen Bereichen zusammengepflanzt werden. Vielleicht liegt gerade in dieser Kombination eine besonders reizvolle Aufgabe für den Gestalter.

Weißdorn und Besenginster (*Crataegus monogyna* und *Cytisus scoparius*) sind nicht nur schöne Frühjahrsblüher, sondern auch wertvolle Bienennährgehölze. Während die Blüten des Besenginsters süßlich duften, ist der Geruch der Weißdornblüten eher unangenehm.

***Cornus mas*, die Kornelkirsche, ist ein prachtvoller, robuster Zierstrauch für ländliche Gärten und ein gutes Vogelnähr- und -nistgehölz. Empfindlich reagiert er nur auf Bodenverdichtung.**

***Crataegus monogyna*, der Eingrifflige Weißdorn, hat ovale, glänzende, dunkelgrüne Blätter. Vom späten Frühjahr bis Frühsommer erscheinen duftende, weiße Blüten, im Herbst rundliche, rote Früchte. Besonders gut eignet sich das Gehölz als Hecke.**

CORNUS MAS

Kornelkirsche, Corneliuskirsche, Echter Hartriegel

Standort: geringe Ansprüche an Klima und Boden; frosthart
Wuchshöhe: bis 6 m
Blütezeit: Februar - März
Vermehrung: durch Aussaat oder Stecklinge

Die Kornelkirsche gehört wie die anderen *Cornus*-Arten zur Familie der Hartriegelgewächse *(Cornaceae)*. Sie bildet frühblühende, breite Sträucher oder kleine Bäume. In Mittel- und Südeuropa bis Kleinasien heimisch. Die Blätter, 5 - 10 cm lang, sind eiförmig mit ausgezogener Spitze. 3 - 4 mm große, goldgelbe Blüten stehen in kleinen Dolden; sie sind selbstfruchtbar. Die kirsch- bis scharlachroten Steinfrüchte, bis 2 cm lang, oval, mit hohem Steinanteil, reifen September. Weitere Arten werden im Kapitel »Kleinkronige Bäume« vorgestellt.

Pflegetips. Der Strauch liebt kalkhaltige Böden, ist trockenresistent und frosthart. Krankheiten und Schädlinge treten praktisch nicht auf. Für Einzelpflanzen werden 3 - 4 m Abstand benötigt, die hervorragende Schnittverträglichkeit ermöglicht aber auch Hecken mit 0,80 m Pflanzabstand ohne Verlust der Blühwilligkeit. Abgesehen von gelegentlichem Auslichten ist kein Schnitt nötig.

▽ *Cornus mas*

CRATAEGUS MONOGYNA

Weißdorn, Mehlbeere

Standort: sonnig; anspruchslos an Lage und Boden
Wuchshöhe: 5 - 10 m
Blütezeit: Mai - Juni
Vermehrung: durch Aussaat und Veredlung

Die zu den Rosengewächsen *(Rosaceae)* gehörende Gattung ist mit etwa 200 Arten in Eurasien und Nordamerika verbreitet. Sie stellen keine besonderen Ansprüche an Standort und Boden und werden als kleinkronige Solitärgewächse und auch für geschnittene Hecken verwendet. Weitere Arten werden im Kapitel »Kleinkronige Bäume« vorgestellt.

Crataegus monogyna, der Eingrifflige Weißdorn, ein 2 - 6 m hoher Strauch oder unregelmäßig rundkroniger Kleinbaum. Dornen 2 - 2,5 cm lang. Blätter breit-eiförmig bis rautenförmig, drei- bis siebenlappig, tief eingeschnitten. Die Blüten mit nur einem Griffel riechen unangenehm. Früchte meist kugelig, dunkelrot, eßbar, aber mehlig-fad schmeckend. Die Sorte 'Stricta' ist ein kleiner, bis 6 m hoher Baum, Krone zunächst regelmäßig säulenförmig, später breiter und aufgelockert. Blüten und Früchte wie bei der Art. Das Gehölz ist besonders anfällig für Feuerbrand.

▽ *Crataegus monogyna*

ERICA

Heide

Standort: sonnig bis halbschattig; auf leichten, durchlässigen, sauren Böden; nur *Erica herbacea* ist kalkhold
Wuchshöhe: 15 - 60 cm, je nach Art
Blütezeit: verschieden, je nach Art
Vermehrung: meist durch Stecklinge

Der überwiegende Teil der rund 500 *Erica*-Arten, die zur Familie der Heidekrautgewächse *(Ericaceae)* gehören, ist in Südafrika heimisch; 17 Arten kommen in Europa vor, nur sechs in Mittel- und Westeuropa.
Alle sind immergrün, haben kleine, nadelförmige Blätter und kleine, glocken-, krug- und röhrenförmige, endständige Blüten, einzeln oder in mehrblütigen, dichten Ständen. Die bei uns kultivierten Arten sind ausgesprochene Heidegartenpflanzen, die am besten in mehr oder weniger großen, zusammenhängenden Flächen gepflanzt werden, wo sie dichte Teppiche bilden können. Da sie die gleichen Standortansprüche wie Azaleen und Rhododendren haben, lassen sie sich besonders gut mit diesen zusammenpflanzen. Gräser wie *Avena, Descampsia* und *Carex* und nicht zu vergessen die Zwiebelblumen-Arten wie *Colchicum, Crocus, Narcissus* und *Lilium* können Heidepflanzungen sehr bereichern und interessanter gestalten.

Erica herbacea (syn. *E. carnea*), die Schneeheide, ist ein reich verzweigter, dichte Matten bildender, 15 - 30 cm hoher, immergrüner Zwergstrauch. Sprosse niederliegend-aufsteigend. Junge Triebe kahl, vierkantig und stark gerieft, die schmallinealen, 7 - 10 mm langen Blätter stehen zu 3 - 4 in Wirteln. Im Februar - April erscheinen rosarote Blüten in endständigen, fast einseitswendigen Trauben, die Blütenkrone ist zylindrisch bis glockig, etwa 6 mm lang.

Die Schneeheide besiedelt in den Alpen, im Alpenvorland, im Apennin und in den jugoslawischen Gebirgen bis in 2600 m Höhe hinauf warme, sonnige Fels- und Geröllhalden der montanen und subalpinen Föhrenheiden und Zwergkiefernbestände. Sie wächst auf flachgründigen, meist kalkhaltigen bis schwach sauren Böden und gilt als eine der wenigen kalkverträglichen Arten aus der Familie der Heidekrautgewächse. Neben *Calluna vulgaris*, der Besenheide, ist *E. herbacea* der wichtigste Bestandteil eines jeden Heidegartens. Auch sie kann ihre volle Wirkung nur dann entfalten, wenn sie in kleineren oder größeren, zusammenhängenden Flächen gepflanzt wird. Unter allen *Erica*-Arten ist sie die robusteste. Von dieser variationsfreudigen Art ist eine Fülle von schönen Gartenformen bekannt; diese weisen teilweise beträchtliche Unterschiede in bezug auf Blüten- und Blattfärbung auf.

Erica tetralix, die Glockenheide, ein niederliegender bis aufrechtwachsender, 20 - 50 cm hoher Zwergstrauch. Junge Triebe aufrecht und graufilzig behaart. Nadelförmig-linealische, 3 - 5 mm lange, graubehaarte Blätter zu viert in Quirlen. Im Juli - August blaßrosa Blüten, zu 4 - 12 in endständigen, kopfigen Schirmtrauben; Blütenkrone bauchig-röhrig, 6 - 7 mm lang. *E. tetralix* besiedelt das atlantische Europa von Portugal bis Norwegen und Südschweden. Sie kommt vor allem in Heide- und Torfmooren auf nassen, nährstoffarmen, sauren Torfböden und auf humusreichen, sauren Sandböden vor. Im Garten bevorzugt *E. tetralix* sonnige Standorte und frische bis feuchte Sand-, Lehm- und Rohhumusböden. Sie läßt sich in größeren oder kleineren Gruppen an etwas feuchteren Plätzen in *Calluna*-Flächen unterbringen. Gute Nachbarn sind Kleingehölze mit ähnlichen ökologischen Ansprüchen: Sumpfporst *(Ledum palustre)*, Zwerglorbeer *(Chamaedaphne calyculata)*, Heidelbeeren, Preiselbeeren und Lavendelheide-Arten *(Andromeda)*.

△ ***Erica* x *watsonii* 'Truro'**

▽ ***Erica herbacea* in Sorten**

▽ ***Erica arborea* ssp. *alpina***

▽ ***Erica cinerea* 'Stephan David'**

Erica vagans, die Cornwallheide, wächst üppig und breit, bis 30 cm hoch. Linealische, 4 - 10 mm lange, dunkelgrüne, glänzende Blätter zu 4 - 5 in Wirteln. Im Juli - September, rosa Blüten, mit kugeliger Blütenkrone, meist zu 2 achselständig und eine 8 - 16 cm lange, zylindrische Traube bildend. Auch die Verbreitung von *E. vagans* beschränkt sich auf den atlantischen Küstenbereich Europas, von Zentralspanien bis Südwestengland und Nordwestirland kommt sie in Heiden und lichten Wäldern auf sauren Böden vor. Die wenigen Gartenformen von *E. vagans* sind frosthärter als die Art; an geschützten Plätzen ist eine winterliche Reisigdecke nicht erforderlich. Sie vertragen sonnige bis leicht beschattete Plätze und können auch in humose, durchlässige Lehmböden gepflanzt werden. Man setzt sie am besten so vor niedrige Kiefern- oder Wacholdergruppen, daß sie vor scharfen Winterwinden geschützt sind.

Erica* x *williamsii *(E. tetralix* x *E. vagans)*. Niedriger und gedrungener, aufrechter, bis 20 cm hoher, immergrüner Zwergstrauch. Zweige hellgrau und schwach behaart. Hellgrüne Blätter zu viert in Wirteln, im Winter an den Triebspitzen goldgelb. Im Juli - September rosa Blüten mit eiförmig-glockiger Krone, die zu je 5 - 6 in Dolden stehen, von denen wiederum bis zu 10 in einem endständigen Blütenstand vereint sind. Die Naturhybride wurde 1910 in St. Keverne, Cornwall, gefunden. Ein besonders reizvolles Heidekraut mit sehr langer Blütezeit und mit den Standortansprüchen und der Winterhärte von *E. vagans*.

Pflegetips. In allen Regionen frosthart ist nur die Schneeheide, *Erica herbacea*, alle anderen Arten gedeihen am besten in milden Klimazonen. Im Winter benötigen sie eine schützende Decke aus Nadelholzreisig. Bis auf die winterblühende *E. herbacea* werden alle Arten und auch deren Sorten im Frühjahr leicht zurückgeschnitten.

<u>*Erica* x *watsonii* 'Truro'</u> ist die Spielart einer Kreuzung aus Erica *ciliaris*, der Wimpernheide und *Erica tetralix*, der Moorheide. Sie blüht im Juli und braucht etwas Winterschutz.

<u>*Erica herbacea*,</u> die Schneeheide blüht von Dezember bis Mai. Im Handel sind zahlreiche Sorten.

<u>*Erica arborea* ssp. *alpina*,</u> die Baumheide, stammt ursprünglich aus Westspanien. Im Gegensatz *Erica arborea* var. *arborea* muß sie im Winter geschützt werden.

<u>*Erica cinerea* 'Stephan David'</u> ist eine der zahlreichen Gartenformen der Grauheide. Ihre Blütezeit reicht von Juli bis August.

***Euonymus europaeus* 'Red Cascade'**, das Pfaffenhütchen, besticht durch die Schönheit seiner feuerroten Fruchtkapseln, die im August reifen und bis Oktober vorzugsweise von Rotkehlchen abgefressen werden.

***Ligustrum vulgare*, der Gemeine Liguster**, bildet im August schwarze Beeren, die bis in den Winter hinein am Strauch haften bleiben.

***Prunus padus*, die Traubenkirsche**, kann in manchen Jahren von der Gespinstmotte vom Stammfuß bis zur Zweigspitze in ein seidenartiges Gespinst eingehüllt und restlos kahlgefressen werden.

EUONYMUS EUROPAEA

Pfaffenhütchen, Spindelstrauch

Standort: sonnig bis schattig; auf jedem gepflegten Gartenboden
Wuchshöhe: 50 cm - 4 m
Blütezeit: Mai - Juni
Vermehrung: durch Aussaat und Stecklinge

Rund 175 *Euonymus*-Arten aus der Familie der Spindelbaumgewächse *(Celastraceae)* sind in Asien, Europa, Amerika und auf Madagaskar beheimatet, eine Art in Australien. Die meisten Arten sind in allen Teilen stark giftig. Weitere Arten werden im Kapitel »Blütensträucher« vorgestellt.

Euonymus europaea, Gemeiner Spindelstrauch. Etwas sparriger und meist locker aufgebauter Großstrauch. Zweige glatt und grün, undeutlich vierkantig und gelegentlich mit Korkleisten. Eielliptische bis längliche, 3 - 8 cm lange, gesägte Blätter. Kleine, hellgrüne, nur wenig auffallende Blüten im Mai - Juni. Früchte vierkantig-abgerundet, rosa- bis karminrot, Samen weiß, Arillus orangefarben. In Europa heimischer Strauch, der vom Tiefland bis in mittlere Alpenlagen anzutreffen ist. Wird vorwiegend für Mischhecken und Schutzpflanzungen eingesetzt.

▽ ***E. europaeus*** **'Red Cascade'**

LIGUSTRUM VULGARE

Liguster, Rainweide

Standort: jeder Gartenboden in sonnigen bis schattigen Lagen
Wuchshöhe: 2 - 6 m, je nach Art
Blütezeit: Juni - Juli
Vermehrung: durch Aussaat, Steckholz oder Stecklinge

Von den rund 50 Arten der Gattung aus der Familie der Ölbaumgewächse *(Oleaceae)* ist nur eine in Mitteleuropa verbreitet, die anderen stammen vorwiegend aus Süd- und Ostasien. Vorsicht: Die Beeren sind giftig. Alle Ligusterarten sind genügsame Gruppen- oder Decksträucher mit hoher Schnittverträglichkeit. Weitere Arten werden im Kapitel »Blütensträucher« vorgestellt.

Ligustrum vulgare, Gemeiner Liguster. Sommergrüner, aufrechtwachsender, dichtverzweigter, bis 6 m hoher Strauch, der in Mitteleuropa, Nordafrika und Westasien weit verbreitet ist. Die Blätter sind schmal-eiförmig bis lanzettlich, 2,5 - 6 cm lang. Die strengriechenden Blüten erscheinen im Juni - Juli in 3 bis 6 cm langen Rispen. Ein was Boden und Standort angeht sehr anspruchsloser, schnittverträglicher Strauch, der deshalb zu den wertvollsten Heckenpflanzen gehört.

▽ ***Ligustrum vulgare***

PRUNUS PADUS

Traubenkirsche

Standort: die meisten Arten sonnig, einige halbschattig bis schattig; Bodenansprüche meist gering
Wuchshöhe: 1 - 20 m, je nach Art
Blütezeit: März - Juni
Vermehrung: durch Aussaat, Stecklinge oder Veredlung

Die recht vielgestaltige Gattung ist im Kapitel »Kleinkronige Bäume« beschrieben. Eine interessante Wildart ist *P. padus*. Doch Vorsicht: Die Früchte sind giftig.

Prunus padus, Traubenkirsche, Faulbaum. Bis 10 m hoher Baum mit dichter Krone und dunkelbrauner Rinde; die innere Rinde riecht unangenehm, Blätter 6 - 12 cm lang, elliptisch. Weiße, 1 - 1,5 cm breite Blüten im April - Mai, in 15 - 20 cm langen, lockeren, hängenden Trauben nach dem Blattaustrieb, Blüten streng riechend. Früchte kugelig, erbsengroß, schwarz. Verträgt feuchte und schattige Standorte. Das Wildgehölz ist von Europa bis Nordasien, Korea und Japan verbreitet. 'Albertii', Blüten in dichteren, 15 - 30 cm langen Trauben; gilt als schönste Gartenform. 'Coloratus', Blätter im Austrieb kupfrigpurpurn, später trübgrün, Blüten in der Knospe karminrot, aufgeblüht rosarot.

▽ ***Prunus padus***

ROSA CANINA

Hundsrose, Heckenrose

Standort: geringe Ansprüche an Klima und Boden, verträgt gut Kalk und liebt sonnige Lagen, gedeiht aber in jedem kulturfähigen Boden
Wuchshöhe: 3 m
Blütezeit: Juni
Vermehrung: durch Aussaat, Stecklinge oder Veredlung

Die zur Familie der Rosengewächse (Rosaceae) gehörende Heckenrose ist im europäischen Raum bis nach Norasien heimisch. Es handelt sich um einen bis 3 m hoch werdenden Strauch, der sich unter anderem auch durch Wurzelausläufer vermehrt und somit auch einen guten Bodenbefestiger für Böschungen, sandiges Ödland und freie Flächen abgibt. Südlagen und kalkhaltige Böden begünstigen das Wachstum. Die 4-5 cm großen, rosafarbenen Blüten erscheinen im Juni. Sie sind eine gute Bienenweide. Die dekorativen, scharlachroten Früchte, die bekannten Hagebutten, erscheinen im September und schmücken das Gehölz bis tief in den Winter hinein. Weitere Arten werden im Kapitel »Blütensträucher« vorgestellt.

Pflegetips. Gelegentlich sollten die Sträucher durch Entfernen alter, verholzter Äste ausgelichtet werden.

▽ *Rosa canina*

SALIX

Weide

Standort: frische bis feuchte Böden
Wuchshöhe: 10 cm - 20 m
Blütezeit: März - April
Vermehrung: durch Aussaat, Steckholz oder Stecklinge

Weiden sind seit Jahrtausenden Begleiter menschlicher Siedlungen; sie lieferten Material für die Herstellung von Körben, Reusen oder sonstigem Flechtwerk. Auch heute ist das sommergrüne Gehölz eher eine nützliche Pflanze als ein auffallender Blütenstrauch, obwohl die beliebten Blütenkätzchen nahezu als Frühlingssymbol gelten. Weiden werden oft als Pioniergehölze eingesetzt, sie erschließen Rohböden, befestigen Ufer an allen Gewässern und liefern Material für die Herstellung von Faschinen.
Bei allen Weiden sind die männlichen Blüten mit ihren gelben Staubgefäßen meist viel dekorativer als die wenig auffälligen weiblichen. Einige Zwergweiden sind dekorative Kleinsträucher für Stein- oder Troggärten. Eine weitere Art wird im Kapitel »Kleinkronige Bäume« vorgestellt.

Salix aurita, die Ohrweide, ein bis 2 m hoher, breitwüchsiger Strauch. Blätter verkehrt-eiförmig bis verkehrt-eilanzettlich, oben dunkelgrün und sehr runzelig, unten bläulichgrün und filzig grauhaarig, mit großen, nierenförmigen Nebenblättern. Kätzchen bis 2,5 cm lang. Heimisch von Europa bis zum Eismeer sowie in Asien. Eine wichtige Bienenweide und ein häufig verwendetes Pioniergehölz.

Salix daphnoides, die Reifweide, ist ein schnellwüchsiger, bis 10 m hoher Großstrauch mit roten, blaubereiften Zweigen. Blätter länglich-lanzettlich, 5 - 10 cm lang, oben glänzend dunkelgrün, unten blaugrün. Männliche Kätzchen auffallend groß und silbrig, später goldgelb. Heimisch von Europa bis Mittelasien und im Himalaya. Wertvolle Kätzchenweide, deren Zweige oft zum Palmsonntag geschnitten werden.

Salix purpurea, Purpurweide. Schnellwüchsiger, 2 - 6 m hoher, vieltriebiger Strauch mit langen, dünnen, elastischen Zweigen. Belaubung mit einigen scheinbar gegenständigen Blättern. Blätter verkehrt-lanzettlich, 5 - 10 cm lang, oben stumpfgrün, unten blaugrün, im Herbst gelblich. Blüten in 1,5 - 3 cm langen, schlanken, meist etwas gebogenen Kätzchen; männliche Kätzchen vor dem Aufblühen rot, später gelb. Heimisch von Europa bis Nordafrika. Eine sehr variable Art, die zu den wertvollsten Nutzweiden gehört. Die Sorte 'Gracilis' wird 1 - 1,5 m hoch und bildet einen dicht verzweigten, kugeligen Busch. Kleine, zarte, bläulich-silbrige Blätter. Diese Art hat die Funktion einer wertvollen Bienenweide und kann im Garten als Hecke gepflanzt werden.

Pflegetips. Die äußerst genügsamen Pflanzen gedeihen auf allen Bodenarten, sofern diese nur genügend feucht sind. Als ausgesprochene Lichtpflanzen vertragen sie allerdings keine schattigen Plätze. Eine Ausnahme bilden *S. caprea* und *S. caprea* 'Mas' (siehe »Kleinkronige Bäume«). Dieses Gehölz, das auch als Strauch kultiviert werden kann, ist als Pioniergehölz auf jedem Boden, auch auf trockenen Sandböden, zu kultivieren und stellt im Frühjahr eine wertvolle Bienenweide dar.

▽ *Salix aurita*

***Rosa canina*, die Hundsrose, gilt wegen ihrer Hagebutten als wertvolles Vogelnährgehölz. Ihre zahlreichen durch Zufall oder Züchtung entstandenen Formen und Varietäten blühen auch rosarot.**

***Salix aurita*, die Ohr- oder Öhrchenweide, bekam ihren volkstümlichen Namen wegen der lange haftenden ohrenförmigen Nebenblätter.**

***Sambucus nigra* 'Aurea', ist eine goldlaubige, nicht so geläufige Form des Schwarzen Holunders. Bekannter sind besonders fruchtreiche Selektionen der Wildart, die unter Sortennamen wie 'Hamburg' oder 'Haschberg' im Handel sind.**

***Sambucus nigra*, der Schwarze Holunder, zeigt stickstoffreichen Boden an und verbreitet sich bevorzugt in der Nähe menschlicher Siedlungen. Man zählt ihn daher zur sogenannten Ruderalflora.**

SAMBUCUS

Holunder, Holler, Fliederbeerenstrauch

Standort: sonnige bis schattige Plätze; in jedem nicht zu nassen Boden
Wuchshöhe: 2 - 6 m
Blütezeit: April - Juli
Vermehrung: durch Aussaat oder Steckholz

☼ – ◐

Mit rund 40 sommergrünen Arten ist die Gattung aus der Familie der Geißblattgewächse *(Caprifoliaceae)* in den gemäßigten und subtropischen Zonen beider Erdhälften verbreitet. Überwiegend Sträucher mit hohlen Zweigen und vollem Mark. Die gegenständigen Blätter sind unpaarig gefiedert, die Fiederblättchen gesägt. Kleine, zwittrige Blüten mit radförmigen Kronen sind zu breiten Doldentrauben oder Rispen vereint. Die Frucht ist eine beerenartige Steinfrucht mit 1 - 2 Samen. Neben *Sambucus nigra*, der als Fruchtstrauch gegenwärtig wieder hoch geschätzt wird, umfaßt die Gattung nur wenige gartenbaulich interessante Arten. Alle Arten sind wenig anspruchsvoll und gedeihen gleich gut an sonnigen oder beschatteten Plätzen; sie bevorzugen frische, nahrhafte, humose Böden.

Sambucus nigra, der Schwarze Holunder, auch Holler, Holder oder Schwarzer Flieder genannt.

▽ ***Sambucus nigra* 'Aurea'**

Der bis 7 m hohe Großstrauch hat eine tiefgefurchte Borke und Triebe, die mit lockerem Mark gefüllt sind. Fiederblätter gegenständig, meist fünfzählig mit größerem Endblatt, Einzelblätter bis 15cm lang, elliptisch, scharf gesägt; riechen gerieben unangenehm. Kleine, gelblichweiße Blüten in flachen Trugdolden von 10-25 cm Durchmesser, 6-8 mm dicke, schwarzrote, glänzende Steinfrüchte mit tiefrotem Saft; Reife je nach Sorte August - September. Die Art liebt nahrhaften, lockeren und feuchten Boden mit guter Wasserführung und sonnige Lagen. Naßkaltes Wetter zur Blütezeit führt zum Verrieseln der Früchte. Das Gehölz ist völlig winterhart.
Zur Vermehrung wird im Spätwinter ein 20 cm langes Steckholz von langen, vorjährigen Trieben geschnitten und in 30 cm Abstand gesteckt. Grünstecklinge werden im Frühsommer geschnitten, in Töpfen unter Glas oder Folie bewurzelt und im Frühjahr aufgeschult. Die Ernte beginnt, wenn fast alle Beeren blauschwarz sind. Zu späte Ernte führt zu geringem Säuregehalt und fadem Geschmack. Der Ertrag liegt je nach Sorte vom 4. Jahr an zwischen 18 und 25 kg je Baum. Holunderbeeren dienen hauptsächlich zur Herstellung von Säften, Sirup, Gelee und Konfitüre. Heiß getrunkener, leicht mit Wasser verdünnter und gesüßter Holundersaft ist ein bewährtes Mittel gegen Erkältungskrankheiten. Aus den Blüten stellt man Tee, Holundersekt und Holunderküchlein her.

Pflegetips. Gepflanzt werden am besten zweijährige Sträucher während der Winterruhe in gut gelockerten Boden, wobei die dicken, fleischigen Wurzeln schonend zu behandeln sind. Pflanzabstand 3,5-4,0 m, Reihenabstand 5,0 m. Beim Anbau von Sträuchern läßt man 5 - 6 kräftige einjährige und 1-2 zweijährige Triebe stehen. Alle anderen werden alljährlich im Winter am Boden entfernt. Straucherziehung begünstigt die Bildung von Wurzelschossen, deshalb sind Meterstämme vorzuziehen. Nach der Pflanzung entfernt man bei ihnen alle Triebe bis auf den kräftigsten, der auf 1m Länge geschnitten und an einem Pfahl angebunden wird. An seinem oberen Ende beläßt man 4 kräftige Seitentriebe, die auf 2 Augen zurückgeschnitten werden. In den folgenden Jahren entfernt man die einjährigen Triebe bis auf die 7 kräftigsten; altes, heruntergebogenes Holz wird entfernt bzw. auf stammnahe Jungtriebe oder basisnahe Augen zurückgeschnitten. Dabei sollte man einige Zentimeter oberhalb der Augen schneiden, um das Austrocknen der markhaltigen Triebe zu verhüten.
Der Boden ist unkrautfrei zu halten und am besten mit verrottetem Stallmist oder anderem organischem Material abzudecken. Kräftige Düngung, besonders mit Stickstoff, ist sehr wichtig. Neben einer Grunddüngung mit Kompost oder verrottetem Mist ist unmittelbar nach der Blüte eine zusätzliche Stickstoffgabe ratsam, bei Verwendung von Kalksalpeter z. B. 40 g/qm.
Bei trockenem Wetter können Blattläuse auftreten, u. a. die schwarze Holunderblattlaus. Bei starkem Befall kann eine Insektizidspritzung nötig werden. Vogelfraß ist durch Einnetzen der Sträucher zu verhindern.

Sambucus racemosa, der Traubenholunder, ein aufrechter, 2-3 m hoher Strauch mit dünnen, glatten Trieben und hellbraunem Mark. Austrieb sehr früh. Blätter mit 5 eiförmigen Blättchen. Blüten im April bis Mai in dichten, eiförmigen, 4 - 6 cm langen Trauben. Früchte 5 mm dick, scharlachrot. Heimisch in Europa und von Kleinasien bis Nordchina, meist in schattigen Wäldern und an Waldrändern. Für Eingrünungen, Hecken und Mischpflanzungen geeignet; bevorzugt lichte Schatten und kühlfeuchte Lagen. Die Früchte sind roh ungenießbar.

▷ ***Sambucus nigra***

***Sorbus torminalis*, die Elsbeere, eine Schwester der Eberesche, war früher ein traditionsreiches Wildfruchtgehölz in ländlichen Regionen und gilt als wertvolles Bienen- und Vogelnährgehölz.**

***Vaccinium corymbosum*, die Amerikanische Blueberry, ist ein wildhaft wirkender Strauch mit großem Nutzeffekt. Die Früchte sind heller und aromatischer als die der Waldheidelbeere, *Vaccinium myrtillus*. Die bekanntesten Sorten heißen: 'Berkeley', 'Bluecrop', 'Goldtraube 71' und 'Spartan'.**

SORBUS TORMINALIS

Elsbeere

Standort: sonnige Lagen, nahrhafte Böden
Wuchshöhe: 5 - 20 m
Blütezeit: Mai
Vermehrung: durch Aussaat oder Veredlung

Von den rund 100 *Sorbus*-Arten dienen viele als sommergrüne Ziergehölze in unseren Gärten. Weitere Arten finden Sie im Kapitel »Kleinkronige Bäume«.

Sorbus torminalis, die Elsbeere, ist ein langsamwüchsiges, 5 - 20 m hohes Wildgehölz mit eiförmig-rundlicher Krone. Blätter im Umriß dreieckig bis oval, 6 - 12 cm lang, beiderseits mit 3 - 4 dreieckigen, tief eingeschnittenen Lappen, oben glänzend dunkelgrün, unten graugrün, im Herbst schön sattgelb bis braunrot. Weiße, 5 - 6 mm breite Blüten im Mai - Juni; Früchte olivgrün, hell punktiert, 6 - 8 mm breit. Heimisch in Süd-, West- und Mitteleuropa, Kleinasien, Kaukasus, Nordwestafrika in der Hügelstufe an sonnigen, sonnenwarmen Hängen, auf sauren und kalkhaltigen Böden. Diese wärmeliebende Baumart der heimischen Flora ist als Zierbaum wenig verbreitet, sie ist wertvoll vor allem wegen des schweren, harten, zähen, dichten und sehr elastischen Holzes.

▽ *Sorbus torminalis*

VACCINIUM CORYMBOSUM

Amerikanische Blueberry

Standort: volle Sonne; saure, gut durchlüftete Böden, humoser Sand, Moorbodenvolle Sonne
Wuchshöhe: 80 cm - 2 m
Blütezeit: Mai
Vermehrung: durch Steckholz oder Grünstecklinge

Aus Wildbeständen einiger im Osten Nordamerikas heimischer Blaubeerarten, sie gehören zur Familie der Heidekrautgewächse *(Ericaceae)*, wurden seit 1909 besonders leistungsfähige Einzelpflanzen ausgelesen, vermehrt und miteinander gekreuzt. Daraus entstanden in den USA zahlreiche Kultursorten, seit den dreißiger Jahren auch in Deutschland, die als Hybridenkomplex der Sammelart *Vaccinium corymbosum* zugeordnet werden (= »Northern highbush blueberry«). Je nach Sorte sind es 80 cm - 2 m hohe Sträucher. Blätter 3 - 10 cm lang, nicht drüsig, glatt, elliptisch bis eiförmig mit schlanker Spitze, ganzrandig; Blüte zylindrisch oder krugförmig, weiß. Die dunkelblauen, hellblau bereiften Früchte mit farblosem Fruchtfleisch haben 8 - 20 mm Durchmesser und sitzen in lockeren bis dichten Trauben.
Heidelbeeren blühen ab Mitte Mai 3 - 4 Wochen lang. Die Blüten vertragen Fröste bis etwa - 5 °C und sind in fast allen Sorten selbstfruchtbar. Die Reifezeit beginnt bei den Frühsorten Anfang Juni und endet bei den Spätsorten Ende September. Je Sorte kann etwa 3 Wochen lang geerntet werden, wobei die ersten Früchte die größten sind. Die dunkelblaue Farbe sitzt nur in der Schale, während im Gegensatz zur heimischen Waldheidelbeere das Fruchtfleisch farblos ist. Deshalb werden Zähne und Lippen beim Verzehr der frischen Früchte nicht rot. Vom 4. Standjahr an werden zunehmende Erträge erzielt, die im Vollertrag (8. - 20. Jahr) auf 6 - 10 kg je Strauch ansteigen können. Gesunde Pflanzen sind über 50 Jahre lang leistungsfähig.

Pflegetips. Heidelbeeren brauchen saure, lockere, gut durchlüftete Böden (pH-Werte zwischen 3,0 und 4,5), am besten humose Sandböden. Sie gedeihen auch auf Hochmoor, wo allerdings zur Blütezeit die Frostgefahr noch sehr hoch ist. Besonders wichtig ist ein vollsonniger Standort. Staunasse Böden sind ungeeignet.
In den ersten 3 Standjahren ist meist kein Schnitt erforderlich. Anschließend werden alljährlich im Winter die ältesten Triebe völlig heraus- oder auf einen kräftigen jungen Seitentrieb zurückgeschnitten. Die im letzten Jahr entstandenen Bodentriebe werden bis auf die 4 - 5 kräftigsten entfernt.
Heidelbeeren benötigen meist keinen Pflanzenschutz, da Krankheiten und Schädlinge nur selten auftreten. Das Triebsterben ist auf einen Pilz zurückzuführen, der die Pflanzen vor allem vom Blattfall im Herbst bis zur Blütezeit im Mai infiziert und zum Vertrocknen einzelner Triebe führt, die sofort abzuschneiden und zu verbrennen sind. Als Vorbeugung sollte übermäßige Düngung vermieden werden. Frostspanner treten gelegentlich im Frühjahr auf und können während der Blütezeit nur mit bienenungefährlichen Mitteln bekämpft werden. Besser ist es, diese Arbeit den Meisen zu überlassen, für die man Nistkästen aufhängen sollte.

▽ *Vaccinium corymbosum*

VACCINIUM VITIS-IDAEA

Preiselbeere, Kronsbeere

Standort: vollsonnige Lage; saure, gut durchlüftete, leichte und humose Böden, auch Moorböden
Wuchshöhe: 30 - 40 cm
Blütezeit: 1. im Mai, 2. im Juli
Vermehrung: durch Grünstecklinge

Außer in den südlichen Gebieten Portugals, Spaniens, Italiens und Griechenlands ist die Preiselbeere in Europa bis zum Nordkap überall, in Nordasien bis Japan sowie in Alaska und Kanada heimisch. Die ertragreiche Wildfrucht gehört zur Familie der Heidekrautgewächse *(Ericaceae)*. Die Preiselbeere wird als Sammelfrucht genutzt. Seit Mitte der sechziger Jahre wurden in Holland, Deutschland und Skandinavien Einzelpflanzen aus Wildbeständen selektiert, vermehrt und erfolgreiche Kulturversuche mit ihnen durchgeführt.
Die Preiselbeere ist ein Zwergstrauch, der sich mit unterirdischen Kriechtrieben ausbreitet und bodendeckende, 10 - 15 cm hohe Polster bildet. Nach Vermehrung durch Grünstecklinge entstehen dagegen hochkugelige, vieltriebige Sträucher von 30 - 40 cm Höhe und bis 50 cm Durchmesser, die meist keine Kriechtriebe entwickeln. Die Blätter sind wechselständig in 2 Zeilen angeordnet, verkehrt-eiförmig, ledrig, dunkelgrün mit blaßgrüner, dunkel gepunkteter Unterseite, wintergrün. Die Blüten sind 8 - 10 mm lang, becherförmig, weiß mit zart-rötlichem Schein, hängen endständig am jungen Trieb und erscheinen im Mai. Während der Fruchtentwicklung wächst der Trieb weiter und bildet erneut Blüten. Die erste Fruchtreife im Juli fällt daher mit der zweiten, wesentlich reicheren Blüte zusammen, aus der sich im September bis Anfang Oktober die Haupternte entwickelt. Die Früchte haben einen Durchmesser von 5 - 8 mm und färben sich im Reifeverlauf über weiß nach scharlachrot. Ihr Fleisch ist zart gelblich, enthält zahlreiche kleine Samen, schmeckt aromatisch und leicht bitter.

Pflegetips. Am besten eignen sich saure, humusreiche, gut durchlüftete und ausreichend feuchte Sand- und Moorböden (pH-Wert 3,0 - 4,5). Auf Lehm- und lehmigen Sandböden empfiehlt sich im Garten eine Zugabe von Torfmull vor der Pflanzung. Schwere und kalkreiche Böden sind ungeeignet. Hohe Erträge kann man nur an sonnigem Standort erzielen. Im Winter werden Fröste bis unter -20 °C vertragen, doch können dabei in schneefreier Lage Trockenschäden auftreten. Erfriert die erste Blüte im Mai, wird die zweite im Juli und infolgedessen die Herbsternte entsprechend reicher.
Auf den gut gelockerten Boden wird mit einem Reihenabstand von 80 bis 100 cm und 25 - 30 cm in der Reihe im Herbst gepflanzt. Nach 2 - 3 Jahren sind die benachbarten Pflanzen so eng zusammengewachsen, daß sich geschlossene, an kleine Hecken erinnernde Reihen gebildet haben. Doppelreihen haben sich weniger bewährt. Die Kulturen sind unbedingt unkrautfrei zu halten. Gedüngt wird nur sehr vorsichtig, da hohe Gaben schnell wirksamer Dünger bei Preiselbeeren die Erträge senken und zu vermehrtem Ausfall von Pflanzen führen. Außerdem sind Preiselbeeren extrem chloridempfindlich. 20 g/qm eines chloridfreien Mehrnährstoffdüngers im Jahr (z. B. Plantosan) können als Richtwert für die jährliche Düngung dienen. Mit Depotdüngern (z. B. Osmocote) wird ein gleichmäßiges Düngerangebot über längere Zeit gewährleistet. Zufuhr gut verrotteter organischer Masse (z. B. Torfmull, Nadelstreu, Lauberde) als Bodendecke fördert die Pflanzenentwicklung. Die ersten, noch geringen Erträge werden vom zweiten Standjahr an erzielt und steigen in guten Pflanzungen bis etwa 1 kg/qm (ab 6. Standjahr) an. Wenn nach ca. 8 Jahren die Pflanzen zu groß werden, schneidet man sie im März mit scharfer Heckenschere auf ca. 30 cm Höhe und 30 - 40 cm Breite zurück. Im Jahr nach dem Schnitt werden wieder normale Erträge bei hoher Fruchtqualität erzielt. Bei der Sommerernte nicht die Blüten für die Herbsternte beschädigen. Die Vermehrung sollte ausschließlich durch Grünstecklinge erfolgen, die von ertragreichen Mutterpflanzen im Juni geschnitten werden. Nur dann entwickeln sich kugelförmige, früh- und reichtragende Pflanzen, während die Vermehrung durch unterirdische Kriechtriebe zu niedrigen, ertragsarmen Polstern führt.
Krankheiten und Schädlinge treten bei Preiselbeeren kaum auf. Im Vermehrungsbeet können Pilzinfektionen zum Absterben der Pflanzen führen. Im Bestand kann es gelegentlich zu Fraßschäden durch Frostspanner im Frühjahr kommen; hier sollte man durch Meisen-Nistkästen vorbeugen.

▽ ***V. vitis-idaea*** **(Blüte)**

▽ ***V. vitis-idaea*** **(Früchte)**

***Vaccinium vitis-idaea*, die Preiselbeere, blüht mit weißen, rosa überhauchten Blüten in fast endständigen Trauben.**

***Vaccinium vitis-idaea*. Die Früchte der Wildart sind kleiner als die der heute üblichen Selektionen, von denen 'Erntesegen' und 'Koralle' die bekanntesten sind. Sie erscheinen erstmals im Juli, die Haupternte liegt aber im Oktober.**

***Viburnum opulus* 'Compactum', bildet auffällig glänzend-rote Steinbeeren, die, wenn es im Spätwinter nichts anderes mehr gibt, von Wacholderdrosseln gefressen werden.**

***Viburnum opulus*, der Gewöhnliche Schneeball, fällt durch seine tellerförmigen Trugdolden auf, die außen mit auffälligen unfruchtbaren Schaublüten und innen mit unscheinbaren fruchtbaren Blüten ausgestattet sind.**

VIBURNUM

Schneeball

Standort: sonnige bis halbschattige Plätzen; durchlässige Böden
Wuchshöhe: 1 - 4 m
Blütezeit: Februar - Juni
Vermehrung: durch Aussaat, Steckholz oder Stecklinge.

Mit rund 200 Arten sind die Schneebälle eine umfangreiche Gattung innerhalb der Familie der Geißblattgewächse *(Caprifoliaceae)*. Alle sind mehr oder weniger hohe sommer- und immergrüne Blütensträucher mit gegenständigen, einfachen oder gelappten Blättern und meist kleinen, weißen Blüten, die in Schirmrispen oder Rispen zusammenstehen. Die fünflappigen Blütenkronen sind rad-, glocken- oder röhrenförmig. Innerhalb des Blütenstandes sind die Randblüten nicht selten steril und mit einer vergrößerten, zygomorphen Krone ausgestattet. Bei einigen Kulturformen sind alle Blüten steril; der Blütenstand ist dann mehr oder weniger kugelig. Die Früchte sind trockene oder saftige, giftige Steinfrüchte.

Viburnum lantana, Wolliger Schneeball. Sommergrüner, 1-3 m hoher, starkwüchsiger Strauch, Zweige dicht mit graubraunen Sternhaaren bedeckt. Blätter eiförmig bis länglich-eiförmig, 5 - 12 cm lang, oben dunkelgrün und runzelig, unten wollig-sternhaarig. Weiße, 6 - 8 mm breite, unangenehm riechende Blüten im Mai in bis 10 cm breiten Schirmrispen. Früchte zuerst rot, später glänzendschwarz. Heimisch in Europa und Kleinasien in lichten Wäldern, an Waldsäumen und Gebüschen. Ein wärmeliebendes Gehölz für helle bis halbschattige Standorte; verträgt Hitze, Trockenheit und kalkhaltige Böden. Auch für Schutzpflanzungen und mehrreihige Hecken geeignet.

▽ *V. opulus* 'Compactum'

Viburnum opulus, der Gewöhnliche Schneeball, ein sommergrüner, raschwüchsiger, ausladender, bis 4 m hoher Strauch. Blätter drei- bis fünflappig, 8 - 12 cm lang, die Lappen buchtig zugespitzt und unregelmäßig gezähnt, oben dunkelgrün, unten graugrün. Weiße Blüten im Mai - Juni in endständigen, bis 10 cm breiten Schirmrispen, Randblüten unfruchtbar und auffallend vergrößert; mit den flach ausgebreiteten Kronlappen bis 2,5 cm breit, Blüten im Innern des Blütenstandes klein und fruchtbar. Früchte kugelig, 10 mm dick, leuchtendscharlachrot. Heimisch in ganz Europa bis zum Kaukasus in West- und Nordasien sowie Nordwestafrika, in Auewäldern, Hecken und Gebüschen. Verträgt Sonne bis Halbschatten, gedeiht am besten auf frischen, schweren, nährstoffreichen Böden und wird vorzugsweise für Schutzpflanzungen und mehrreihige Hecken eingesetzt.
Die Rose 'Roseum' gab mit ihren gefüllten, rundlichen Blütenbällen der Gattung den Namen Schneeballsträucher. Alle Blüten sind steril und zu einem 5 - 8 cm breiten, kugeligen Blütenstand vereint. Die weißen Blüten sind im Verblühen oft leicht rosa gefärbt.

Pflegetips. Alle sommergrünen Arten sind recht problemlose Sträucher, die an Lage und Boden keine besonderen Ansprüche stellen. Die immergrünen Arten brauchen einen halbschattigen, vor Wintersonne geschützten Platz, sie lieben durchlässige, frische, leicht saure Böden. Während die immergrünen Arten in der Regel nicht geschnitten werden, empfiehlt sich bei den sommergrünen Arten ein kontinuierliches Auslichten.

▽ *Viburnum opulus*

VINCA

Immergrün, Singrün

Standort: halbschattige bis schattige Plätze; frische, lockere Böden
Wuchshöhe: 20 - 50 cm
Blütezeit: Mai - September
Vermehrung: durch Stecklinge oder Teilung

◐—●

In Europa bis Kleinasien kommen 12 *Vinca*-Arten vor. Nur 2 davon sind in Europa in Kultur. Sie gehören zur Familie der Hundsgiftgewächse *(Apocynaceae)*. Es sind vorwiegend kriechende, immergrüne Halbsträucher, deren Triebe dem Boden flach aufliegen und wurzeln. Nur die Blütentriebe stehen aufrecht. Die einfachen, ganzrandigen, ledrigen, glänzenden Blätter sind gegenständig. Die fünfzähligen Blüten haben eine Röhre und einen flachen Saum. Die Blüten sind meist blauviolett, seltener rötlich oder weiß gefärbt. Die Frucht ist eine längliche, doppelte Balgkapsel.

Vinca major, das Große Immergrün, wird bis 30 cm hoch, die Triebe verholzen stärker. Blätter eiförmig, 3 - 7 cm lang, glänzend-dunkelgrün, an der Basis abgerundet bis fast herzförmig. Blaue, 3 - 4 cm breite Blüten im Mai - September. Heimisch in Südeuropa bis Kleinasien. Friert in Mitteleuropa nicht selten bis zum Boden zurück, treibt aber wieder aus. Sollte nach Frostschäden bis zum Boden zurückgeschnitten werden.

Vinca minor, Kleines Immergrün. Triebe flach aufliegend, Blütentriebe bis 15 cm hoch. Blätter 2 - 5 cm lang, an der Basis allmählich verschmälert. Lilablaue, 2 - 3 cm breite Blüten von März bis Mai und im September. Heimisch in Europa und Kleinasien. In unseren Gärten sehr häufig; neben der Wildart sind auch die folgenden Sorten in Kultur: 'Alba', Blätter kleiner, Blüten einfach, reinweiß und nicht besonders zahlreich, und 'Atropurpurea', Blätter kleiner, glänzend dunkelgrün, sehr gesund, weinrote, üppige Blüten.

Pflegetips. Beide *Vinca*-Arten sind in Gärten und Parks hervorragende Bodendecker zur flächigen Begrünung unter Bäumen und Sträuchern. Sie gedeihen am besten auf frischen, lockeren Böden und vertragen auch problemlos stark beschattete Standorte. Die Vermehrung erfolgt durch Stecklinge oder Teilung.

Vinca major, das Große Immergrün, stammt aus dem Mittelmeerraum, ist wesentlich kälteempfindlicher als das bekanntere Kleine Immergrün, Vinca minor, verträgt dafür aber etwas mehr Sonne. Seine buntblättrigen Formen sind attraktive Pflanzen für den Balkonkasten.

▽ *Vinca major*

BLÜHENDE KLETTERGEHÖLZE

Selten haben Kletterpflanzen im Garten die Gelegenheit, wie in der freien Natur an Bäumen heraufzuklettern oder ihre ganze Pracht über Mauern und Gehölze auszubreiten. Sie müssen sich im Garten meist mit gespannten Drähten, Spalieren und anderen Rankgerüsten zufrieden geben, danken es aber mit freudigem Blühen und Gedeihen, wenn sie nur am richtigen Standort stehen. Die sogenannten Schling- und Kletterpflanzen haben unterschiedliche Strategien zum Klettern entwickelt. Einige bilden Haftwurzeln aus, andere klettern mit Hilfe von Ranken oder Blattstielen, oder die ganze Pflanze schlingt sich durch kreisende Bewegungen um alles, was sie erreichen kann. Vielfältig ist ihre Verwendungsmöglichkeit an Pergolen, Mauern, Zäunen, Bögen, Hecken, Bäumen, an Masten und Lauben. Nachfolgend eine Auswahl der schönsten blühenden Ranker.

Die duftig-zarte Clematis-Hagley-Hybride gehört zu den auffälligsten Spielarten, die durch Züchterhand entstanden sind. Damit sich ihre Schönheit voll entfalten kann, muß man ihr eine Kletterhilfe anbieten.

Actinidia chinensis, der Chinesische Strahlengriffel, bildet angenehm duftende Blüten, die zuerst weiß sind und sich später cremegelb verfärben. Das wärmeliebende Gehölz gedeiht auch im Stadtklima zufriedenstellend.

Actinidia chinensis, bildet äußerst vitamin-C-reiche Früchte, die unter dem neuseeländischen Namen Kiwi bekannt sind. Dort gibt es einen der Frucht ähnelnden kleinen Vogel gleichen Namens. Wer die Früchte ernten möchte, braucht weibliche und männliche Pflanzen.

Akebia quinata, die Fingerblättrige Akebie, rankt an Pergolen und Mauern hoch und benötigt eine Kletterhilfe.

ACTINIDIA

Strahlengriffel

Standort: sonnig; auf normalen bis sauren Gartenböden
Wuchshöhe: 3 - 10 m
Blütezeit: Mai - Juni
Vermehrung: durch Aussaat und Stecklinge

Rund 40 Arten des Strahlengriffels aus der Familie der Strahlengriffelgewächse *(Actinidiaceae)* sind in Ostasien verbreitet. Es sind sommergrüne, linkswindende Lianen mit kahlen oder filzig behaarten Zweigen. Blätter wechselständig, einfach, gesägt oder gezähnt. Blüten zwittrig, polygam oder eingeschlechtlich, weiß, gelb oder rötlich, meist achselständig an Scheindolden, mit zahlreichen Staubblättern und Griffeln, die auf dem schon zur Blütezeit dicken Fruchtknoten strahlig gespreizt stehen. Die bei uns kultivierten Arten sind dekorative, üppigwachsende Klettergehölze mit auffallender Belaubung. Sie benötigen Klettergerüste und eignen sich gut zur Bekleidung von Fassaden, Pergolen und Lauben.

Actinidia arguta, Scharfzähniger Strahlengriffel. In der Heimat bis 20 m, bei uns 8 - 10 m hoch kletternder Strauch. Blüten etwa 2 cm breit, reinweiß oder am Grunde mit gelblichem Fleck, duftend. Früchte 2 - 2,5 cm lang, eiförmig, gelbgrün, stachelbeerähnlich, süßsauer, eßbar. *A. arguta* ist eine wüchsige und anspruchslose Kletterpflanze.

Actinidia chinensis, Chinesischer Strahlengriffel, Kiwi. Die Kiwi stammt aus China, wo sie schon vor 1200 Jahren genutzt wurde. Vor 100 Jahren kam sie als Zierpflanze nach Europa, vor 90 Jahren nach Neuseeland, wo sie seit 1910 kultiviert wird. Kiwis sind Schlingpflanzen und bilden 5 - 8 m lange, behaarte Jahrestriebe. Blätter groß (12 - 18 cm Durchmesser), rund bis herzförmig. Die Pflanzen sind zweihäusig, haben also nur weibliche oder nur männliche Blüten. Austrieb Ende März, dekorative Blüten an der Basis der Jungtriebe in Büscheln oder Trugdolden ab Ende Mai; sie sind weiß, bis 5 cm groß, mit einem Strahlenkranz um den Griffel, die männlichen Blüten mit zahlreichen gelben Staubgefäßen. Die Fruchtentwicklung dauert etwa 5 Monate, Reife selten vor November.

Pflegetips. Das Holz verträgt Winterfröste bis etwa - 10 °C, aber die Jungtriebe werden schon durch leichte Spätfröste geschädigt. Laub sehr windempfindlich, Windschutz deshalb unerläßlich. Wasserbedarf hoch, der Boden muß ständig feucht, aber gut drainiert sein. Vermehrung ist durch Aussaat möglich; doch die Sämlinge sind zur Hälfte unfruchtbar, weil rein männlich, und auch die weiblichen Pflanzen bringen meist minderwertige Früchte. Deshalb ist die Vermehrung durch Steckholz vorzuziehen.

AKEBIA QUINATA

Fingerblättrige Akebie

Standort: sonnig bis halbschattig; auf normalen Gartenböden
Wuchshöhe: 6 - 8 m
Blütezeit: Mai
Vermehrung: durch Aussaat

Die üppigwachsende Liane aus der Pflanzenfamilie der Fingerfruchtgewächse *(Lardizabalaceae)* ist von Mittelchina bis Japan und Korea nur mit 5 Arten verbreitet. Blätter fünffingrig, Blättchen 3 - 6 cm lang, derb, oben dunkelgrün, unten bläulichgrün. Blüten eingeschlechtlich, in achselständigen, hängenden Trauben, die unteren Blüten weiblich, violettbraun und 2 - 3 cm breit, die oberen männlich, kleiner und rosa gefärbt. Früchte 5 - 10 cm lang, zur Reife balgartig geöffnet; werden selten ausgebildet. Die Pflanze stellt keine besonderen Ansprüche. Sie gedeiht auf normalen Gartenböden an sonnigen bis halbschattigen Standorten. Sie ist gut geeignet zur Berankung von Fassaden, Mauern, Pergolen und Lauben in warmen, sonnigen Lagen. Dafür sind Kletterhilfen erforderlich.

Pflegetips. Bei der Pflanzlochvorbereitung achtet man darauf, daß der Untergrund gut entwässert ist. Die beste Pflanzzeit ist das Frühjahr. Ein Rückschnitt nach der Blüte im Frühsommer wird gut vertragen.

▽ ***A. chinensis*, Blüten**

▽ ***A. chinensis*, Früchte**

▽ ***Akebia quinata***

ARISTOLOCHIA MACROPHYLLA

Pfeifenwinde, Pfeifenblume, Osterluzei

Standort: sonnig bis halbschattig; auf jedem normalen Gartenboden
Wuchshöhe: 5 - 8 m
Blütezeit: Mai
Vermehrung: durch Aussaat und Ableger

Mit 350 Arten ist die Gattung *Aristolochia* aus der Familie der Osterluzeigewächse *(Aristolochiaceae)* überwiegend in den Tropen verbreitet. Achtung: Die Pflanze ist giftig.

Aristolochia macrophylla ist in den Laubwäldern des östlichen Nordamerikas heimisch. Eine raschwachsende, tropisch anmutende Kletterpflanze mit windenden Trieben. Blätter wechselständig, langgestielt, herz-nierenförmig, 10 - 30 cm lang. Blüten an langen Stielen hängend, gelblichgrün bis bräunlich, pfeifenartig gebogen, mit breitem, dreilappigem, braunrotpunktiertem und gestreiftem Saum.

Pflegetips. Für uns ist die Pfeifenwinde eine dekorative, dichtbelaubte Kletterpflanze ohne besondere Ansprüche an Standort und Boden. Bei trockenem Wetter im Sommer muß sie allerdings ausreichend gewässert werden.

▽ *Aristolochia macrophylla*

CAMPSIS

Klettertrompete, Trompetenblume

Standort: sonnig, warm und geschützt; auf frischen, humosen, nahrhaften Gartenböden
Wuchshöhe: 8 - 10 m
Blütezeit: Juli - September
Vermehrung: durch Aussaat und Wurzelschnittlinge

Nur zwei Arten umfaßt die zur Familie der Trompetenbaumgewächse *(Bignoniaceae)* gehörende Gattung. In Mitteleuropa sind nur *C. radicans* und *C.* x *tagliabuana (C. grandiflora* x *C. radicans)* aureichend frosthart.

Campsis radicans klettert bis 10 m hoch; Blüten in Büscheln. Kronröhre orange bis hellorange, innen gelb und am Kronsaum scharlachrot gefärbt.

Campsis* x *tagliabuana 'Madame Galen' wächst mehr strauchig und weniger kletternd. Kronröhren außen orange, innen scharlachrot. Von Juli bis September nacheinander in lockeren Rispen aufblühend.

Pflegetips. Diese Klettergehölze benötigen einen vollsonnigen, windgeschützten, warmen Standort in wintermilden Klimazonen. Die Blüten sitzen in Büscheln am Ende der diesjährigen Triebe. Die langen Triebe sollten jährlich zurückgeschnitten werden.

▽ *C.* x *tagliabuana 'Mme. Galen'*

CELASTRUS ORBICULATUS

Baumwürger

Standort: sonnig bis halbschattig; auf jedem gepflegten Gartenboden
Wuchshöhe: 8 - 12 m
Blütezeit: Juni
Vermehrung: durch Aussaat und Wurzelschnittlinge

Mit rund 35 Arten ist *Celastrus* in Australien, Asien, Afrika und Nordamerika vertreten. Sie gehören zur Familie der Spindelbaumgewächse *(Celastraceae)*.

Celastrus orbiculatus, der Baumwürger, ist die für unsere Gartenkultur weitaus wichtigste Art. Eine sehr robuste und gesunde, anspruchslose Liane, die zur Bekleidung von Pergolen, Lauben und Torbögen zu empfehlen ist. Blätter rundlich bis breit-eiförmig, 5 - 10 cm lang, am Grunde breitkeilförmig, beiderseits hellgrün, im Herbst schön gelb gefärbt. Die Blüten sind zweihäusig und blühen in endständigen, grünlichen Rispen. Weibliche Pflanzen tragen im Herbst eine Fülle kleiner, rundlicher Kapselfrüchte, die sich dreiklappig öffnen. Die auffallenden Früchte halten sich bis weit in den Winter an den Zweigen. Ein reicher Fruchtschmuck ist allerdings nur zu erwarten, wenn Pflanzen beiderlei Geschlechts gepflanzt werden.

▽ *Celastrus orbiculatus*

<u>*Aristolochia macrophylla*</u>, die Pfeifenwinde, bildet interessante pfeifenkopfartige Kannenblüten und sehr attraktive große, weiche Blätter. Die Pfeifenwinde wächst auch bei Stadtluft problemlos und mit beinahe tropisch anmutender Üppigkeit.

<u>*Campsis* x *tagliabuana*</u> 'Madame Galen', die Trompetenblume, braucht zur vollen Entfaltung ihrer feurigen Blüten einen Supersommer. Sie klettert mit Haftwurzeln selbst an Mauern und Wänden empor und liebt einen schattigen Fuß.

<u>*Celastrus orbiculatus*</u>, der Baumwürger, gehört zu den linkswindenden Schlingpflanzen. Aus den in Trugdolden stehenden blaßgrünen, eher unauffälligen Blüten entwickeln sich ab Oktober orangefarbene, weithin leuchtende Früchte. Attraktiv ist auch die goldgelbe Herbstfärbung der Blätter.

CLEMATIS

Waldrebe

Standort: Halbschatten; etwas lehmhaltiger, durchlässiger Boden
Wuchshöhe: 2 - 4 m
Blütezeit: Mai - Oktober, je nach Art
Vermehrung: durch Aussaat, Stecklinge und Veredlung

Die Waldreben aus der Pflanzenfamilie der Hahnenfußgewächse *(Ranunculaceae)* sind mit Blattstielen rankende, verholzende Lianen. Ihre Blätter sind gegenständig, dreizählig oder unpaarig gefiedert, unregelmäßig zusammengesetzt oder einfach; die Blüten meist zwittrig, röhrenförmig bis tellerförmig mit vielen Zwischenformen, einzeln oder in endbzw. seitenständigen Rispen. Die Blüten haben in der Regel 4 Blütenblätter, selten 5, 6 oder 8. Die Staub- und Fruchtblätter sind zahlreich. Die Fruchtblätter entwickeln sich zu Nüßchen mit bleibendem Griffel, der sich oft zu einem fedrig behaarten Schweif auswächst.

Wildarten
Clematis alpina, Alpenwaldrebe. Schwachwachsend, zierlich, 2 - 3 m hoch kletternd. Blüten einzeln, lang gestielt, Blütenblätter 3 - 4 cm lang, schmal, weit gespreizt, blau in verschiedenen Schattierungen. Blütezeit Mai - Juni. Aus der Wildart sind einige Sorten ausgelesen worden: 'Francis Rivis', Blüten besonders groß, tiefblau gefärbt; 'Pamela Jackman', Blüten tiefazurblau, Blütenblätter sehr schmal, leicht remontierend; 'White Moon', spätblühende Auslese mit reinweißen, gefüllten Blüten. Mit ihrer reichen Blüte gehören die Wildarten samt ihren Sorten zu den schönsten Waldreben für kühle Lagen. Sie eignen sich besonders für die Pflanzung in Steingärten.

Clematis heracleifolia, Großblättrige Waldrebe. Bis 1 m hoher, buschiger Halbstrauch. Blüten 2 - 2,5 cm lang, röhrig, hyazinthenähnlich, blaßblau, in vielblütigen Büscheln über dem Laub; Blütezeit August bis September. Heimisch in Ostchina. Robuste Art mit dem Charakter eines kleinen Blütenstrauches, die in allen Gartenbereichen wächst.

Clematis x jackmanii (C. lanuginosa x C. viticella), robuster, 3 - 4 m hoher Kletterstrauch. Blüten meist zu dritt, langgestielt, in großer Zahl an den Enden der diesjährigen Triebe, violettpurpur, 10 - 14 cm breit, die 4 Blütenblätter flach ausgebreitet; Blütezeit Juli - Oktober.

Clematis macropetala, Großblütige Alpenwaldrebe. 2 - 3 m hohe, verholzende Kletterpflanze. Blüten einzeln, nickend, bis 10 cm breit. Blütenblätter zu viert, blau oder blauviolett; Blütezeit Mai - Juni. Verbreitet in Nordchina, der Mandschurei und Sibirien. Gilt mit ihren wie gefüllt wirkenden, reichen Blüten und dem etwas bronzefarbenen Laub als eine der schönsten Arten für den Steingarten.

Clematis maximowicziana, Rispenblütige Waldrebe. Starkwachsend, bis 8 m hoch. Blüten weiß, wohlriechend, 3 cm breit, in reichblühenden Rispen; Blütezeit September bis Oktober. Heimisch in Japan. Überaus reich blühender Herbstblüher, der einen sonnigen und warmen Standort liebt.

Clematis montana, Anemonenwaldrebe. Starkwachsend, bis 8 m hoch. Blüten weiß, leicht duftend, die 4 Blütenblätter weit gespreizt, zu 1 - 5 in Büscheln am alten Holz. Blüht im Mai. Verbreitet im Himalaya, in Mittel- und Westchina. *C. montana* ist die in unseren Gärten wohl am häufigsten gepflanzte Wildart. Sie blüht reich, wächst üppig, ist anspruchslos und kann rasch auch große Fassaden, Lauben und Pergolen begrünen.

Clematis orientalis, Orientalische Waldrebe. 3 - 5 m hoch kletternd. Blüten gelb, breitglockig, 3 - 5 cm breit, die 4 Blütenblätter dick und fleischig; Blütezeit August - September. Nach der Blüte reicher Ansatz silbriger Fruchtstände. Verbreitet von Südosteuropa bis nach Nordchina und in die Mandschurei.

Clematis tangutica, Mongolische Waldrebe. Bis 5 m hoch, Blüten gelb, bis 8 cm breit, zunächst breit glockig, später stark gespreizt, meist einzeln, nickend. Blütezeit Juni - Juli und September - Oktober. Nach der Blüte zahlreiche fedrige, silbrige Fruchtstände. Verbreitet von der Mongolei bis Nordwestchina. Die Mongolische Waldrebe ist die schönste und anspruchsloseste unter den gelbblühenden Wildarten.

Clematis vitalba, Gemeine Waldrebe. Üppig und rasch wachsend, bis 10 m hoch. Blüten weiß, schwach duftend, etwa 2 cm breit, zahlreiche Staubblätter; Blütezeit Juli - September. Heimisch von West- und Mitteleuropa bis zum Kaukasus. Die Gemeine Waldrebe gehört zu den wenigen Lianen der heimischen Flora. Sie besiedelt Auenwälder, feuchte Waldränder und halbschattige bis schattige Hänge auf nährstoffreichen, durchlässigen Böden.

Clematis viticella, Italienische Waldrebe. Bis 4 m hoch kletternd. Blüten meist einzeln auf langen Stielen, 3 - 5 cm breit, die 4 Blütenblätter flach ausgebreitet, purpurrosa bis violett; Blütezeit Juli - September. Verbreitet von Südosteuropa bis zum Kaukasus. *C. viticella* wird schon seit Jahrhunderten in Gärten kultiviert. Sie wurde im vergangenen Jahrhundert mit den neu eingeführten ostasiatischen Arten gekreuzt und ist so am Zustandekommen der großblumigen Hybriden beteiligt. Neben den üppigblühenden, großblumigen Sorten der *Viticella*-Gruppe kennen wir auch Sorten mit relativ kleinen Blüten.

Großblumige Hybriden
Als Gartenpflanzen werden Clematis-Hybriden mit ihren großen und auffallend gefärbten Blüten in der Regel den Wildarten vorgezogen. Am Zustandekommen die-

Clematis-Arten und -Sorten. Wegen der Vielfalt ihrer Farben und Formen gehören Clematis zu den beliebtesten Kletterpflanzen für Garten, Terrasse und sogar Balkon. Im Handel sind eine Vielzahl von Arten und Sorten, die sich in drei Gruppen einteilen lassen. Die Vertreter dieser Gruppen unterscheiden sich nicht nur durch unterschiedliche Blüten und Blütezeiten, sondern stellen auch individuelle Ansprüche an den Schnitt. Das Blütentableau rechts zeigt die faszinierende Clematis-Vielfalt.

Gruppe 1. Frühblühende Wildarten, Alpina-, Macropetala- und Montana-Typen. Die meist starkwüchsigen Arten eignen sich besonders zum Begrünen von Häusern und Gerüsten. Die Blütentriebe entstehen aus den Vorjahrestrieben. Sie können nach der Blüte zurückgeschnitten werden, um das Wachstum vieler neuer Triebe anzuregen. Abgestorbene, beschädigte und umherwuchernde Triebe sind ebenfalls zu entfernen.

Gruppe 2. Frühe, großblumige Hybriden. Sie wachsen schwächer und blühen oft vom Frühsommer bis zum Herbst mit großen, auffälligen Blüten in bezaubernden Farben. In Kombination mit anderen Kletterpflanzen, Bäumen oder Sträuchern können sie sehr attraktiv aussehen. Die Blüten entstehen je nach Sorte an Kurztrieben der vorjährigen Zweige oder an diesjährigen Zweigen. Alle frühblühenden Sorten schneidet man unmittelbar nach der Blüte zurück, die spätblühenden im zeitigen Frühjahr.

Gruppe 3. Späte, großblumige Hybriden, spätblühende Arten, kleinblumige Hybriden und krautige Wildarten. Die Blüten entwickeln sich nur an diesjährigen Trieben. Der Rückschnitt erfolgt hier vor dem neuen Austrieb im zeitigen Frühjahr. Man entfernt sämtliches Altholz bis auf einige starke Knospen in den Blattachseln bis 15 - 30 cm über dem Boden.

△ 'H. F. Young' (2)

△ 'Sieboldii' (3)

▽ 'Nelly Moser' (2)

▽ 'D. of Albany' (3)

▽ 'Henryi' (2)

▽ 'Gravetye Beauty'

▽ 'Frances Rivis' (1)

▽ *Clematis montana* (1)

▽ 'Mme J. Correvon' (3)

▽ *C. rehderiana* (3)

***Clematis*-Hybride 'Ville de Lyon'. Diese großblumige Varietät gehört zu den *Viticella*-Typen und besticht durch ihre rubin- bis magentaroten Blüten von 10 - 15 cm Durchmesser, die von Juli bis September in großer Vielzahl erscheinen.**

ser Hybriden sind nur wenige Wildarten beteiligt, neben den in Europa heimischen *C. viticella* und *C. integrifolia* die aus Japan und China stammenden *C. florida, C. patens* und *C. lanuginosa.* Die erste Kreuzung zwischen einer europäischen und einer ostasiatischen Art wurde 1860 in England vorgenommen. Aus den Sämlingen dieser Kreuzung hat man *C.* x *jackmanii* ausgelesen. Heute kennen wir mehr als 500 Sorten großblumiger *Clematis*-Hybriden.

Pflegetips. *Clematis* gehören zu den schönsten aller winterharten Lianen. Sie lassen sich an zahlreichen Gartenplätzen ansiedeln. Dazu gehören nicht nur Mauern und Hausfassaden, sondern auch Zäune, Lauben, Laubengänge, Pergolen, Sichtschutzwände oder freistehende Klettergerüste. Darüber hinaus lassen sich *Clematis* sehr gut auch mit kleinen Bäumen oder robusten Sträuchern vergesellschaften. Man pflanzt sie dann so, daß sie sommer- und immergrüne Bäume und Sträucher durchschlingen und überwachsen können. Man kommt damit ihren natürlichen Ansprüchen weitgehend entgegen, denn alle verholzenden *Clematis* leben an ihren natürlichen Standorten an Waldrändern und auf Lichtungen in Gesellschaft von Gehölzen, die ihren Trieben als Stütze dienen.
Clematis sind keine Selbstklimmer. Man muß ihnen Klettergerüste zur Verfügung stellen, an denen sie sich mit ihren Blattranken anklammern können.
Als Waldpflanzen bevorzugen *Clematis* durchlässige, krümelige, nährstoffreiche und leicht alkalische, ausreichend frische Böden. Der Wurzelbereich muß kühl gehalten werden, der Rest der Pflanze kann in voller Sonne stehen. Kühle im Wurzelbereich schafft man durch Abdeckung des Bodens mit Steinen, durch eine Mulchdecke und durch eine Bepflanzung mit niedrigen Stauden und Gehölzen. In Trockenperioden muß ausreichend gewässert werden. Eine der wichtigsten Pflegemaßnahmen an *Clematis* ist der Schnitt, vor allem bei großblumigen Hybriden. Wildarten kann man ungeschnitten wachsen lassen. Ist ein Schnitt notwendig, weil die *Clematis* über den zugedachten Raum hinauswachsen oder in Bäumen und Sträuchern zu üppig geworden sind, schneidet man frühblühende Arten nach der Blüte zurück, die spätblühenden Arten im zeitigen Frühjahr. Auch bei den großblumigen Hybriden unterscheiden wir zwischen Sorten, die ihre Blüten an Kurztrieben der vorjährigen Zweige anlegen und den übrigen Sorten, deren Blüten an den diesjährigen Zweigen entstehen. Würde man Sorten, die ihre Hauptblüte im Mai, Juni und Anfang Juli haben, im Frühjahr zurückschneiden, müßte man im gleichen Jahr auf Blüten verzichten. Wenn notwendig, schneidet man unmittelbar nach der Blüte zurück. Spätblühende Sorten, mit einer Hauptblütezeit von Juli bis September, werden regelmäßig im Frühjahr stark zurückgeschnitten. An den Neutrieben können sich zahlreiche Blüten entwickeln. Als verheerende Krankheit tritt an *Clematis* gelegentlich eine Welkekrankheit auf. Sie wird von Pilzen verursacht. Die Pflanzen können innerhalb weniger Tage tot sein. Sind nur einzelne Zweige befallen, schneidet man diese bis zur Befallstelle zurück.

▷ ***C.*-Hybride 'Ville de Lyon'**

Die schönsten Clematis-Sorten

Sorte	Blütenfärbung	Blütezeit
'Barbara Jackman'	dunkelviolett, Mittelstreifen magentarot	Mai–Juni
'Boskoop Beauty'	hellblau, Mittelstreifen violettpurpur	Juni–Juli
'Capitaine Thuilleaux'	hellrosa, Mittelstreifen purpurrosa	Mai–Juni
'Dorothy Walton'	hellpurpur	Juli–September
'Dr. Ruppel'	weißrosa, Mittelband purpurrosa	Mai–Juni
'Duchesse of Edinburgh'	rahmweiß, gefüllt	Juli–September
'Ernest Markham'	petunienrot	Juli–September
'Etoile de Malicorne'	violettweiß, Mittelstreifen violettpurpur	Mai–Juni
'Etoile Violette'	dunkelpurpur	Juni–September
'General Sikorski'	violettblau	Juni–Juli
'Gipsy Queen'	dunkelpurpur mit rötlichen Adern	Juli–September
'Guiding Star'	tief violettrot	Juli–September
'Hagley Hybrid'	tief rosa	Juli–September
'Henryi'	weiß	Juni–Juli
'Huldine'	perlmuttweiß	Juli–September
'Jackmanii'	dunkelblau	Juli–September
'Jackmanii superba'	dunkel purpurblau	Juli–September
'Kathleen Dunford'	hellpurpur	Mai–Juni
'Lady Betty Balfour'	purpurblau	September–Oktober
'Lady Northcliffe'	lavendelblau	Juni–Juli
'Lasurstern'	violettblau	Mai–Juni
'Madame Julia Correvon'	tief weinrot	Juli–September
'Madame le Coultre'	weiß	Juni–Juli
'Margaret Hunt'	matt purpurrosa	Juli–September
'Miss Bateman'	weiß	Mai–Juni
'Mrs. Cholmondeley'	lavendelblau	Juni–Juli
'Mrs. N. Thompson'	violettblau, Mittelstreifen purpurrot	Mai–Juni
'Mrs. Spencer Castle'	rosa, halbgefüllt	Juli–September
'Nelly Moser'	rosalila, Mittelstreifen rot	Mai–Juni
'Niobe'	tiefrot bis dunkelpurpurrot	Juli–September
'Perle d'Azur'	himmelblau	Juli–September
'Pink Fantasy'	hellrosa, schwach purpurrot gestreift	Juli–September
'Rouge Cardinal'	samtig dunkelrot	Juli–September
'Silver Moon'	violettweiß	Juli–September
'Star of India'	dunkel purpurblau	Juli–September
'The President'	violettblau	Mai–Juni
'Twilight'	dunkel purpurrosa	Juli–September
'Ville de Lyon'	purpurrot	Juli–September
'Violett Charm'	purpurblau	Juli–September
'Vyvyan Penell'	purpurblau, gefüllt	Mai–Juni
'W. E. Gladstone'	hell violettblau	Juli–September
'William Kennett'	hell violettblau	Juli–September
'Xerces'	purpurblau	Mai–Juni

***Hydrangea petiolaris*, die Kletterhortensie, mag vollsonnige Standorte, darf aber dort nicht austrocknen. Ihr botanischer Name *Hydrangea* (Wasserschlürferin) weist darauf hin, daß sie reichlich Feuchte braucht. Empfehlenswert ist eine dicke Mulchdecke, die eine zu starke Verdunstung bremst.**

***Lonicera x heckrottii*, die Heckenkirsche, blüht mit außen rötlich und innen gelblichen Blüten, die abends herrlich duften. Aus ihnen entwickeln sich saftige Beeren, deren Gehalt an Giftstoffen sehr unterschiedlich sein kann.**

HYDRANGEA PETIOLARIS

Kletterhortensie

Standort: sonnige bis halbschattige Lage; nahrhafte, tiefgründige, frische, humose Böden
Wuchshöhe: bis über 10 m
Blütezeit: Juli - September
Vermehrung: durch Aussaat oder Stecklinge

Die Gattung aus der Familie der Steinbrechgewächse *(Saxifragaceae)* besteht aus rund 80 Arten. Weitere Arten sind in dem Kapitel »Blütensträucher« beschrieben.

Hydrangea petiolaris, die Kletterhortensie, klettert in ihrer japanischen Heimat, wie bei uns der Efeu, bis weit in die Kronen hoher Bäume hinauf. Sie kann sich mit ihren Haftwurzeln auch an ausreichend rauhen Fassaden anklammern. *H. petiolaris* hat 5 - 10 cm lange, breit-eiförmige bis runde, oben glänzendgrüne Blätter, die sich im Herbst auffallend gelb verfärben. Die Blüten stehen in 15 - 20 cm breiten Schirmrispen mit etwa 3 cm breiten, weißen, sterilen Randblüten. Die fertilen Blüten sind ebenfalls weiß. Blütezeit ist Juni bis Juli. *H. petiolaris* ist eine sehr robuste Kletterpflanze, die auch an schattigen Plätzen noch zufriedenstellend gedeiht. Sie liebt windgeschützte Standorte und sollte bei warmem Wetter ausreichend Wasser bekommen.

LONICERA

Heckenkirsche, Geißblatt

Standort: als Blüten- und Fruchtsträucher, Kletterpflanzen und Bodendecker an sonnigen bis schattigen Plätzen
Wuchshöhe: bis 5 m, je nach Art
Blütezeit: Februar - Juni, je nach Art
Vermehrung: durch Aussaat oder Stecklinge

Etwa 180 Arten der Gattung, die zur Familie der Geißblattgewächse *(Caprifoliaceae)* gehören, kommen vorwiegend in der nemoralen Zone von Europa, Asien und Nordamerika vor. Vorsicht: Die Früchte der Heckenkirschen sind giftig.

Lonicera caprifolium, Jelängerjelieber. Sommergrüner, bis 5m hoch windender Strauch mit elliptischen bis breit-elliptischen Blättern, die 4 - 10 cm lang, stumpf, oberseits dunkelgrün, unten bläulich sind; an blühenden Trieben sind die oberen 2 - 3 Blattpaare miteinander verwachsen. Blüten erscheinen im Mai - Juni meist quirlig zu sechst auf dem oberen Blattpaar aufsitzend. Die Kronröhre ist 4 - 5 cm lang, weiß bis gelblichweiß, außen oft etwas rötlich, die Früchte sind korallenrot. Die in Laubwäldern von Mitteleuropa bis nach Kleinasien und zum Kaukasus verbreitete Art ist eine wichtige Kletterpflanze zur Berankung von Mauern, Pergolen und Zäunen. Ihre Ansprüche an Boden und Lage sind sehr gering. Wie alle anderen schlingenden *Lonicera*-Arten benötigt sie ein Klettergerüst.

Lonicera x heckrottii *(L. x americana x L. sempervirens)* ist ein sommergrüner, schwachwindender Strauch. Blätter elliptisch, bis 6 cm lang, zugespitzt, oberseits mittelgrün, unten bläulich. Die Blüten stehen von Juli bis September dichtkopfig in mehreren Quirlen übereinander und sind in der Knospe purpurn, später außen purpurn oder nur gerötet, innen erst gelblich, später goldgelb, wohlriechend, die Kronröhre wird bis 5 cm lang. Eine sehr reichblühende, anspruchslose und häufig gepflanzte Varietät.

Lonicera henryi, Henrys Geißblatt. Immergrüner, starkwachsender, bis 6 m hoch schlingender Strauch mit mehr oder weniger dicht angedrückten und abstehenden, behaarten Zweigen. Die Blätter sind eilanzettlich bis lanzettlich, 4 - 10 cm lang, am Grund meist herzförmig, am Rand bewimpert, glänzenddunkelgrün. Blüten erscheinen im Juni bis Juli in Paaren in den Achseln der oberen Blattpaare und am Ende der Triebe und sind 1,5 - 2 cm lang, gelbrot bis purpurrot; die Früchte sind schwarz. Schönbelaubte, immergrüne Schlingpflanze für geschützte, warme Standorte, auch im Halbschatten; besonders zur Bekleidung von Mauern, Zäunen und Pergolen.

▽ *Hydrangea petiolaris*

▽ *Lonicera x heckrottii*

Lonicera periclymenum, Waldgeißblatt. Mit dem Verbreitungsschwerpunkt im atlantischen Europa ist das Waldgeißblatt ein Vertreter unserer heimischen Wälder, Gebüsche und Hecken. Ein sommergrüner, bis 5 m hoch kletternder Schlingstrauch mit eiförmigen bis schmalelliptischen Blättern, die 5 - 8 cm lang, oberseits dunkelgrün, unten bläulichgrün sind. Blüten erscheinen von Juni bis August an den Enden junger Kurztriebe in kopfig genäherten Quirlen. Die Krone ist gelblichweiß, außen rot überlaufen, 4 - 4,5 cm lang, zweilippig, die Kronröhre sehr schlank, außen klebrig, die Staubgefäße weit herausragend. Die Blüten duften besonders am Abend stark. Früchte als 7 - 8 mm große, kugelige, dunkelrote Beeren in kopfigen Fruchtständen.

▽ ***Lonicera* x *tellmanniana***

POLYGONUM

Knöterich

Standort: sonnig bis halbschattig; nasse, sumpfige ebenso wie steinige, harte Böden
Wuchshöhe: bis 20 m
Blütezeit: August - Oktober
Vermehrung: durch Aussaat oder Teilung

Der Knöterich mit seinen zahlreichen Arten ist in den meisten Ländern der nördlichen Erdhalbkugel vertreten, südlich des Äquators kommt er selten bis gar nicht vor. Die zur Familie der Knöterichgewächse *(Polygonaceae)* gehörende Gattung hat mit ihren ca. 150 bekannten Arten eine große Formenvielfalt. Ihnen allen gemeinsam sind die wechselständigen Blätter, die am Grund mit einer tütenförmigen, den Stengel umgebenden Scheide versehen sind. Bevorzugte Standorte der einzelnen *Polygonum*-Arten sind Unkrautfluren und allgemein feuchte Plätze. Zwei Knöterichgewächse, die ehemals zur Gattung *(Polygonum)* gehörten, dann von den Botanikern aber umbenannt wurden, sind *Fallopia aubertii* (früher *Polygonum aubertii*) und *Fallopia baldschuanica* (früher *Polygonum baldschuanicum*). Beide Arten sind raschwachsende Schlinger, die mühelos einen Jahrestrieb von 5 - 7 m Länge und insgesamt an günstigem Standort eine Höhe von 20 m und mehr erreichen. Diesen Schlingern muß man allerdings eine Kletterhilfe in Form von Stangen, Latten oder Spalieren geben.

Pflegetips. Sie vertragen Sonne bis Halbschatten, und – da sie zu den Starkzehrern gehören – entwickeln sie sich in feuchtem, nährstoffreichem Boden. Sie sind winterhart und gelten als industriefest, da ihnen die schlechte Qualität der Luft nicht viel auszumachen scheint. Bei der Auswahl des Standortes muß darauf geachtet werden, daß die Umgebung nicht allzu viele Klettermöglichkeiten bietet - insbesondere keine jungen Bäume -, da die Pflanzen sich um alles winden, was ihnen Halt geben kann.

▽ ***Polygonum aubertii***

Lonicera* x *tellmanniana soll aus der amerikanischen Art ***Lonicera sempervirens*** und der chinesischen Art ***L. tragophylla*** entstanden sein. Die Pflanze fällt durch goldgelbe bis orangefarbene Blüten auf, die im Juni erscheinen, gehört zu den am höchsten kletternden Vertretern und schafft leicht 4 - 6 m.

Polygonum aubertii, der Schlingknöterich, heißt nach neuester botanischer Namensgebung ***Fallopia***. Der vitale Klettermaxe wächst in einem Jahr oft mehrere Meter. Er sollte nur dort gepflanzt werden, wo ihm ausreichend Platz für seine Entwicklung zur Verfügung steht.

***Wisteria floribunda* 'Macrobotrys'** **ist eine bedingt winterharte Spielart der Glyzine. Sie blüht mit kobaltblauen, bis 90 cm langen Blütentrauben, die aussehen wie sprühende Wasserfälle.**

***Wisteria floribunda* 'Alba'**, **eine weißblühende Spielart. Dieses jahrhundertealte Exemplar steht im Park von Scotney Castle/Südengland und überzieht die Schloßruine wie ein übergroßer Feenschleier.**

WISTERIA

Glyzine, Wisterie, Blauregen

Standort: sonnige Lage; nahrhafter, durchlässiger Boden
Wuchshöhe: 8 - 10 m
Blütezeit: Mai - Juni, Nachblüte Juli/August
Vermehrung: durch Ableger oder Veredlung

In Nordamerika und Ostasien sind die 9 *Wisteria*-Arten verbreitet, sie gehören der Familie der Schmetterlingsblütler *(Leguminosae)* an. Die sommergrünen Lianen sind durch wechselständige, unpaarig gefiederte Blätter und durch große Schmetterlingsblüten gekennzeichnet, die in langen, hängenden, end- oder seitenständigen Trauben zusammenstehen. Die Blüten haben einen glockenförmigen Kelch mit 5 ungleichen Zähnen. Die Blütenkrone besteht aus der großen, zurückgeschlagenen Fahne, 2 sichelförmigen Flügeln und einem gekrümmten, kurzen Kiel. Die Frucht ist eine große, mehrsamige Hülse, die zwischen den Samen mehr oder weniger deutlich verengt sind. Samen und Blätter gelten als giftig.

Wisteria floribunda, die Japanische Glyzine, ist eine bis 8 m hohe, rechtswindende Liane. Blätter mit 11 - 19 elliptischen bis eilänglichen, 4 - 8 cm langen Blättchen gefiedert. Violette oder violettblaue Blüten in lockeren, bis 50 cm langen, schlanken Trauben im Mai - Juni. Die Blüten öffnen sich allmählich von der Basis der Traube zur Spitze hin, sie blühen nie alle gleichzeitig auf. Heimisch in Japan. Neben der Wildart werden eine Reihe von Sorten gepflanzt, von denen nicht wenige ihren Ursprung in Japan haben.

Wisteria x formosa *(W. floribunda* x *W. sinensis)*. Hochwachsende, linkswindende Hybride. Blätter mit 9 - 15, meist 13 Blättchen. Blüten 2 cm lang, die Fahne blaßviolett, Flügel und Kiel etwas dunkler, die Trauben bis 25 cm lang.

Wisteria macrostachys. Bis 8 m hoch kletternd, linkswindend. Blätter mit 9 (- 15) länglich elliptischen, 3 - 7 cm langen Blättchen. Purpurviolette Blüten im Juni - Juli in 15 - 35 cm langen, ziemlich dichten Trauben. Geeignet für Weinbauklimaten.

Wisteria sinensis, Chinesische Glyzine. Bis 10 m hoch wachsend, linkswindend. Blätter mit 7 - 13 eilänglichen bis ei-lanzettlichen, 5 - 10 cm langen Blättchen. Blauviolette, etwa 2,5 cm lange, schwachduftende Blüten im Mai - Juni in 15 - 30 cm langen, ziemlich dichten, stumpfen Trauben. Innerhalb einer Traube blühen alle Blüten etwa gleichzeitig auf. Heimisch in China.

Pflegetips. In der Gartenkultur gehören Wisterien zu den prachtvollsten Lianen. Für optimales Gedeihen benötigen sie nahrhaften, durchlässigen Boden und eine geschützte, sonnige Lage. In der Natur klettern Wisterien mit ihren windenden Trieben an anderen Pflanzen zum Licht. Im Garten pflanzt man sie an Pergolen oder Lauben; zur Bekleidung von Fassaden sind Klettergerüste notwendig. Ihr starkes Wachstum kann man lenken, wenn man im Hochsommer überzählige Seitentriebe bis auf einige Blätter einkürzt. Man regt damit gleichzeitig die Bildung von Blütenknospen an.

▽ ***Wisteria floribunda* 'Macrobotrys'**

▷ ***Wisteria floribunda* 'Alba'**

GESTALTUNG

Die Gartengestaltung beginnt bei den Bäumen – und sie endet nie! Bäume und Sträucher bilden das pflanzliche Grundgerüst eines Gartens. Sie sind Hintergrund für viele Einrichtungen wie Gartenteich, Skulptur, Gartenhaus oder Grillplatz, bedeutsamer Vordergrund aber, wenn es darum geht, den Zauber der Blütenpracht im Laufe der Jahreszeiten, Werden und Vergehen, darzustellen. Die vielfältigen Verwendungsmöglichkeiten von Baum und Strauch können im folgenden Kapitel kaum erschöpfend aufgezeigt werden. Rezepte sind in der Gartengestaltung ohnehin nicht möglich, denn jeder Garten ist anders. Aber es sollen Anregungen gegeben werden, wie man mit diesen bedeutsamen Vertretern der Flora den eigenen Garten harmonisch gestalten kann, um ihn so zur Freude des Gartenbesitzers werden zu lassen.

Ausgereifte Harmonie zeigt diese Bepflanzung. Die unterschiedlich hohen Rhododendren umgeben die Terrasse mit einem Blütenrahmen, der zur Eleganz des Hauses paßt, und mildern gleichzeitig die leicht abfallende Böschung.

Bäume sind die großen Möbelstücke des grünen Wohnraums Garten. Bei ihrer Auswahl muß man den endgültigen Habitus, den Kronenumfang und die Höhe im Auge behalten. Der rosablühende Zierapfel (*Malus purpurea* 'Eleyi') zum Beispiel wird 4 - 6 m hoch und bildet eine eher ausladende Krone. Für einen kleinen Garten kommt er nur bei sehr geschickter Plazierung in Frage.

In der freien Natur finden sich Pflanzen auf bestimmten Standorten zu sogenannten »Pflanzengesellschaften« zusammen. Sie haben dort ihr bestes Auskommen und vertragen sich gut miteinander. Es liegt nun auf der Hand, daß es auch für den Gartenstandort solche typischen Gesellschaften gibt, die durch die speziellen Lebensbedingungen der jeweiligen Pflanzen bestimmt werden. Und es liegt ebenfalls auf der Hand, daß man am besten nur Pflanzen verwenden sollte, die die gleichen Ansprüche an den Standort stellen. Die Kenntnis der speziellen Lebensbedingungen und weiterer Faktoren, die im folgenden erläutert werden, sind Grundvoraussetzung für die Gartengestaltung mit Gehölzen.

Lebensbedingung Boden. Die Mehrzahl unserer Gartengehölze läßt sich problemlos kultivieren, wenngleich sie auch unterschiedlichster Herkunft sein können. Sie nehmen mit jedem lockeren Gartenboden vorlieb, wenn ihr Lebensraum gesichert ist und sie nicht mit anderen Gehölzen konkurrieren müssen. Bestimmte Pflanzenarten, die auf extremen Standorten gedeihen, wie zum Beispiel die Rhododendronarten, Azaleen und Heidekräuter, lassen sich allerdings nur dann mit Erfolg kultivieren, wenn man ihnen ähnliche Lebensbedingungen wie in der freien Natur verschafft. Diese Gruppe, die auf sauren, torfigen oder anmoorigen Böden gedeiht, rechnet man zu den Moorbeetpflanzen. Durch hohe Beigaben von Rindenmulch, Komposterde und Torf lassen sich die Bodenverhältnisse so gestalten, daß sie sich gut entwickeln können. Ist jedoch der Kalkgehalt des Bodens sehr hoch, müssen wir auf solche Pflanzen verzichten und andere Gruppierungen wählen. Es ist also wichtig, daß man vor jedem Tun im Garten zunächst einmal den Boden von einem anerkannten Fachinstitut auf seine Zusammensetzung und seinen Nährstoffgehalt untersuchen läßt (zum Beispiel von den Landwirtschaftskammern).

Lebensbedingung Wasser. Eine weitere wichtige Voraussetzung für gutes Gedeihen ist das Vorhandensein von Wasser. Besonders bei sandigen, leichten Böden, die nur eine geringe wasserhaltende Kraft besitzen, muß in Trockenperioden zusätzlich gewässert werden, wenn man nicht von vornherein solche Pflanzen verwendet, die aus Steppengebieten kommen und daher weniger Wasser benötigen.

Lebensbedingung Licht. Die Lichtverhältnisse spielen die dritte bedeutsame Rolle im Garten. Hier muß die Auswahl der Gehölze die vorhandenen Gegebenheiten berücksichtigen. Oft hat man ein Grundstück erworben, auf dem sich bereits größere Bäume mit beträchtlichem Schattenwurf befinden. Dann sind vor allem die Gehölze gefragt, die diesem Umstand Rechnung tragen. Die meisten Gartengehölze wachsen am besten auf sonnigem oder halbschattigem Standort.

Standortwahl. Stauden und Sträucher kann man im Garten beliebig verpflanzen. Bei älteren Bäumen ist das nicht möglich. Sie sind fest mit dem Boden verwachsen und bilden so das unverrückbare Inventar, das mit der Zeit schöner, aber auch größer wird. Bauland ist knapp und die Gärten sind heute meist klein. Da muß man schon sehr sorgfältig überlegen, welchen Baum man wählt und wohin man ihn pflanzt. Vor allem die spätere Größe ist zu bedenken. Es ist zwar möglich, zu groß gewordene Bäume zu beseitigen oder zurückzuschneiden, aber wer will schon an einen langjährigen Lebensgefährten Hand anlegen! Für kleinere Gärten müssen also kleinere Bäume den Maßstab geben.

Blütezeit. Es gibt viele »Blütenbäume« mit unterschiedlichen Blütezeiten. Durch geschickte Auswahl kann man sich lange an blühenden Bäumen erfreuen, zum Beispiel mit einem Judasbaum im März, einem spätblühenden Zierapfel oder Goldregen im Mai, einem Blumenhartriegel im Juni oder einer Aralie im August. Was dazwischen liegt, können Blütensträucher ergänzen. Rosen blühen den ganzen Sommer hindurch, meist sogar bis zu den ersten Frö-

sten im Spätherbst. Der Winterschneeball öffnet die ersten vorwitzigen rosa Blüten bereits im Oktober/November und wetteifert den Winter hindurch bei frostfreiem Wetter mit der Zaubernuß und dem Winterblühenden Geißblatt. Der Fingerstrauch, das Johanniskraut und die Hortensien gehören zu den Langzeitblühern, die in keinem Garten fehlen sollten, und wenn wir an Blüten- und Fruchtschmuck denken, so sind Feuerdorn, Zieräpfel, Schönfrucht und Pfaffenhütchen besonders zu erwähnen.

Raumgestaltung. Bäume gehören zur Möblierung eines Gartens. Sie sind die »großen Möbelstücke«, die man nicht in die Mitte des Zimmers stellen kann. Das würde den Raum zerstören. Mit Bäumen bildet man den Rahmen für den grünen Freiraum, den wir Garten nennen. Die zur Verfügung stehende Fläche muß dabei berücksichtigt werden. Mit zwei oder drei gezielt gepflanzten Exemplaren kann man oft mehr Wirkung erreichen, als mit einer Vielzahl. Und bedenken wir die schützende Wirkung von Bäumen, wenn es darum geht, Fenster eines Nachbarhauses zu verbergen oder Bauteile in der Umgebung, die die Harmonie des Gartens beeinträchtigen. Bäume können aber auch Vordergrund sein, einen Sitzplatz oder eine Terrasse mit lichter Krone überschatten, ohne dabei eine zu dichte Krone zu entwickeln.

Die Baumkrone. Darf man Bäume in Hausnähe pflanzen? – Nach einer Faustregel sollten Bäume stets im Abstand des späteren Kronendurchmessers gepflanzt werden. Bei einem Zierapfel wären das etwa 4 - 5 Meter. Man kann natürlich davon abweichen, wenn man sich an einer bestimmten Stelle in Hausnähe einen Vordergrund schaffen möchte, der die Tiefe des Gartens betonen soll. In den meisten Fällen kommt man aber mit der obigen Regel zurecht. Baumarten mit lockerer Krone sind für die Beschattung von Sitzplätzen oder Terrassen besonders zu empfehlen. Sie lassen viel Licht durch und schützen doch vor greller Sonne. Zur Auswahl seien nachfolgend einige besonders beliebte Bäume für diesen Zweck genannt. Die Blumenhartriegel mit ihrem lichten Kronenaufbau sind hier besonders zu empfehlen. Sie zeigen einen herrlichen Blütenschmuck und verabschieden sich im Herbst mit prächtigem Farbenspiel der Blätter. Auch die Glanzmispel besitzt einen lockeren Kronenaufbau. Die in Sträußchen zusammenstehenden Blüten sind eine gute Bienenweide. Das hellgrüne Laub färbt sich im Herbst über von Gelb nach Orangerot. Die orangefarbenen Früchte haften lange. Die Aralie mit ihren meterlangen, palmartigen, doppelt gefiederten Blattwedeln zählt zu den Aristokraten unter den Solitärbäumen, die einem Sitzplatz eine besondere Note geben können. Auch unter den Zierkirschen gibt es Sorten wie 'Accolade', die sich locker aufbauen und im Sommer den gewünschten Schatten spenden, ohne dabei eine zu dichte Krone zu entwickeln. Eine leuchtendgelbe Herbstfärbung gibt es gratis dazu.

Grenzabstände. Beim Pflanzen von Bäumen ist unbedingt der erforderliche Grenzabstand einzuhalten. Viele Länder und Gemeinden schreiben in ihren Gesetzen und Satzungen die entsprechenden Abstände für groß- und kleinkronige Bäume vor. Es ist wichtig, sich vor der Pflanzung bei den zuständigen Bauordnungsämtern danach zu erkundigen. Damit erspart man sich unter Umständen mühevolles Umpflanzen und manchen Ärger mit dem Nachbarn.

Natürliche Gärten. Und noch eine Bemerkung zum Schluß: Die Gestaltung unserer Gärten sollte möglichst »natürlich« sein. Nicht die vergewaltigte Natur, sondern die liebevoll gestaltete soll als Leitbild über allem Tun im Garten stehen. Wir wollen und können die Natur nicht nachahmen, aber wir können durch harmonische Gruppierung abwechslungsreiche Gartenbilder entstehen lassen, die uns jeden Tag aufs neue erfreuen. Im Garten ist alles erlaubt, was unserem Schönheitsempfinden entspricht, wenn es nur die Ansprüche der Bäume und Sträucher gebührend berücksichtigt.

Sträucher haben unterschiedliche Wuchsbilder: Aufrecht und schmal oder breit und ausladend. Diese Kolkwitzie, *(Kolkwitzia amabilis)*, wirkt nur deshalb so elegant und harmonisch, weil ihre leicht überhängenden, blütenbedeckten Triebe ungehindert ausschwingen können. Wer sie sich für eine Blütenhecke wünscht, muß diese sehr locker und luftig halten.

Die Blütezeiten der schönsten Gehölze auf einen Blick. Kombiniert man sie geschickt, blüht der Garten rund ums Jahr.

▽ ***R.* 'Q.. Elizabeth II'**

▽ ***Clematis tangutica***

▽ ***Rhodod. luteum***

▽ ***R.* 'Strawberry'**

▽ ***R.* 'May Day'**

Monat	**1**	**2**	**3**	**4**	**5**	**6**	**7**	**8**	**9**	**10**	**11**	**12**
Acer japonicum 'Aconitifolium' u. a.					■							
Acer palmatum						■						
Aesculus parviflora							■					
Aesculus pavia					■	■						
Amelanchier					■							
Berberis (sommergüne Arten)					■							
Berberis candidula					■	■						
Betula				■	■							
Buddleja alternifolia						■						
Buddleja davidii							■	■				
Callicarpa							■					
Calluna vulgaris u. a.								■	■	■		
Calycanthus floridus						■	■					
Caragana arborescens					■							
Chaenomeles				■	■							
Caryopteris								■	■			
Catalpa bignonioides						■	■					
Cercis siliquastrum				■	■							
Chimonanthus praecox	■	■										■
Chionanthus virginicus						■						
Clethra alnifolia							■	■	■			
Cornus florida					■							
Cornus nuttallii			■	■	■							
Cornus kousa						■						
Corylopsis				■	■							
Cotoneaster praecox, C. adpressus						■						
Cotoneaster dammeri, Watereri u.a.						■	■					
Crataegus						■	■					
Cytisus praecox					■	■						
Cytisus purpureus						■	■					
Daphne mezereum		■	■									
Daphne cneorum, D. burkwoodii						■						
Decaisnea fargesii						■	■					
Deutzia						■	■					
Enkianthus campanulatus						■						
Erica carnea		■	■	■								
Erica tetralix						■	■	■				
Escallonia						■	■					
Euonymus					■	■						
Exochorda					■							
Forsythia					■	■						
Fothergilla			■	■	■							
Gymnocladus dioica						■						
Halesia				■	■							
Hamamelis japonica, H. mollis, H. vernalis	■	■	■									
Hibiscus syriacus								■	■	■		
Holodiscus discolor							■	■				
Hydrangea arborecens, H. paniculata, H. macrophylla							■	■	■			
H. sargentiana								■	■			
Hypericum calycinum, H. moserianum							■	■				
Hypericum patulum							■	■	■			
Indigofera								■	■	■		
Jasminum nudiflorum									■	■	■	
Kalmia	■	■	■	■								

Monat	1	2	3	4	5	6	7	8	9	10	11	12
Kerria japonica				■	■	■						
Kolkwitzia japonica				■	■	■						
Laburnum					■							
Lespedeza									■	■		
Ligustrum						■	■					
Liriodendron					■							
Lonicera purpusii	■	■	■									
Lonicera heckrottii u. a.						■	■	■				
Magnolia stellata			■	■								
Magnolia sieboldii						■	■					
Magnolia soulangiana, M. kobus, M. loebneri				■	■							
Mahonia aquifolium				■								
Mahonia bealei					■	■						
Malus					■							
Paeonia suffruticosa					■	■						
Paulownia tomentosa				■	■							
Philadelphus						■	■					
Photinia					■							
Pieris floribunda				■	■							
Pieris japonica			■	■	■							
Potentilla					■	■	■	■				
Prunus cerasifera				■	■							
Prunus laurocerasus					■							
Prunus subhirtella			■	■								
Prunus tenella				■	■							
Prunus triloba				■	■							
Japanische Zierkirschen				■	■							
Pyracantha					■	■						
Rhododendron, immergrüne großblumige Hybriden					■	■						
Azaleen und Wildfromen von *Rhododendron*				■	■	■						
Rhus typhina						■	■					
Ribes sanguineum				■	■							
Robinia hispida						■	■	■	■			
Rosa					■	■	■	■	■	■		
Rubus odoratus						■	■					
Rubus 'Tridel'						■						
Sambucus					■	■						
Skimmia				■	■	■						
Sorbaria sorbifolia							■	■	■			
Sorbus aucuparia						■						
Spiraea bumalda 'Anthony Waterer'							■	■	■			
Spiraea thunbergii					■	■						
Spiraea vanhouttei					■	■						
Staphylea colchica						■						
Stephanandra						■	■					
Symphoricarpos					■	■						
Syringa reflexa, S. swegiflexa, S. swegizowii						■	■	■	■			
Syringa vulgaris						■						
Viburnum carlesii, V. carlcephalum				■	■							■
Viburnum bodnantense	■	■	■	■							■	■
Viburnum plicatum					■	■						
Viburnum rhytidophyllum, V. pragense					■	■						
Weigela					■	■						
Wisteria						■	■					

Das Farbenkaleidoskop der Blütengehölze bietet warme Töne von Cremegelb über Sonnengelb, Goldgelb, Lachs und Rot (links) und kühle Nuancen von Schneeweiß über Rosa, Pink, Blau und Blauviolett (unten).

▽ ***Clematis* 'Henryi'**

▽ ***R.* 'Seven Stars'**

▽ ***C.* 'Abundance'**

▽ ***C.* 'Lasurstern'**

▽ ***C.* 'Etoile Violette'**

<u>Einzelstellung</u> ist bei Gehölzen gefragt, die wegen ihrer typischen Wuchsform oder ihrer dominierenden Blütenfarben allein plaziert werden sollten, weil nur so ihre Schönheit voll zur Geltung kommt. Dieser in Blüte stehende Judasbaum *(Cercis siliquastrum)* verdient sie.

Unter den vielen blühenden Bäumen und Sträuchern gibt es eine Anzahl, die durch bestimmte Eigenschaften aus dem Rahmen des üblichen fällt. Wuchsform, Blüte oder Blätter sind so beschaffen, daß die Pflanzen einen bevorzugten Platz als Blickfang im Garten einnehmen müssen.

Solitärbäume. Es gibt Bäume mit ausgeprägter »architektonischer« Wirkung. Hierunter fällt beispielsweise der Hohe Etagen-Hartriegel (*Cornus controversa*), ein Gehölz, das sich in Etagen aufbaut und mit zunehmendem Alter seine volle Schönheit entfaltet. Zu dieser Gruppe gehört auch der Essigbaum oder Hirschkolbensumach (*Rhus typhina*) und seine geschlitzblättrige Form (*R. typhina* 'Laciniata'), die wegen ihres bizarren Wuchses und ihrer leuchtenden Herbstfärbung beliebt sind. Der Geweihbaum (*Gymnocladus dioica*) ruft eine ähnliche Wirkung hervor, ist aber breitkronig und verlangt Abstand zu anderen Gehölzen, um voll zur Geltung zu kommen. Seine sparrige Verzweigung kommt erst im Winter zum Vorschein. Von besonderem Reiz sind auch die Japanischen Zierahorne (*Acer japonicum* und *A. palmatum*). Ihr malerischer Wuchs und ihre prächtige Herbstfärbung machen sie zum unentbehrlichen Requisit für jeden Hausgarten. Besonders schön entwickelt sich die Felsenbirne (*Amelanchier lamarckii* syn. *A. canadensis)* im Freistand als mehrtriebiger Großstrauch oder Kleinbaum. *Cercis* ist ein wunderschönes Solitärgehölz und benötigt einen dunklen Hintergrund, eine Mauer oder Eibenhecke, um seine leuchtendrosa Blütenpracht voll wirksam werden zu lassen. Japanische Zierkirschen kommen ebenfalls in Einzelstellung am besten zur Wirkung.

Solitärsträucher. Auch unter den Sträuchern gibt es eine Anzahl, die solitär, d.h. einzeln, gepflanzt werden müssen, wenn man ihrer vollen Schönheit gerecht werden will. Dazu zählt zum Beispiel der Sommerflieder (*Buddleja*), der wegen seiner späten Blütezeit für den Garten besonders wertvoll ist. Er trägt seinen Namen als »Schmetterlingsstrauch« zu recht, denn auf den walzenförmigen Blütenständen geben sich zahlreiche Falterarten ein Stelldichein. Der Eibisch (*Hibiscus syriacus*) mit den reichblühenden Formen, die ihre Blütenpracht von August bis Oktober entfalten, ist ein Strauch, der sich im Einzelstand in einer niedrigen Beetpflanzung, zum Beispiel aus immergrünen Bodendeckern wie *Pachysandra*, *Epimedium* oder *Cotoneaster dammeri* 'Radicans' besonders wohlfühlt. Der Federbuschstrauch (*Fothergilla major*, *F. monticola*) verdient im Garten einen besonderen Platz. Die aparten weißen Blütenkätzchen erscheinen bei diesem Gehölz aus der Familie der Zaubernußgewächse bereits im März bei sonnigem Wetter. Der schwachwüchsige Strauch ist besonders für Steingartenbeete und niedrige Rabatten geeignet. Kein Gehölz kommt dem Farbenspiel seiner Blätter im Herbst gleich, das von grün über gelb, karminrot bis violett reicht. Die Sternmagnolie *Magnolia stellata* und die sommerblühende *Magnolia sieboldii* verlangen ebenfalls einen Extraplatz, wenn man ihrer Blütenfülle und ihrem Habitus gerecht werden will. Die Unterpflanzung sollte möglichst niedrig gehalten werden (Bodendecker). Man kann durch Tuffs aus farbstarken Frühjahrsblüher (Krokus, botanische Tulpen, Narzissen, Traubenhyazinthen) einen farbstarken Kontrast schaffen. Auch die üppig blühende Kolkwitzie darf nicht zwischen anderen Blütengehölzen eingepfercht werden. Sie muß zumindest als Vordergrundpflanze vor einer spätblühenden Gehölzgruppe oder einer immergrünen Abpflanzung ihrer Bedeutung entsprechend »ins rechte Licht« gerückt werden. Auch das Laub der Kolkwitzie hat hohen Zierwert. Ausdrucksvolle Gehölze wie der Schneeflockenstrauch (*Chionanthus*), die Scheinhasel (*Corylopsis*), der Blauschotenbaum (*Decaisnea)*, die winterblühende Zaubernuß (*Hamamelis*), die verschiedenen Strauchhortensien (*Hydrangea sargentiana*, *H. aspera* 'Villosa', *H. paniculata*, *H. arborescens* 'Grandiflora') und die dekorativen Schneeballarten (*Viburnum plicatum*, *V. p.* 'Tomentosum', *V. p.* 'Mariesii', *V.* x *bodnantense*, *V. fragrans*) verlangen nach Sonderstellung an sonniger oder halbschattiger Stelle. Die dekorative Schmuck-Mahonie (*Mahonia bealei*) wird nicht allein wegen ihrer aparten Blütenstände, sondern wegen der ausdrucksvollen gefiederten, immergrünen Belaubung gepflanzt. In Heidegärten, zwischen niedrigen Azaleen und Gräsern oder in einer niedrigen Blumenrabatte sorgt sie für die »Harmonie des Gegensatzes«. *Cornus nuttallii* gehört zu den schönsten Blumenhartriegeln, die bei uns in Kultur sind. Die über 5 cm großen weißen Blüten (Scheinblüten aus Hochblättern) schweben wie weiße Schmetterlinge im kahlen Frühlingsgeäst und haften noch lange nach dem Laubaustrieb. Im Herbst verfärben sich die lackgrünen Blätter scharlachrot. Die prächtige Farbwirkung kommt im Gegenlicht ganz besonders gut zur Geltung.

Rosen in Solitärstellung. Durch gärtnerische Züchtung wurde die Rose, Königin der Blumen, zur Beet- oder Gruppenpflanze degradiert. Nur die sogenannten Strauchrosen haben ihren eigenständigen Charakter bewahrt und zeigen erst dann ihre Schönheit, wenn sie sich einzeln oder in kleinen Gruppen entfalten können. Alte Sorten vergangener Jahrzehnte und Jahrhunderte werden wiederentdeckt und bringen als Solitärpflanzen ungeahnte Effekte in den Garten. Durch bewußtes Herausstellen macht man alle diese Pflanzen zur Besonderheit, zum Blickfang. Es lohnt die Mühe, solche Pflanzen, besonders dann, wenn sie sich in ihrem schönsten Gewand zeigen (Blüte, Herbstfärbung, Fruchtbehang oder im Schnee), auch einmal abends durch Anstrahlen mit einem Scheinwerfer ins Blickfeld zu rücken; sie werden gegen den dunklen Hintergrund des Gartens einen völlig neuen Anblick bieten.

Verschiedene Klettergehölze können zusammengepflanzt atemberaubend schön wirken. Die Sternenform der Clematisblüten verträgt sich gut mit den rundlichen Rosenblüten und die Blütenfarben passen zueinander und insgesamt zum weißen Haus mit grauen Fensterläden.

Bemerkenswerte, sich durch ihre Blüte, ihren Wuchs oder Fruchtschmuck auszeichnende Gehölze pflanzt man am besten einzeln, um sie besonders herauszustellen. Man kann im Garten aber auch ganze Gehölzgruppen zusammenstellen, die erst im Rahmen der Komposition ihre schönste Wirkung entfalten. Im Gegensatz zum Einzelgehölz, das nur eine bestimmte Zeit lang blüht, kann eine Gruppe so gestaltet werden, daß die einzelnen Pflanzen zu verschiedenen Jahreszeiten blühen. Dadurch bleibt eine solche Gehölzgruppe über einen längeren Zeitabschnitt hinweg attraktiv.
Gruppen können aber auch nach anderen Aspekten zusammengestellt werden, die im folgenden beschrieben werden.

Ganzjährige Blüte. Stellen wir uns zunächst einmal einen schönblühenden Frühjahrsblüher, etwa eine Zierkirsche wie *Prunus cerasifera* 'Nigra' vor, die im April zu blühen beginnt. Sie treibt später dunkelrot aus und bildet mit diesem dunklen Laub einen interessanten Kontrast zu anderen Gehölzen. Diesem Gehölz gesellt man zum Beispiel die relativ niedrigen Japanischen Quitten (*Chaenomeles* 'Fire Dance' (rot) und 'Nivalis' (weiß)) zu, die nach der Kirschblüte ihre Knospen entfalten. 'Nivalis' hat den Vorteil, daß sie im Sommer noch eine schöne Nachblüte entwickelt. Eine Deutzie würde im Juni mit ihren rosaweißen Blütensternen den Blick auf sich ziehen, und von Juni bis August/September könnten die einfachen gelben Blütenröschen der Fingersträucher *(Potentilla)* für einen interessanten Aspekt sorgen. Gesellen wir dieser Gruppe noch *Caryopteris*, den Bartfaden, mit seinen spät erscheinenden blauen Blüten sowie einen Tuff aus zartrosafarbenen Rosen wie 'The Fairy' oder die hohen 'Queen Elizabeth' hinzu, so haben wir bis zum Beginn der ersten Fröste ständiges und farbenfrohes Blühen in einer Gruppe. Dies kann durch Schneeglöckchen, Frühlingsknotenblumen, Blausterchen und frühe Bergenien (*Bergenia*-Hybride 'Morgenröte') mühelos bis in den zeitigen Vorfrühling verlängert werden.

Gleiche Standortbedingungen. Gruppierungen können aber auch vorrangig nach dem Gesichtspunkt der Standortbedingungen zusammengestellt werden, zum Beispiel als Rhododendron- und Azaleengruppe. Den Hintergrund könnten dann spätblühende, großblumige Rhododendronarten wie *R. catawbiense* 'Grandiflorum', *R. hybridum* 'Roseum Elegans' oder *R. hybr.* 'Album Novum' bilden. Bereits im Februar/März erscheinen die Blüten von *R. sutchuenense*. Auch der Frühlingsrhododendron (*R. praecox*) entfaltet bereits im März/April seine auffallenden, zarten, lilarosa Blüten. Für die Blüte im Mai können sich gelbe und orangefarbene pontische Azaleen und Vertreter der Genter-Hybriden dazugesellen, die durch blaublühende Arten von *R. amoenum* oder *R. mucronatum* ergänzt würden. Das Schlußlicht bildet eine sehr spät blühende Sorte wie die dunkelviolette 'Lee's Dark Purple', die sich gut mit der weißen, blaupurpur getönten 'Mme. Cavalho' kombinieren läßt. Zum dunklen Laub der Rhododendren paßt das hellere der Azaleen, das noch durch Trichterfarne *(Matteuccia struthiopteris)* unterstrichen werden kann. Die filigranen, hellgrünen Wedel bilden den ganzen Sommer hindurch einen hübschen Kontrast zum dunkelgrünen Hintergrund. Aber auch andere Moorbeetpflanzen wie *Pieris*, die frühblühende Lavendelheide, und *Erica carnea* passen dazu. Solche Gruppen lassen sich durch dekorative Gräser wie *Spartina micheauxiana* 'Aureomarginata', dem Goldbandleistengras, oder *Molinia altissima* 'Karl Foerster', einen Bambus wie *Sinarundinaria murielae* oder durch Unterpflanzungen mit *Luzula sylvatica*, der Hainsimse, oder *L. nivea*, der Schneemarbel, beleben.

Harmonie der Blütenfarben. Gruppen aus Blütensträuchern können auch nach Blütenfarben zusammengestellt werden, zum Beispiel rosa-weiß, weiß-blau, rosablau, blau-gelb, rosa-weiß-violett und so fort. Hier kann man ganz

seinen persönlichen Geschmack walten lassen und sich die entsprechenden Gehölze nach Blütezeit und Farbe auswählen. Allerdings ist dabei zu beachten, daß die Standortverhältnisse der ausgewählten Gehölze zueinander passen, sonst wird die Zusammenstellung problematisch. Rosen und Rhododendron oder Seidelbast und Heidekraut passen beispielsweise vom Standort her nicht zueinander.
Beim Zusammenstellen nach Blütenfarben sollte man Farbmißklänge ausschalten. Kräftiges Orangerot und kräftiges Zitronengelb passen ebensowenig zueinander wie Karminrot und Orange. Wenn es sich nicht vermeiden läßt, einige oder mehrere Farben zusammenzubringen, die sich gegenseitig beeinträchtigen, sollte man zum Neutralisieren weiß blühende Gehölze dazwischen pflanzen. Weiß entspannt die heikelsten Dissonanzen im Farbenspiel des Blütenreigens. Denken wir zum Beispiel an Azaleen wie die orangerote 'Kathleen', die karminrote 'Muttertag' und die dunkelkarminrote 'Hatsugiri'. Diese drei an sich schönen Massenblüher würden zusammen einen unerträglichen Farbmißklang abgeben. Pflanzen wir aber Sorten wie 'Persil' (weiß mit gelbem Fleck), 'Palestrina' oder 'Diamant weiß' dazu, bekommt die Gruppe Leben und Kontrast.
Einfarbige Gruppen wirken schnell »ein-tönig«. Es ist eine Geschmacksfrage, ob ein Garten »ganz in Weiß« oder Gelb oder Blau gehalten werden soll. Ein englisches Sprichwort heißt: »Contrast rightly used is the secret of harmony« (Das Geheimnis der Harmonie liegt in der richtigen Zusammenstellung von Gegensätzlichem) – und das könnte der Leitgedanke für die Gruppierung von Gehölzen sein.

Die Höhe. Gehölzgruppen können in unterschiedlichen Höhen zusammengestellt werden, sie können aber auch annähernd aus gleichhohen Arten und Sorten bestehen. Das ist vor allem bei der Verwendung von Rosen im Garten der Fall.
Die sogenannten Beetrosen wirken in erster Linie durch ihre Blütenfülle. Daher sollten sie auch stets zu mehreren zusammengepflanzt werden, egal ob auf der Rabatte, im Beet oder als freie Gruppe. Hier gilt übrigens besonders, was über die Farbzusammenstellung gesagt wurde. Wenige Farben, die miteinander harmonieren, können einen Garten bereichern, ein Vielerlei kann die ganze Wirkung zunichte machen.

Kombination mit Stauden. Gehölzgruppen lassen sich auch gut mit Stauden kombinieren. Hier sind besonders die großblättrigen Großstauden gefragt, die den Übergang von einer Gehölzgruppe zum Rasen bilden können, zum Beispiel der Waldgeißbart (*Aruncus sylvester*) mit seinen hohen, weißen Blütenrispen und dem hellgrünen, gefiederten Laub. Dekorative Blattstauden als Vordergrund können die Wirkung einer Gruppe enorm steigern, auch dann, wenn die Gruppe einmal nicht blüht. Hier sind vor allem die Tafelblätter zu nennen (*Rodgersia podphylla*, *R. aesculifolia*, *R. sambucifolia* und *R. tabularis* syn. *Astilboides tabularis*), die im Halbschatten am besten gedeihen. Ihre langdauernde Blüte und die abgeblühten Blütenstände sind eine wertvolle Ergänzung zur Blüte der Gehölze. *Peltiphyllum peltatum*, ein Riesensteinbrech mit apartem Blütenstand im Vorfrühling, läßt sich ähnlich verwenden. Funkien mit blaugrünen, hellgrünen oder grün-weiß-panaschierten, ausdrucksvollen Blättern und lilienähnlichen Blüten können zum Rasen oder zur Staudenrabatte überleiten. Päonien, Taglilien und Riesenglockenblumen wie *Campanula latifolia* 'Macrantha' oder *Campanula lactiflora*, die sich besonders für naturnahe Gärten eignet, Rittersporn, Eisenhut, Mädesüß mit seinen prächtigen Spielarten, hohe Astern und Rudbeckien vervollständigen das Sortiment.
Besonders empfehlenswert sind hier auch die vielen Astilbensorten, die in einer ganzen Fülle von Farben im Handel sind und sich gut an den jeweiligen Standort anpassen. *Astilbe chinensis* 'Pumila' ist eine blaßlila blühende Sorte, die eine monatelange Blütezeit gewährleistet.

Gehölze und Stauden lassen sich wunderbar miteinander kombinieren. Wichtig fürs Gelingen ist, daß beide die gleichen Standortbedingungen haben. Außerdem sollten die Blütenfarben miteinander harmonieren. Eine gute Begleitpflanze für Rosen ist beispielsweise der Rittersporn.

Blütenhecken können als Sichtschutz oder als Blickfang zu einer bestimmten Jahreszeit dienen. Hier wurden frühjahrsblühende hohe Blütengehölze wie Goldregen und Flieder mit niedrigeren wie Rhododendron und Azaleen kombiniert und so ein Blütenhöhepunkt geschaffen.

Gehölze können neben ihrer Wirkung durch Blüte, Laub und Fruchtbehang wichtige Funktionen im Garten übernehmen. Dazu gehören vor allem Wind- und Sichtschutz. Zugige Ecken und Sitzplätze, Windschneisen mit Düsenwirkung, die die Luftbewegung noch beschleunigen, können die Freude am Gärtnern auf solchen Flächen gründlich verleiden. Aber wir können hier mit Hilfe von Gehölzen Abhilfe schaffen. Schon in früheren Zeiten hat der Mensch den Wert der Gehölze als Windschutz erkannt. Wallhecken in windreichen Gegenden unseres Landes zeugen noch heute davon, wie man das Problem bewältigte, den Wind »auskämmte«, bremste oder zwang, vom Boden abzuheben und sich mit höheren Luftschichten zu mischen. Das hat sich auch in unserer Zeit nicht geändert.

Geschnittene Hecken. Wenn wir mit natürlichen Mitteln im Garten Windschutz schaffen wollen, so liefern uns bestimmte Gehölze bald wirksamen Schutz. Immergrüne Hecken von *Taxus* (Eibe) und *Chamaecyparis* (Scheinzypresse) sind sicher sehr zu empfehlen. Es gibt aber auch eine Anzahl von Laubgehölzen, die sich zur Heckenpflanzung eignen, den Wind zurückhalten oder ablenken und dadurch ein günstigeres Kleinklima schaffen. An erster Stelle ist unter den Blütengehölzen der Liguster mit seinen sommer- und wintergrünen Formen zu nennen. Je nach Schnitt lassen sich damit sehr dichte Hecken in jede gewünschte Höhe ziehen. Auch die Forsythie eignet sich zum Heckenschnitt. Der jährliche Blütenflor geht dabei allerdings weitgehend verloren. *Ilex*, die Stechpalme mit den weißen Blüten im Sommer und dem roten Beerenschmuck im Herbst und Winter, ist eigentlich ein Solitärgehölz. Mit dieser Pflanze kann man aber auch dichte Hecken gestalten. Es soll an dieser Stelle aber auch der Feuerdorn genannt werden, der sich willig in jede Form schneiden läßt, sobald er sich einmal richtig eingewurzelt hat. Der Weißdorn ist ein bekanntes Heckengehölz, das besonders von den heimischen Singvögeln geschätzt wird.

Freiwachsende Hecken. Ungeschnittene, freiwachsende Hecken aus einer Gehölzart, zum Beispiel aus hochwachsenden Berberitzen (*Berberis gagnepainii, B. julianae)* oder einem immergrünen Schneeball (*Viburnum* x *pragense)* mit den dunkelgrünen, glänzenden Blättern und den weißen Doldenblüten und Hecken aus Weißdorn und Feuerdorn sind möglich. Sie behalten weitgehend den natürlichen Habitus der Pflanzen im Dichtstand und erfreuen uns im Gegensatz zu den geschnittenen Hecken mit Blüten und Früchten. Nicht alle Blütengehölze kann man jedoch als Heckenpflanze verwenden, denn so mancher Strauch, der nicht zurückgeschnitten wird, hat die Eigenschaft, eine Krone zu bilden und von unten her zu verkahlen (*Cotoneaster bullatus, C. dielsianus, Philadelphus, Forsythia, Syringa*). Auch bei freiwachsenden Hecken geht es daher nicht ohne Pflege. Alte, verholzte Äste müssen ca. 20 cm über dem Boden abgeschnitten und herausgenommen werden, damit neue Triebe gebildet werden und nachwachsen können.

Gehölzkombinationen. Ungeschnittene, freiwachsende Hecken aus mehreren Gehölzarten erfüllen den gleichen Zweck, können allerdings vielstufig aufgebaut werden, sind abwechslungsreicher und bieten vielen heimischen Vogelarten Nistgelegenheit und Nahrung. Hier lassen sich auch blühende und fruchtende Zweige für die Blumenbinderei gewinnen. Freiwachsende Hecken haben einen Nachteil gegenüber geschnittenen. Sie beanspruchen viel Platz, was besonders für kleine Gärten von Nachteil ist. Für eine freiwachsende Hecke, die ausreichenden Wind- und Sichtschutz gewähren soll, muß eine Mindestbreite von 3 - 5 m in Kauf genommen werden. Demgegenüber benötigt eine Schnitthecke lediglich 50 cm Breite – hier muß man allerdings auf Blütenschmuck verzichten.

Gartengestaltung mit Hecken. Wie immer man sich bei der Anpflan-

zung eines Gartens aus Gründen des Sicht- oder Windschutzes entscheiden mag, beide Heckenformen sind ideal als Hintergrundpflanzung für Staudenrabatten, Rosenbeete und für die Aufstellung von Bildwerken im Garten. Sie begrenzen den Gartenraum, sind durch ihre Höhe raumbildend, schaffen grüne oder blühende Wände und machen uns durch ihre Veränderung im Jahreslauf das Werden und Vergehen in der Natur bewußt.

Hecken als Strukturelemente. Mit Hecken kann man auch bestimmte Elemente im Garten oder Vorgarten abdecken, die sonst unangenehm in Erscheinung treten. Man kann Mülltonnenstellplätze damit kaschieren, Carports gegen einen Vorgarten abschirmen und häßliche Wagenabstellplätze isolieren. Bei größeren Gärten kann auch ein Kompostlager seinen Platz hinter einer Hecke finden. Für Swimmingpools im Freien bieten Hecken willkommenen Sicht- und Windschutz.

Niedrige Hecken. Niemand wird wohl auf die Idee kommen, sich eine Hecke mitten in den Garten zu setzen. Das würde den Raum zerstören, sofern nicht beabsichtigt ist, das Grundstück dadurch bewußt in mehrere Freiräume zu teilen. Als Strukturelement, zum Beispiel zur Abgrenzung von Wegen in einem Bauern- oder Gemüsegarten, zur Einfassung eines Sitzplatzes oder einer Terrasse und zur Abgrenzung und zur Unterteilung von Beeten sind niedrige Hecken im Garten möglich. Dazu kann man freiwachsende Hecken aus niedrigbleibenden Sträuchern wählen, unter denen an erster Stelle der Fingerstrauch (*Potentilla*) zu nennen ist. Dieser Langzeitblüher mit seinen Sorten erfreut uns im Sommer mehrere Monate hindurch mit nicht nachlassendem Blütenflor. Rückschnitt nach der Blüte bewirkt üppigen Neuaustrieb und Verdichtung. Besonders geeignet sind die *Potentilla-Fruticosa*-Sorten 'Ferreri' (70 - 100 cm), 'Goldfinger' (80 - 100 cm), 'Hachmanns Gigant' (bis 80 cm), 'Kobold' (40 - 60 cm) und die weißblühende Spielart *P.* var. *mandschurica*, ein kleiner, bis 50 cm hoch werdender Strauch mit seidig behaarten Blättchen und schneeweißen Blüten, die von Juli bis Oktober erscheinen. Die immergrünen Berberitzen (*Berberis candidula, B. verruculosa*), aber auch die sommergrünen Formen mit den meist gelben Blüten, die eine begehrte Bienenweide sind, können als niedrige Hecken verwendet werden. Notfalls muß man hier mit Schnitt ein wenig nachhelfen, wenn sie zu üppig werden.
Spiraea bumalda 'Anthony Waterer' blüht fast den ganzen Sommer hindurch als niedrige Hecke.

Rosenhecken. Vergessen wir auch die Rosen nicht. Strauchrosen können dichte, hohe Blütenhecken bilden, die sich nach Farben zusammenstellen lassen. Der lange Blütenflor an sonnigem Standort macht die Strauchrosen für den Garten besonders wertvoll. Bei freiwachsenden Hecken können sie als Vordergrundpflanzung verwendet werden.
Niedrige Einfassungen erreicht man durch Beetrosen. Zu den dankbaren Blühern unter den Strauchrosen gehören Sorten wie 'Westerland', 'Dortmund', 'Gruß an Heidelberg', 'Bischofsstadt Paderborn', 'Lichtkönigin Lucia', 'Freisinger Morgenröte', 'Rosenresli' und 'Flammentanz', um nur einige zu nennen. Für freiwachsende Hecken in naturnahen Gärten eignen sich die Hecken- oder Hundsrose (*Rosa canina*), die Apfelrose (*R. rubiginosa*) und die Kartoffelrose (*R. rugosa*) mit den prächtigen großen, roten Hagebutten. *Rosa rugosa*, die etwa meterhoch wird, kann auch als niedrige Schutzhecke, etwa zur Abgrenzung eines Vorgartens verwendet werden.
Hier bietet sich auch die Möglichkeit, schöne alte Park- und Moosrosen zu verwenden, wie die seit 1750 in Kultur befindliche, duftende, reinweiß blühende und sehr winterharte *Rosa alba suaveolens*, die süßduftende *Rosa centifolia* 'Mucosa', *Rosa spinosissima* 'Frühlingsgold' und die starkduftende 'Maigold', nicht zu vergessen *Rosa rugosa* 'Pink Grootendorst' und 'F. J. Grootendorst', die allerdings nur einmal blühen.

Naturhecken bieten Vögeln Nistmöglichkeiten und Nahrungsquellen und werden wegen ihrer Windschutzwirkung nicht nur auf dem Land immer beliebter. Auch die Herbstfärbung kann sich bei vielen Naturgehölzen sehen lassen.

Die Kultur in Gefäßen ist auch mit einigen Blütengehölzen problemlos und eröffnet dem Balkon- und Terrassengärtner neue Möglichkeiten. Voraussetzung für den Erfolg ist ein ausreichend großes Gefäß und die Auswahl der richtigen Art oder Sorte. Schwachwüchsige und flachwurzelnde Arten und Sorten sowie zwergige Formen sind am besten geeignet. Starkwüchsige Gehölze wie die Rispenhortensie *(Hydrangea paniculata)* hält man nur im Jugendstadium im Gefäß.

Pflanzkübel bieten interessante Gestaltungsmöglichkeiten im Garten. Kübel stehen als verbindendes Element zwischen dem Raum und der Fläche. Sie können in Einzelstellung, Gruppe, Reihung Strukturen betonen, bilden, verbinden oder überspielen, je nach Zweck, und sind daher für den kreativen Gestalter ein vielseitig verwendbares Element. So ist es möglich, Pflanzen für jeden Standort auch dort zu kultivieren, wo normalerweise die Boden- und Raumverhältnisse dafür keine idealen Möglichkeiten bieten.

Gestalten mit Kübeln. Man kann Kübel als Blickfang auf einer Terrasse aufstellen, als Begrenzungen für Sitzplätze, Wege, Parkplätze, als freundliches Willkommen am Hauseingang, zur Belebung von Beckenumrandungen oder als Abschirmung gegen Höhenunterschiede an Treppen im Garten verwenden. Auf Mauerköpfen kommt ihnen eine Bedeutung als Skulptur zu. Auf Dachgärten sind sie unentbehrlich, denn gerade dort, wo die Möglichkeiten zu flächenhafter Begrünung fehlen, ist der Pflanzenkübel geeigneter Ersatz. Einzeln oder in Gruppen lassen sich auch in Höfen mit Kübeln attraktive Kompositionen zusammenstellen.

Das Material. Pflanzgefäße können aus unterschiedlichen Materialien hergestellt werden. Beton in Form von Waschbeton, Sichtbeton, Strukturbeton mit gesandstrahlten Flächen etc. wird heute in allen Gartencentern angeboten. Holzkübel aus kesseldruckimprägnierten Hölzern sind sehr praktisch, weil sie leicht zu transportieren sind. Sie passen gut zu Pflanzen, so daß damit harmonische Kompositionen besonders leicht gelingen. Kunststoff wirkt etwas abweisend, aber auch aus diesem Material gibt es ansprechende, wetterfeste Formen in Farben, die durchaus die Anschaffung für den Garten rechtfertigen. Kübeln aus Keramik sind Grenzen gesetzt, besonders Gefäßen aus Terracotta, die wegen ihrer Wasseraufnahmefähigkeit im Winter bei Frost leicht zerspringen können.

Bepflanzungsideen. Kübel kann man unterschiedlich bepflanzen. Sommerblumen bieten einen jahreszeitlich bedingten Blütenflor, der im Wechsel der Saison erneuert werden muß. Die Bepflanzung ausschließlich mit Stauden bringt auch kein befriedigendes Resultat, weil die meisten Prachtstauden nach der Blüte einziehen oder abgeschnitten werden müssen. Gehölze bringen vielfältigere Möglichkeiten. Immergrüne und sommergrüne, hohe und niedrige, rankende und kriechende Gehölze lassen sich zu attraktiven Zusammenstellungen gruppieren, die – sozusagen als besonderer Blickfang – noch durch die eine oder andere Polsterstaude oder Sommerblume gesteigert werden können. Pflanzkübel für Gehölze benötigen eine bestimmte Größe, um einen ausreichenden Vorrat an Boden, Nährstoffen und Wasser bieten zu können. Je kleiner der Kübel, desto größer ist die Gefahr der Austrocknung, je größer, desto schwieriger ist allerdings sein Transport. Größen von 60 x 60 cm, 40 - 50 cm hoch, sollten als Mindestmaß für Kübel gelten.

Gehölze für Kübel. Welche schönblühenden Gehölze sind für Kübelpflanzung geeignet? Neben zahlreichen immergrünen Zwerggehölzen können auch schönblühende Gartengehölze mit geringen Ansprüchen an Boden und Standort im Kübel ein Auskommen finden, wenn das Substrat aus gutem, kulturfähigem Boden besteht und mit Bodenverbesserungsmitteln aufgebessert wurde. Blumenerde wie TKS 2 ist hier besonders zu empfehlen. Unter den höher werdenden Kübelgehölzen sind die schwachwüchsigen Ahornarten zu nennen wie *Acer ginnala*, *A. japonicum* 'Aconitifolium', *A. palmatum* mit seinen Formen, *Amelanchier lamarckii*, die Felsenbirne mit dem dekorativen Laub sowie mehrere Berberitzenarten, unter denen *Berberis buxifolia* 'Nana', die immergrünen *B. candidula*, *B. verruculosa* und die rotblättrige *B. thunbergii* 'Atropurpurea Nana' herausragen. *Catalpa bignonioides*, eine Zwergform des Trompetenbaumes, *Cotoneaster* in vielen Arten und Sorten, insbesondere die kriechenden Formen, die den Kübelrand überwachsen wie *Cotoneaster dammeri* 'Radicans' oder *C. melanotrichus*, bieten viele Gestaltungsmöglichkeiten. Sehr gut geeignet sind die anspruchslosen *Cytisus*- und *Genista*-Arten und -Sorten, *Daphne cneorum*, der Rosmarinseidelbast, *Erica*, die Winterheide mit ihren vielen Sorten, Hortensien wie *Hydrangea arborescens* 'Grandiflora', *Hypericum*, das Johanniskraut, und die Mahonie als »Mädchen für alles«, denn sie kommt mit jedem Standort zurecht. *Mahonia bealei* mit den ausdrucksvollen Blättern ist besonders dekorativ. *Potentilla*, die Fingersträucher, bescheren uns im Kübel einen langen Blütenflor. *Pyracantha*, der Feuerdorn, ist ein wertvoller immergrüner Blüten- und Beerenstrauch. Zwergrhododendren wie *R. impeditum*, *R. keleticum* und die Diamant-Azaleen benötigen humusreichen, sauren Boden und viel Feuchtigkeit. *Spiraea bumalda*, *S. decumbens* und *S. japonica* sorgen für reichen Frühlings- und Sommerflor und *Symphoricarpos chenaultii* 'Hancock' ist ein unermüdlicher Wucherer mit filigranem Laub, der sich gern über den Kübelrand schiebt und auf dem Boden weiterkriecht. Der Zwergflieder *Syringa microphylla* 'Superba' mit seinen duftenden Blüten präsentiert sich Anfang Juni in seinem schönsten Schmuck. Unter den Rosen sind besonders die kleinblumigen Bodendecker zu nennen. Hier hat sich die rosafarbene 'The Fairy' als reichblühende Sorte besonders bewährt.

Pflege der Kübelpflanzungen. Kübelpflanzungen brauchen mehr Pflege als die Gehölze im Garten, fehlt doch die nachschaffende Wasserhaltung, wenn man nicht auf Spezialgefäße zurückgreifen will. Auch gilt es im Laufe von 3 - 4 Jahren, den Boden zu erneuern, wenn die Pflanzen nicht Kümmerwuchs zeigen sollen. Gelegentliche Düngergaben in Form von geeigneten Flüssigdüngern erhalten Gesundheit und Frohwüchsigkeit der Pflanzen.

Die bunte Laubfärbung im Herbst ist ein zusätzliches Geschenk, das uns manche Blütengehölze machen. Vergessen wir auch nicht die dekorativen farbenfrohen Früchte, die im Herbst aus den Blüten des Frühlings und Sommers entstehen. Wenn das nicht ausreichende Gründe sind, sich Blütengehölze in den Garten zu holen!

Unter den Gartengehölzen gibt es solche, die nur einmal blühen, wie zum Beispiel die Spiersträucher, Forsythien oder der Flieder. Sie erfreuen uns mit starkem Blühen oder herrlichem Duft. Es gibt aber auch Gartengehölze, die mehrmals im Jahr einem Höhepunkt zustreben. Sie entfalten beispielsweise einen reichen Blütenflor und bereichern den Garten darüber hinaus im Spätsommer oder Herbst mit prächtigem Fruchtschmuck. Dazu kann dann noch eine lebhafte Herbstfärbung den Abgesang der Vegetationszeit bilden. Solche Gehölze mit »Multifunktion« sind nicht selten als Nahrung für unsere Vogelwelt und die Kleintiere in unserem Garten von großer Bedeutung.

Acer. Zierahorne zeigen eine herrliche Herbstfärbung, die von Grün über Gelb bis Blutrot und Goldbraun reicht.

Amelanchier. Im Spätsommer überrascht uns die Felsenbirne mit den blaubereiften Beeren und der Herbstfärbung, die über Rot bis Leuchtendgelb reicht.

Berberis. Die Berberitze zeigen im Herbst ihre lackroten Früchte oder zart bereifte, karminrosa Beeren. Die bunte Laubfärbung ist ein wahres Feuerwerk.

Callicarpa. Die Schönfrucht ist bekannt für ihre lilablauen, perlenartigen Früchte, die einen aparten Winterschmuck abgeben.

Catalpa. Die langen, bohnenartigen Früchte des Trompetenbaums sind in der kahlen Winterzeit eine interessante Zugabe.

Chaenomeles. Die Zierquitten fallen im Winter durch die großen, duftenden gelblichgrünen Früchte auf.

Cornus. Das Laub von *C. florida* färbt sich im Herbst von grün über gelb nach leuchtendorange, *C. kousa* nach gelb und *C. nuttallii* übertrifft mit seinem lackroten Herbstlaub alle anderen Gehölze an Leuchtkraft.

Cotoneaster. Die Zwergmispel erfreut uns im Herbst mit orangeroten, korallenroten oder scharlachroten, meist kugelrunden Beeren.

Crataegus. Im Herbst beschert uns der Weißdorn die roten Mehlbeeren oder die prächtigen roten Beerendolden von *C. coccinea*. *C. prunifolia*, *C. coccinea* und *C. crus-galli*. Diese Arten zeichnen sich außerdem durch eine kräftige, bunte Laubfärbung aus.

Daphne. Sie bringt sich im Herbst mit roten, giftigen Beeren noch einmal in Erinnerung.

Euonymus. Das Pfaffenhütchen zeichnet sich durch ihren aparten Fruchtschmuck aus. *E. planipes* und *E. alata* beleben den Garten auch durch faszinierend buntes Laub.

Fothergilla. Der Federbuschstrauch gehört zu den Pflanzen mit der buntesten Laubfärbung. Sie haftet verhältnismäßig lange.

Hydrangea. Die trockenen, braunen Blütenrispen der Hortensien haften bis in den Winter hinein an den Pflanzen und sehen besonders malerisch aus, wenn der erste Schnee darauf gefallen ist.

Mahonia. Im Herbst erscheint ein schöner, blaubereifter Beerenschmuck, und das Laub färbt sich rötlich.

Malus. Im Herbst werden die Blüten der Zieräpfel zu Massen kleiner oder größerer, lebhaft gefärbter Äpfelchen. *M. sieboldii* 'Wintergold' ist besonders hervorzuheben, denn die leuchtendgelben Früchte haften meist noch im Geäst, wenn das Laub längst abgefallen ist. *M. floribunda* entwickelt die bekannten, karminroten Kirschäpfel.

Photinia. Die Glanzmispel setzt im Frühherbst die von den Vögeln besonders geschätzten, orangeroten Beeren an. Das Laub färbt sich von grün über gelb nach orangerot.

Prunus. Die Zierkirschen-Arten zeichnen sich durch leuchtende, meist gelborangefarbene Herbstfärbung aus, die allerdings nicht sehr lange anhält.

Pyracantha. Der Feuerdorn ist fester Bestandteil unserer Gärten. Im Herbst erscheint eine Fülle von leuchtendgelben, orangeroten oder roten Früchten, die monatelang das Bild beherrschen.

Rhus typhina. Der Essigbaum ist ein einmaliges Farbwunder, dessen Laub sich in leuchtendes Gelb und flammendes Rot verwandelt.

Rosa. Bei den Rosen sind es die scharlachorangefarbenen Hagebutten von *R. canina*, die leuchtendroten von *R. sweginzowii*, die großen Hagebutten der *R. rugosa* und viele andere, die eine besondere Zierde im Garten darstellen.

Skimmia. Sie setzen leuchtendrote, kirschengroße Beeren an, wenn männliche und weibliche Exemplare zusammenstehen.

Sorbus. Die Vogelbeere *S. aucuparia* bietet im Frühherbst einen prächtigen, orangeroten Beerenschmuck. *S. vilmorinii* bezaubert im Herbst durch goldbraunes, filigranes Laub.

Symphoricarpos. Wer kennt nicht die Schneebeeren, die dem Strauch den deutschen Namen gegeben haben. Die giftigen, weißen Beeren haften im Winter noch lange im kahlen Gezweig.

Viburnum. Unter den Schneeball-Arten ist der Wasserschneeball *Viburnum opulus* zu nennen, der im Herbst an Johannisbeeren erinnernde, leuchtendrote, durchscheinende Früchte zeigt, die in Scheindolden zusammenstehen und bis weit in den Winter hinein haften.

PFLANZEN UND PFLEGEN

Nun beginnt es »ernst« zu werden. Kaum haben wir Bäume und Sträucher im Garten verteilt und mit der gebotenen Sorgfalt eingepflanzt, erkennen wir die raumgestaltende Wirkung der Gehölze. Aus der ebenen oder hängigen Fläche ist ein Garten geworden, und ein Garten muß gepflegt werden, wenn er mit den Jahren wachsen und schöner werden soll. Was nützt schon die schönste Anlage, wenn sie ohne die Hand eines Betreuers nach und nach verwildert und verwächst? Viele Dinge sind bei der Pflege von Baum und Strauch zu beachten und zu tun, aber wer mit Liebe seinen Garten gestaltet, dem ist die Pflege eine liebe Last. Rechtzeitig gepflegt verringert die Arbeit und verlängert die Freude. Nach dieser Regel bringen die folgenden Seiten Tips und allerlei Wissenswertes über die Pflege der Gartengehölze.

Gehölze machen wenig Arbeit. Abfallendes Laub braucht, wenn es nicht krank ist oder stört, nicht entfernt zu werden, sondern bleibt - wie uns der Wald das vormacht - als Mulch auf der Erdoberfläche liegen.

Augen auf beim Kauf! Gehölze, vor allem Sträucher, werden auch in Containern angeboten.
1 Merkmale für eine gute Containerpflanze sind fest im Gefäß eingebettete Pflanzen, vereinzelte Unkräuter und Grünalgen auf der Erdoberfläche sowie kleine, aus dem Topf herausragende Wurzeln.
2 Wächst eine dicke, einzelne Wurzeln durch das Abzugsloch, Hände weg! Diese Pflanze war zu lange im gleichen Topf.
3 Dicke, freiliegende Wurzeln und dichter Unkrautbewuchs weisen ebenfalls darauf hin, daß die Pflanze längst hätte umgetopft werden müssen. Zerbrochene oder lädierte Gefäße deuten auf Pflanzen hin, die entweder alt sind oder vielfach herumtransportiert wurden.

Ein Tip zu Beginn: Lassen Sie sich nie von noch so bunten und schönen Bildchen aus diversen Katalogen verlocken, Pflanzen zu bestellen. Meist werden Sie eine herbe Enttäuschung erleben, denn bei einem Versandgeschäft können Sie die Pflanzen, die Sie kaufen, vorher nicht in Augenschein nehmen. Baumschulpflanzen müssen je Sortierungseinheit (Bund oder Einzelpflanze) mit einem dauerhaften Etikett versehen sein, auf dem Art- und Sortenname, Anzuchtform, Größe und Stärke angegeben sind. Wenn man in einer Markenbaumschule Gehölze erwirbt, müssen diese außerdem den Gütebestimmungen des Bundes Deutscher Baumschulen entsprechen, das heißt, sie müssen sortenecht, fehlerfrei, gut bewurzelt und gesund sein. Ihr Wuchs muß dem der jeweiligen Art und Sorte entsprechen.

Die Gütebestimmungen. Das bedeutet konkret: Hochstämme müssen einen geraden, fehlerfreien, mindestens 180 cm hohen Stamm mit gerader Stammverlängerung in der Krone und gute Bewurzelung besitzen. Nur bei Kugelformen (zum Beispiel Kugelakazie) ist eine gerade Stammverlängerung nicht möglich. Veredelungen müssen eine gut entwickelte, verzweigte Krone haben. Die Bäume müssen den Wachstumsbedingungen entsprechend verpflanzt worden sein. Fuß-, Viertel-, Halb- und Hochstämme von Ziergehölzen wie Hortensien, Goldregen, Flieder, Forsythien, Schneeball, Kirschen etc. sollen Stammhöhen von 30 - 40, 60 - 80, 80 - 100, 100 - 125, 125 - 150, 150 - 175 und 175 - 200 cm haben. Je nach Sorte muß die Krone aus 3 - 5 starken Trieben bestehen. Kronenveredelungen müssen gut verwachsen sein. Im Gegensatz zum Hochstamm sind Stammbüsche mindestens 250 cm hohe Gehölze aus weitem Stand, die mindestens zweimal verpflanzt sind und einen natürlichen Wuchs mit reicher Verzweigung aufweisen.

Wichtige Definitionen. Unter »Heister« versteht man mehrmals verpflanzte, baumartige Gehölze ohne Krone, die gerade gewachsen, aus weitem Stand, mit Seitenholz verzweigt und gut bewurzelt sein müssen. Die Bezweigung muß auch hier dem natürlichen Wuchs der betreffenden Baumart entsprechen. Unter »Solitärbäumen« und »Solitärstammbüschen« versteht man Einzelexemplare aus weitem Stand, die drei- bis viermal verpflanzt sein müssen. Die Krone muß der Art und Sorte entsprechend groß und ausdrucksvoll sein. Sträucher sind in der Regel zweimal verpflanzt, aus weitem Stand. Auch sie müssen dem Charakter der Art und Sorte entsprechen, kräftig gewachsen und gut bewurzelt sein. Solitärsträucher sind mindestens dreimal verpflanzte Einzelpflanzen. Die Pflanze muß in angemessenem Verhältnis zu Wuchscharakter und Höhe stehen und einen ihrer Größe entsprechend gut durchwurzelten Ballen besitzen. Heckenpflanzen sind Gehölze aus weitem Stand, die mehrfach verpflanzt, gut bewurzelt und von unten an verzweigt sind. Schling- und Kletterpflanzen werden meist im Container angeboten. Sie müssen mindestens zwei kräftige Triebe aufweisen.

Güteklassen bei Rosen. Rosen sind in Güteklassen eingeteilt. Pflanzen der Güteklasse A sind einjährige, durch Sommerokulation erzielte Pflanzen mit mindestens drei normal entwickelten, gut ausgereiften Trieben, von denen mindestens zwei der Veredelungsstelle entsprießen müssen. Der dritte Trieb darf 5 cm darüber entspringen. Bei Güteklasse B müssen auf jeden Fall zwei gut ausgebildete Triebe aus der Veredelungsstelle wachsen. Stammrosen besitzen Stammhöhen von 90 cm (Hochstämme), 60 cm (Halbstämme) und 140 cm (Trauerrosen). Für Güteklasse A gilt, daß der Stamm kräftig, gerade und gut bewurzelt sein muß. Drei stark entwickelte Kronentriebe, wovon zwei aus der Veredlungsstelle kommen müssen und ein Mindeststammdurchmesser von 9 mm unmittelbar unter der Veredlungsstelle gemessen sind obligatorisch. Bei Güteklasse B darf die Krone aus zwei aus der Veredlungsstelle entwickelten Trieben bestehen, sonst gelten die gleichen Merkmale wie bei Güteklasse A.

Ballendurchwurzelung. Für immergrüne Gehölze und vor allem für Rhododendren gilt, daß sie ihrer Größe entsprechend einen fest durchwurzelten Ballen aufweisen müssen, daß sie wüchsig, gedrungen, der Höhe entsprechend breit und von unten an verzweigt sind

1

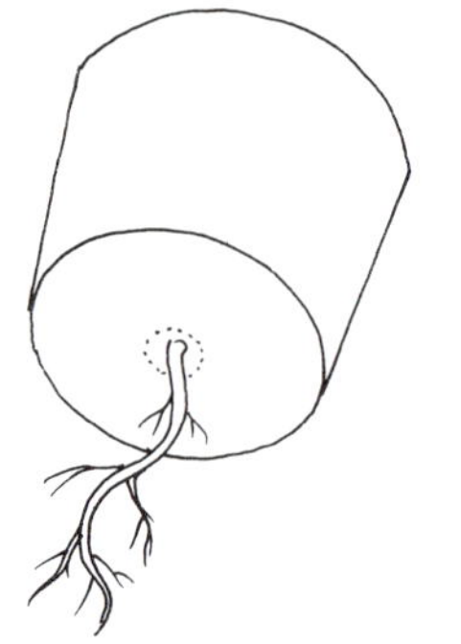
2

3

sowie Blütenknospen haben müssen. Solitärpflanzen müssen dreimal verpflanzt und allseitig gut entwickelt sein. Die Ballengröße muß auch hier der Größe der Pflanze angemessen und fest durchwurzelt sein. Das gilt auch für die sogenannten Freiland-Azaleen.

Containerpflanzen. Sie sind Baumschulpflanzen aller Art, die einzeln in Behälter, die das gesamte Wurzelwerk umfassen, herangezogen werden. Die Größe des Ballens muß im angemessenen Verhältnis zur Pflanze stehen und der Mindestgehalt des Containers 2 l betragen. Für kleinere Behältnisse gilt die Bezeichnung »mit Topfballen«.

Bodendecker. Bei ihnen handelt es sich um niedrige oder flachwachsende Gehölze die für eine Bodenbedeckung geeignet sind. Sie sollen durch Rückschnitt gleichmäßig verzweigt sein und gelten ebenfalls als Pflanzen mit Topfballen.

Durchdachte Auswahl. Greifen Sie möglichst nicht sofort zu einer »Ersatzsorte«, wenn Sie sich eine bestimmte Pflanze für einen bestimmten Platz im Garten ausgewählt haben und diese nicht sofort erhältlich ist. In den meisten Fällen kann Ihnen eine Markenbaumschule das gewünschte Gehölz im Handel besorgen Das dauert zwar etwas länger, ist aber dann auf jeden Fall das, was Sie geplant haben. Nicht immer entspricht Ersatz in Größe und Habitus der gewünschten Art, und bei Rosen können sich Ersatzsorten hinsichtlich ihrer Blütenfarbe und der Wuchshöhe sehr nachteilig auf die geplante Komposition auswirken.

Qualität hat ihren Preis. Gute Baumschulware hat ihren Preis. Die lange Anzucht in der Baumschule, das Umpflanzen, um gute Wurzelbildung zu erreichen, Schnitt und Pflege über mehrere Jahre, Veredelungen und andere komplizierte Anzuchtmethoden müssen bezahlt werden. Das sollte man beim Einkauf von Markenware bedenken. Die Gewähr ist dafür umso größer, daß die erworbenen Pflanzen sich rasch im eigenen Garten eingewöhnen und freudig weiterwachsen. Ware im Versandhandel ist sorgfältig auf ihre Qualität zu überprüfen. Oft fehlen hier die Angaben über Größe, Güteklasse etc., was den Vergleich mit Baumschulware schwierig macht.

Vor dem Pflanzen. Beim Einkauf und beim Erhalt von Versandware ist unbedingt darauf zu achten, daß die Wurzeln nicht an- oder ausgetrocknet in die Erde gesetzt werden und daß die Rinde unbeschädigt ist. Nach längerem Transport sollte man die Pflanzen auf jeden Fall zunächst in einen mit Wasser gefüllten Eimer oder für einige Stunden in einen Gartenteich stellen, bevor man sie einschlägt oder an Ort und Stelle pflanzt. Während des Transportes schützt man die Wurzeln am besten mit einem Plastiksack.

Giftige Gehölze sollten nicht in der Nähe von Kinderspielplätzen gepflanzt werden. Die Übersicht wurde in Auszügen dem BdB Handbuch Band V Gehölzsortimente, 5. Auflage 1989, entnommen. Mit freundlicher Genehmigung des Bundes deutscher Baumschulen.

An Kinderspielplätzen ungeeignete Gehölze

Die Aussagen über sogenannte »giftige Gehölze« sind uneinheitlich. Die nachfolgende Liste wurde von Dr. Harro Koch († 1970) im Auftrage des Verbandes Garten- und Landschaftsbau Rheinland in Zusammenarbeit u.a. mit dem Verband Rheinischer Baumschulen zusammengestellt und durch den Minister für Arbeit, Gesundheit und Soziales des Landes Nordrhein-Westfalen mit Erlaß vom 4. Mai 1974 (Akt.Z. IV/1-6190.3) bestätigt.
Die Übersicht erhebt keinen Anspruch auf Vollständigkeit, sondern etnhält nur in diesem Buch vorgestellte Arten und Sorten.

Botanischer Name	Deutscher Name	Gefährlichkeit	enthalten im Pflanzenteil	kritischer Pflanzenteil	Bemerkungen
Cytisus-Arten	Ginster	● (?)	ganze Pflanze	Samen	
Daphne-Arten	Seidelbast	●●●	ganze Pflanze	Frucht	alle Arten gefährlich
Euonymus	Pfaffenhütchen	●●	ganze Pflanze	Frucht, Samen	alle Arten, außer nicht fruchtende *fortunei*-Formen
Genista-Arten	Ginster	● (?)	ganze Pflanze	Samen (?)	
Ilex-Arten	Stechpalme,	●●	Frucht	Frucht	weibliche Pflanze kritisch
Kalmia-Arten	Berglorbeer	●	Trieb	Samen	Genuß sehr unwahrscheinlich
Laburnum-Arten	Goldregen	●●●	ganze Pflanze	Samen	
Ligustrum-Arten	Liguster	●●●	ganze Pflanze	Frucht	
Lonicera, beerentragend	Heckenkirsche	●●●	vor allem:	Frucht	*Lonicera pileata, L. nitida* 'Elegant' erlaubt
Pieris japonica	Pieris	●	ganze Pflanze	Samen (?)	Genuß sehr unwahrscheinlich
Prunus laurocerasus	Kirschlorbeer	●	Blatt, Rinde	Samen	unverträglich
Robinia-Arten	Robinie	●●	Rinde u. a.	Samen	
Sambucus racemosa	Trauben-Holunder	●●	Trieb	Frucht	selten gepflanzt
Symphoricarpos-Arten	Schneebeere	●		Frucht	unverträglich
Viburnum, beerentragend	Schneeball	●●	vor allem:	Frucht	sterile Formen erlaubt
Wisteria sinensis	Glycinie	●	ganze Pflanze	Blüte (?)	

● giftig
●● gefährlich, z.T. auch wegen der lockenden Früchte
●●● größte Vorsicht geboten!

Die Pflanzvorbereitungen:
1 Abgestorbene und beschädigte Wurzeln der gekauften Pflanzen (egal ob Baum oder Strauch) bis ins gesunde Gewebe zurückschneiden.
2 Abgestorbene Holzstummel dicht am Stamm entfernen.
3 Pflanzgrube ausreichend breit und tief ausheben. Sohle mit der Grabgabel mindestens 20 cm tief lockern.
4 Umhüllung (Container, Sacktuch) entfernen.

Jedes Verpflanzen von Gehölzen kommt einem operativen Eingriff im Leben der Pflanze gleich. Am stärksten wird dabei der Wasserhaushalt in Mitleidenschaft gezogen, denn der größte Teil der Saugwurzeln, der die Pflanze mit Wasser und Nährstoffen versorgt, geht beim Verpflanzen verloren. Aus diesem Grunde wählt man für das Verpflanzen die Vegetationsruhezeit von Herbst bis Frühjahr.

Herbstpflanzung. Bei Gehölzen ohne Ballen bietet die Herbstpflanzung einige Vorteile, die man nutzen sollte. Sie erfolgt zu Beginn der Wachstumsruhezeit, was bedeutet, daß infolgedessen auch nur geringe Anforderungen an die Wasserversorgung der Pflanzen gestellt werden, da die Assimilation und damit die Verdunstung weitgehend ruht. Schnittwunden an Wurzeln und im oberirdischen Bereich können abheilen, neue Saugwurzeln können sich bilden, so daß beim Austrieb im Frühjahr gleich die erforderliche Wasser- und Nährstoffmenge in die oberirdischen Teile transportiert werden können. Und noch etwas ist zu bedenken: Im Herbst stehen in den Baumschulen gut ausgereifte, kräftige Pflanzen zur Verfügung. Im Frühjahr hingegen muß man sich meist mit dem begnügen, was vom Herbstverkauf übriggeblieben ist.

Frühjahrspflanzung. Bei Frühjahrspflanzung können die sich erst langsam neu bildenden Wurzeln nicht genügend Wasser aufnehmen, so daß der Wuchs kümmert und der Austrieb entsprechend schwach bleibt, auch dann, wenn genügend Feuchtigkeit im Boden vorhanden ist.

Wässern vor dem Pflanzen. Gehölze, die nach dem Erwerb oder Versand nicht sofort gepflanzt werden können oder die trockenes Wurzelwerk aufweisen, sollten zunächst einmal für einige Stunden in einen Eimer oder Kübel mit Wasser gestellt werden, damit sie sich vollsaugen können.

Wurzelrückschnitt. Vor der Pflanzung ist bei Pflanzen ohne Ballen ein Wurzelrückschnitt erforderlich, das heißt, sämtliche beschädigten Wurzeln werden bis ins gesunde Holz zurückgeschnitten. Dickfleischige Wurzeln erhalten zusätzlich eine Behandlung mit Holzkohle, um ein Faulen der Schnittstellen zu verhindern (zum Beispiel bei Strauchpäonien). Entsprechend ist auch ein Rückschnitt der oberirdischen Triebe vorzunehmen. Auch wenn man gerade einen größeren Strauch erworben hat, der »schon etwas darstellt«, ist es wichtig, die Triebe auf ein Drittel bis zur Hälfte einzukürzen. Durch besseres Einwurzeln, stärkeren Austrieb und bessere Verzweigung lohnt es uns die Pflanze in der Folgezeit. Solitärgehölze, Immergrüne und sonstige Ballenpflanzen schneidet man möglichst nicht zurück. Der Ballen schützt die Wurzeln vor Austrocknung, so daß bei längeren Trockenperioden allenfalls ein leichtes Schattieren zur Herabsetzung der Verdunstung in Frage kommt (Schattenleinen oder lockeres Abdecken mit Fichtenzweigen).

Vorbereiten der Pflanzfläche. Bei der Neuanlage eines Gartens wird vor der Pflanzung zunächst einmal die Pflanzfläche vorbereitet. Das geschieht am besten durch 40 cm tiefes, kreuzweises Fräsen des Bodens, wobei man gleichzeitig die erforderlichen Bodenverbesserungsmittel, zum Beispiel Rinderhumus, Sand zur Lockerung schwerer Böden oder Kompost zur Verbesserung leichter Böden – je nach Bedarf – einarbeitet. Möglichst keine mineralischen Düngesalze mit einarbeiten, wenn sie nicht an Torfmull gebunden sind (Torf darf überhaupt nur in gewässertem, feuchtem Zustand eingearbeitet werden, sonst entzieht er dem Boden die vorhandene Feuchtigkeit). Statt Torf und zur Erhaltung unserer Moore kann günstiger Rindenkompost verwendet werden, der heute fast in jeder größeren Stadt hergestellt und preiswert abgegeben wird.

Der Pflanzvorgang. Beim Pflanzen hebt man – je nach Wurzelwerk – eine Pflanzgrube in ausreichender Größe aus. Für Sträucher

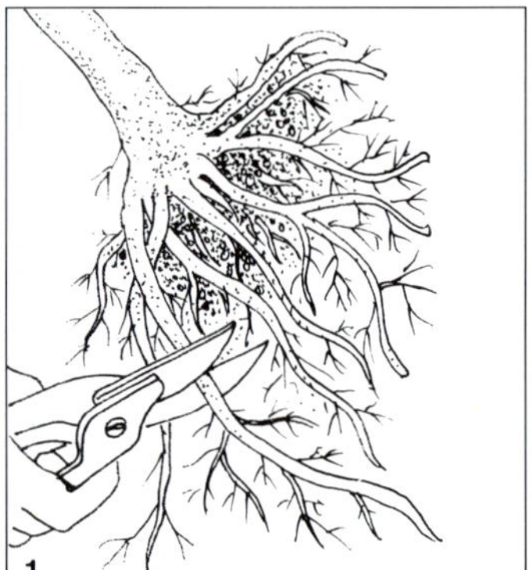
1

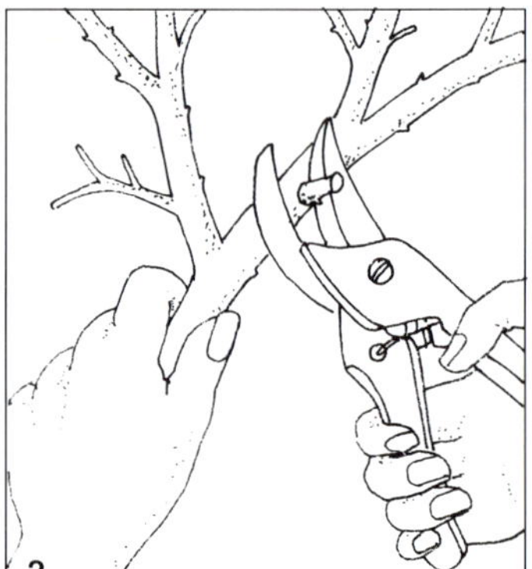
2

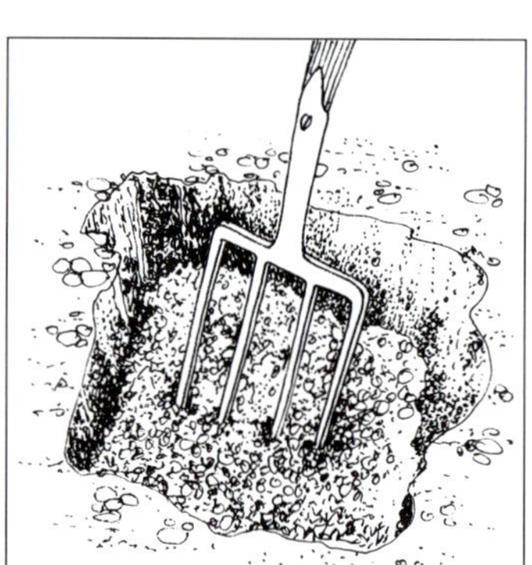
3

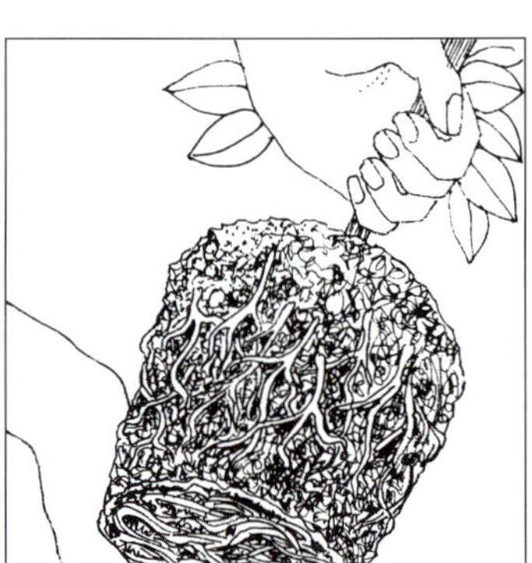
4

genügen etwa 50 x 50 x 50 cm, Heister benötigt eine Pflanzgrube von etwa 60 x 60 x 60 cm und Solitärgehölze und Hochstämme erhalten eine Pflanzgrube von ca. 100 x 100 x 80 cm. Bei der Pflanzung ist zu beachten, daß auch der Boden im Pflanzloch zusätzlich gelockert wird. Beim Einfüllen des Bodens rüttelt man die Pflanze kräftig, um sicherzustellen, daß der Boden gut zwischen den Wurzeln verteilt wird und tritt ihn vorsichtig an. Bei der Pflanzung ist darauf zu achten, daß die Gehölze nur so tief gepflanzt werden, wie sie in der Baumschule gestanden haben (bis zum Wurzelhals bzw. Wurzelansatz in den Boden). Zu tief pflanzen bedeutet, daß die Pflanzen ersticken können oder nur schwach weiterwachsen. Zu hoch pflanzen kann Probleme bei der Wasserversorgung mit sich bringen.

Nach dem Pflanzen. Nachdem der Pflanzvorgang abgeschlossen ist, bildet man um die Pflanze einen Gießrand aus. Eine Faustregel besagt, daß beim Pflanzen pro Pflanze eine Kanne Wasser zu geben ist. Dadurch werden eventuell noch vorhandene Hohlräume zwischen den Wurzeln eingeschlämmt, und der Boden erhält einen Vorrat an Feuchtigkeit, der dem neuen Wurzelaustrieb zugute kommt. Größere Pflanzen wie Heister, Solitärgehölze und Hochstämme erhalten einen Pfahl, damit sie vom Wind nicht hin- und hergeweht und dadurch gelockert werden können. Bei Großgehölzen wählt man zweckmäßig eine Dreibockverankerung aus 3 etwa 2,5 m langen Pfählen, die am Kopfende mit Latten vernagelt werden. So läßt sich das Gehölz von drei Seiten anbinden und bleibt auch bei stürmischer Witterung standfest. Es ist allerdings darauf zu achten, daß die Bindung im Laufe der Zeit nicht in die Rinde einschneidet und daß sie dann rechtzeitig gelöst wird. Im allgemeinen kann man die Stützen nach 3 Jahren entfernen, da sich dann die Gehölze standfest eingewurzelt haben.

Das Anwachsen. Gute Bodenpflege begünstigt das Anwachsen. Schwere Böden sind durch Hacken so zu lockern, daß genügend Sauerstoff an die Wurzeln gelangen kann, denn Wurzeln benötigen zum guten Wachstum auch einen offenen Boden. Es ist falsch, den Garten im Herbst »sauberzumachen«, jedes Blättchen sorgsam zusammenzutragen und auf den Komposthaufen oder in die Mülltonne zu werfen. Das Gegenteil ist erforderlich. Gerade zwischen neu gepflanzte Gehölze sollte man zusätzlich Laub aufbringen, um den Boden vor starkem Austrocknen zu schützen und die Bodenwärme und Bodengare zu erhalten. Um das Umherwehen des Herbstlaubes im Garten zu verhindern, kann man es auch flach eingraben. Frisch gepflanzte Gehölze niemals düngen. Auch das Abdecken des Bodens mit Rindenschnitzeln ist für Neupflanzung nicht zu empfehlen, weil dadurch zahlreiche Pilze angesiedelt werden, die sich wachstumshemmend auswirken können.
Bei Neupflanzungen ist ferner darauf zu achten, daß der Boden stets ausreichend feucht gehalten wird. Bei Trockenperioden ist zusätzliches Wässern erforderlich. Das darf natürlich nicht soweit gehen, daß Staunässeerscheinungen auftreten, die das Anwachsen gefährden können. Das rechte Maß zur rechten Zeit ist hier gefordert.

Vorsicht beim Umgraben. Und noch ein wichtiger Hinweis: Niemals zwischen den Gehölzen im Herbst tief umgraben, wie es leider noch oft zu sehen ist. Dadurch werden zahlreiche Faserwurzeln beschädigt oder abgestochen, die für die Pflanzenernährung eminent wichtig sind. Hierdurch wird der Austrieb stark geschwächt. Das Graben zwischen Gehölzen sollte also generell unterbleiben. Hier wird allenfalls eine leichte Bodenlockerung durch Hacken oder durch Bearbeitung mit einem Vierzahn empfohlen, um die Kapillaren des Bodens, die wasserführenden Haarröhrchen, zu zerstören und die Feuchtigkeit auf diese Weise länger im Boden zu halten.

5

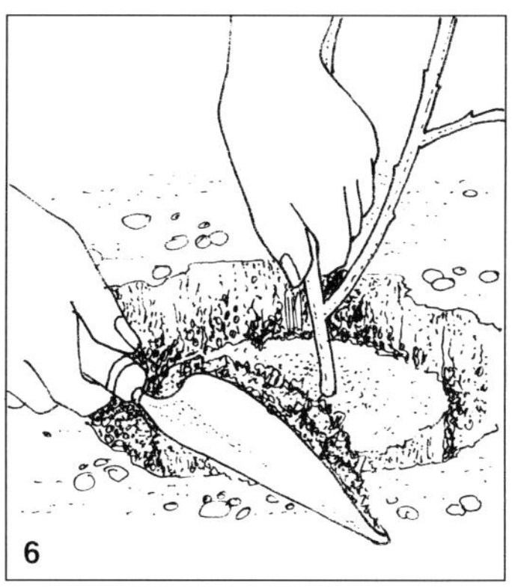
6

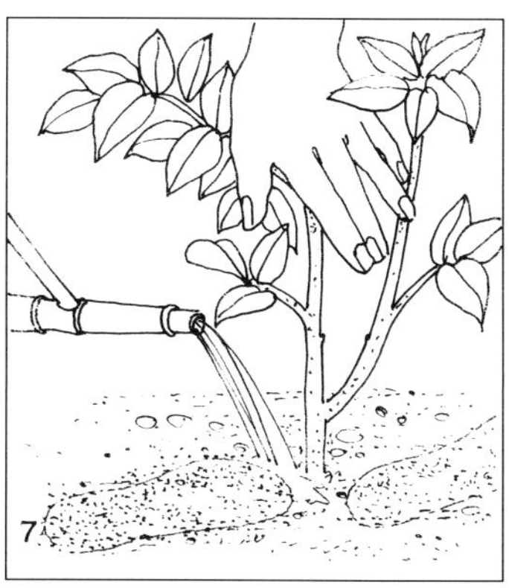
7

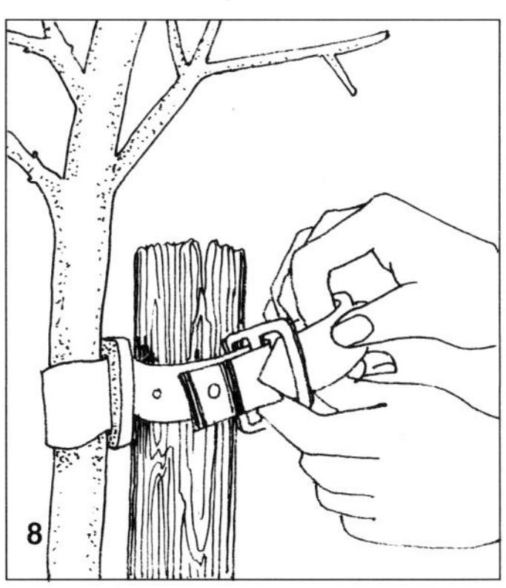
8

Der Pflanzvorgang:
5 Bei Baumpflanzung Stützpfahl in den Boden rammen. Baum ins Pflanzloch stellen, Wurzeln gleichmäßig verteilen. Mit einer Latte überprüfen, ob Bodenmarkierung am Baum bzw. Container-Erdoberfläche und Oberfläche des Pflanzloches auf gleicher Höhe sind. Erde auffüllen und dabei rundum etwas antreten.
6 Strauch nach dem gleichen Prinzip pflanzen.
7 Baum bzw. Strauch gut angießen.
8 Baumband anbringen. Dabei Gummipuffer zwischen Baumstamm und Stützpfahl nicht vergessen.

Winterschutzmaßnahmen sind bei empfindlichen Pflanzen und an klimatisch ungünstigen Standorten anzuraten.
1 Schutz für Kletterpflanzen: Zwei an Holzstäben befestigte Lagen Maschendraht aufstellen und den »Halbkorb« mit Reisig oder Stroh ausstopfen.
2 Schutz für breitere Sträucher: Mehrere Stäbe kreisförmig in den Boden stecken, oben zusammenbinden und mit Reisig oder Sackleinen behängen.

Regelmäßige Düngung ist bei den meisten Ziergehölzen nicht erforderlich. Sie gedeihen gut in »normalem«, lockeren Gartenböden. Durch Düngen kann aber das Wachstum in vielen Fällen gefördert werden, so daß von Fall zu Fall entschieden werden muß, wann was und in welcher Menge verabreicht wird.

Naturdünger. Naturdünger wie Stallmist eignet sich für alle Gehölzarten, mit Ausnahme der Schmetterlingsblütler (Goldregen, Lespdeza, Indigofera, Ginster, Glycine), die sich den Stickstoff aus der Luft mit Hilfe von Knöllchenbakterien zunutze machen. Alle anderen aber, besonders Rhododendren und Azaleen, sind für gut verrotteten Stallmist empfänglich. Man breitet ihn zwischen den Pflanzen aus und hackt ihn flach ein. Die organischen Dungstoffe haben gegenüber mineralischen Düngern den großen Vorteil, daß sie sich besonders auf die Verbesserung der Humusdecke auswirken. Der Boden bleibt locker, Verdunstung wird gehemmt, Wasser und Luft können leicht in den Boden eindringen. Es ist jedoch besonders darauf zu achten, daß nur gut verrotteter Mist verwendet wird. Außerdem muß man bei der Anwendung von Stallmist wissen, daß man je nach entstehender Zersetzungswärme »kalte« und »warme« Mistarten unterscheidet. Rinder-, Schweine- und Gänsemist gehören zu den »kalten« Mistarten und eignen sich besonders gut für leichte, sandige Böden. Pferde-, Hühner- und Taubenmist gehören zu den »warmen« Mistarten. Sie eignen sich besser für schwere Böden. Zu den Naturdüngern gehört auch die Gründüngung, die allerdings möglichst vor der Pflanzung zur Vorbereitung der Pflanzflächen durchgeführt werden sollte. Bei der Gründüngung handelt es sich meist um Einsaat von Leguminosen wie Lupinen, Kleearten und anderen Schmetterlingsblütlern. Hier hat die Natur die Umbildung des Luftstickstoffs zu Salpeter und ähnlich wirksamer Stickstoffdünger der Industrie vorweggenommen, denn zwei große Bakteriengruppen formen bei den genannten Pflanzenarten den Luftstickstoff in brauchbare Pflanzennahrung um, die zum Teil als Knöllchen an den Wurzeln der Pflanzen mit dieser in Symbiose lebt. Infolge ihrer günstigen Verbindung mit diesen Bakterien führt zum Beispiel Gründüngung mit Lupinen 100 qm Boden bis zu 2 kg reinen Stickstoff aus der Luft in sofort für die Gehölze aufnehmbarer Form zu. Die Humusanreicherung kommt noch als weiterer positiver Aspekt hinzu. Sie wirkt sich besonders bei leichten Böden günstig auf das Wachstum der neu zu pflanzenden Gehölze aus.

Andere Dünger. Nicht immer ist Stallmist zu beschaffen oder in den Garten zu transportieren. Da kann man sich der im Handel angebotenen mineralischen Dünger oder bestimmter Spezialdünger mit ähnlichem Erfolg bedienen. Gerade für Moorbeetpflanzen gibt es vorzüglich geeignete, handlich abgepackte Spezialdünger. Stattdessen kann man aber auch gelegentlich Gaben eines Torfdüngers verabreichen (»Düngetorf« ist kein Dünger!), den man sich aus einer Mischung von Torf und einem chloridfreien Volldünger (Nitrophoska-blau, Osmocote und andere) herstellt (zum Beispiel 50 l Torf + 1 kg Volldünger gut durchmischen und durchfeuchten). Das Substrat kann unmittelbar danach in den Boden eingebracht werden. Bei der Düngung mit mineralischen Volldüngern sollte man in jedem Falle Dünger verwenden, die mit der Bezeichnung »blau« als chloridfrei gekennzeichnet sind. Diese werden auch ausgezeichnet von den Moorbeetpflanzen vertragen.

Komposterde. Sie ist ein wertvolles Bodenverbesserungsmittel, das jährlich aufgebracht und leicht eingehackt wird.

Kalk. Kirschen lieben Kalk. Bei hohen Stickstoffgaben können leicht Gummifluß, Monilia und andere Krankheiten auftreten. Auch fast alle Rosengewächse sind kalkverträglich oder kalkliebend. Sämtliche Moorbeetpflanzen lieben sauren Boden und sind daher ausgesprochen kalkfeindlich. Bei Rhododendron, Azaleen, Lavendelheide und vielen Heidekrautarten können Kalkgaben zum Absterben der Pflanzen führen. Sie sollten auch möglichst nicht mit kalkhaltigem Wasser gegossen werden.

Düngezeitpunkt. Wenn überhaupt, dann sollte man Düngergaben im Frühjahr, etwa Anfang März bis Mitte April, verabreichen. Als Faustzahl mögen 50 g/qm ausreichen, doch die Menge hängt eher vom wirklichen Bedarf der Pflanzen ab. In den meisten Fällen kann das Düngen überhaupt unterbleiben. Späte Düngergaben im Sommer oder Herbst regen neuen Austrieb an. Die Zweige gehen dann unausgereift in den Winter und können leicht zurückfrieren.

Winterhärte. Die Winterhärte der Pflanzen ist eine wichtige Voraussetzung für eine erfolgreiche Kultur. Unter Winterhärte verstehen wir die Widerstandsfähigkeit ei-

1

2

ner Pflanze gegen Kälte. Sie ist im Alter meist größer als in der Jugend der Gehölze. Die Winterhärte ist – wie bereits erwähnt – abhängig vom Vegetationszustand eines Baumes oder Strauches. Dieser hängt wiederum ab von der Ernährung, der Düngung, der Witterung im Spätsommer und Herbst, vom Boden und nicht zuletzt vom Gesundheitszustand der Pflanzen. Man sieht also, daß viele Faktoren in einem komplexen System beteiligt sind. Winterhärte kann aber auch sortenbedingt sein. Als bekanntes Beispiel sei hier der Elfenbeinginster genannt, der eine große Winterhärte besitzt, obgleich die Elternteile dieser Kreuzung aus dem Mittelmeerraum stammen und den Winter bei uns nicht überstehen würden. In Europa gibt es, wie die Wetterkarten zeigen, so große klimatische Unterschiede in bezug auf die Minustemperaturen, aber auch in bezug auf die Dauer der Frostperioden, daß generelle Aussagen über die Winterhärte bestimmter Pflanzen nur vage gemacht werden können. Im Rheinland ist es möglich, an geschützten Stellen Feigen im Freien zu ziehen, während in der Mark Brandenburg und in Sachsen die Glycinen nur unter großen Schwierigkeiten zu kultivieren sind.

Kleinklima. Das spezielle Kleinklima, das die bodennahen Luftschichten erzeugen, Kaltluftbahnen und freie Lagen, die bei Spätfrösten besonders in Mitleidenschaft gezogen werden, können ebenfalls den sogenannten winterharten Gehölzen arg zu schaffen machen. Man kann das Kleinklima positiv beeinflussen, indem man den Kaltluftfluß durch Hindernisse in Form von Erdwällen, Mauern und dichten Hecken ablenkt. Einfacher ist es aber, die richtige Pflanze an den richtigen Platz zu stellen und nur bewährtes Pflanzenmaterial zu verwenden. Das erspart einige Enttäuschungen und Gartenverdruß.

Spätfröste. Spätfröste im Frühjahr, wenn der Austrieb oder die Blüte vieler Pflanzen bereits begonnen hat, können sich verheerend auswirken und das Wachstum der Pflanzen gefährden. So sind Frühlingsrhododendron (*Rhododendron praecox*) und der stattliche Rhododendron aus Szetchuan (*Rh. sutchuenense*), die Scheinhasel (*Corylopsis pauciflora, C. spicata*), früh austreibende Ahornarten und nicht zuletzt die meisten Magnoliensorten und Arten hier besonders gefährdet. Nicht selten verfriert auch die Obstblüte infolge von Spätfrösten, und der Blütenrausch der Japanischen Kirsche kann in einer Frostnacht zunichte gemacht werden. Im allgemeinen erholen sich befrorene Pflanzen von diesem Mißgeschick wieder rasch im Laufe der Vegetationsperiode.

Winterschutz. Wie können wir also unsere Gehölze im Winter schützen? Über die späte Düngung mit Stickstoffdüngern und ihre Folgen wurde bereits etwas gesagt. Darüber hinaus ist es wichtig, zuviel Bodenfeuchte zu vermeiden, wenn es auf den Herbst zugeht – soweit dies wetterunabhängig geschehen kann. Trockenperioden im Sommer und zu geringen Bewässerung während dieser Zeit können bei feuchter Witterung im Herbst Neuaustrieb bewirken, der dann unausgereift in den Winter geht. Starkwüchsige Sträucher sollte man ab Mitte des Sommers nicht mehr zurückschneiden, weil dadurch der Neuaustrieb angeregt wird. Bei manchen Blütengehölzen, die auch im Herbst mit dem Wachstum nicht nachlassen, kann man durch Auskneifen der Triebspitzen ein besseres Ausreifen der Zweige erreichen. Immergrüne verdunsten auch im Winter Wasser. Sie können durch Einrollen der Blätter ihre Verdunstung teilweise verringern. Wichtig ist aber, daß ihnen stets genügend Bodenfeuchte zur Verfügung steht, sonst erfrieren sie nicht, sondern vertrocknen. Vor dem Einsetzen des Winters sollten daher besonders die Rhododendronarten gründlich eingewässert werden, damit ein ausreichender Wasservorrat vorhanden ist. Außerdem ist es wichtig, das Gefrieren des Bodens möglichst lange zu verhindern. Packungen aus Rindenmulch, Torf oder Laubstreu, etwa 5 - 10 cm dick, gleichmäßig auf der Fläche ausgebreitet, sind besonders wirksam. Bei älteren, gut eingewurzelten Immergrünen können auch gröbere Rindenschnitzel verwendet werden. Wintersonne und rauhe Ost- oder Nordwinde können die Immergrünen besonders stark schädigen. Empfindliche Gehölze erhalten daher eine Abschirmung aus Fichtenreisig oder Schattenleinen. Gegen die eisigen Winde hilft eine Schutzpflanzung aus Eiben (*Taxus baccata*) oder eine Hecke. Rosen schützt man durch Anhäufeln mit Rindenkompost, Rindenmulch oder Kompost gegen Ausfrieren. Hochstammrosen löst man von ihrer Stütze und biegt sie – solange sie jung und elastisch sind – bis auf den Boden, wo sie mit Erde oder Mulch abgedeckt werden. Ältere Rosenstämme sind mit Plastik oder Papiertüten zu schützen. Luftzutritt muß gewährleistet sein, sonst kann es zu Schimmelbildung kommen.

Junge Stammrosen schützen. Zuerst die Rose vom Haltestab ablösen und vorsichtig herunterbiegen. Eventuell die Wurzeln etwas lösen. Den Stamm mit Fichtenreisig bedecken und samt Schutz mit Drahtkrampen am Boden befestigen. Die Krone wegen eventueller Fäulnisgefahr von allen Blättern befreien und mit einer Lage Erde abdecken.

Schnitt von Sträuchern. Einige Sträucher, wie die Buddleja, blühen an einjährigen Trieben, das heißt an Trieben, die erst im selben Jahr gewachsen sind. Ein kräftiger Rückschnitt im Frühjahr fördert die Bildung neuer, blühfähiger Triebe und verhindert, daß der Strauch zu breit oder zu hoch wird oder gar vergreist. Wie weit zurückgeschnitten wird, zeigen die angebenen Schnittstellen.

Benötigen Bäume und Sträucher überhaupt einen Schnitt? In der freien Natur wachsen sie doch auch ohne pflegende Hand. Freie Natur und Garten sind jedoch nicht dasselbe. Bewußt gestaltete Gartenflächen mit einer Vielzahl von Bäumen, Sträuchern und Stauden lassen sich nur dann in ihrer Form erhalten, wenn man ab einem bestimmten Zeitpunkt zur Schere oder Säge greift. Ziersträucher bestehen aus mehreren Trieben, die an einer Stelle aus dem Boden wachsen. Durch Schnitt kann man erreichen, daß sich die Sträucher immer wieder von unten her verjüngen und ihr charakteristisches Aussehen behalten.

Die unterschiedlichen Schnittmaßnahmen. Man unterscheidet mehrere Schnittformen bei den Blütengehölzen: Der Aufbauschnitt wird an Jungpflanzen vorgenommen, um möglichst vollkommene Exemplare zu erzielen. Er wird oft bereits in der Baumschule ausgeführt. Der Pflanzschnitt erleichtert das Anwachsen der Pflanzen. Der Erhaltungsschnitt sorgt dafür, daß ausgewachsene Gehölze ihre typische Form behalten. Der Verjüngungsschnitt hilft dabei, aus der Form geratene Sträucher zu regenerieren. Der Heckenschnitt dient dazu, Hecken dicht und in Form zu halten. Winter- und Sommerschnitt haben nur etwas mit der Jahreszeit zu tun, in der man die Gehölze beschneidet. Es ist sicher möglich, Gehölze das ganze Jahr hindurch zu schneiden, doch gibt man dem Winterschnitt den Vorzug. Auf diese Weise können Pflanzen ohne großen Saftverlust ihre Wunden schließen. Arten, bei denen der Saft bereits früh zu steigen beginnt (Ahornarten, Birken, Hartriegel) schneidet man am besten bereits im Spätherbst, damit sie nicht »verbluten«. Sommerschnitt wird hauptsächlich an Hecken ausgeführt. Zu dieser Schnittart gehört aber auch das »Entspitzen« oder »Pincieren« hoch aufschießender Triebe ohne seitliche Verzweigungen. Durch diese Maßnahme fördert man den Austrieb der seitlichen Knospen und erhöht dadurch die Winterhärte, weil das Holz unter diesen Umständen besser ausreift.

Aufbauschnitt. Ziersträucher bestehen aus mehreren Stämmen, die an einer Stelle aus dem Boden wachsen. Schnittmaßnahmen bewirken, daß Sträucher nicht vergreisen, sondern sich von unten her verjüngen. Außerdem erreicht man durch Schnitt die Bildung von neuen, blühfähigen Trieben. Wer Sträucher selbst vermehrt, weiß, daß sich Steckhölzer oder Sämlinge nur wenig verzweigen. Durch rechtzeitiges Auskneifen der Triebspitzen oder Rückschnitt im ersten Winter kann man jedoch die Verzweigung wesentlich fördern. Dieser sogenannte Aufbauschnitt wird von Zuchtbetrieben an Jungpflanzen durchgeführt.

Pflanzschnitt. Wer einen Strauch erworben hat, der möchte ihn gern sofort in seiner ganzen Größe im Garten erleben und nicht zuerst zurückschneiden. Gerade der Pflanzschnitt ist aber von großer Bedeutung, denn beim Pflanzen geht ein großer Teil der Wurzeln verloren, so daß die Pflanze ihre oberirdischen Teile nicht ausreichend versorgen kann. Schneidet man diese zurück oder lichtet man den Strauch, so wächst er leichter an, weil dadurch der Bedarf an Wasser und Nährstoffen verrringert wird. Am besten kürzt man an jüngeren, wenig verzweigten Sträuchern die Langtriebe um etwa ein Drittel ihrer Länge. Schwache Seitentriebe nimmt man bis auf wenige Augen zurück. Sträucher, die nur aus wenigen, sparrigen Trieben bestehen (z. B. Aralie, Blauschotenbaum oder Essigbaum), sollte man gar nicht zurückschneiden. Bei größeren Pflanzen läßt sich dann besser die Verdunstung durch geeigneten Wind- und Sonnenschutz herabsetzen. Veredelte Pflanzen wie Zieräpfel, Zierkirschen oder Zierpflaumen vertragen den Pflanzrückschnitt sehr gut. Sommer- und Herbstblüher wie Hortensien, Sommerflieder oder Johanniskraut wachsen am besten, wenn sie scharf zurükgeschnitten werden. Bei Flieder bewirkt der Rückschnitt nur einen schwachen Trieb im Folgejahr. Ballenpflanzen und Solitärgehölze werden im allgemeinen nicht zurückgeschnit-

ten. Das gilt besonders für die vielen Zierahornarten, Rhododendronarten, Azaleen und andere Immergrüne und Moorbeetpflanzen.

Erhaltungsschnitt. Der Erhaltungsschnitt gehört zu den wichtigsten Maßnahmen in gestalteten Anlagen. Durch das Herausnehmen alter, vergreister Äste und Stämme wird die Neubildung von Trieben angeregt und das Gehölz verjüngt. Dabei sei vorweg auf eine Besonderheit des Pflanzenwuchses hingewiesen: Pflanzen treiben in der Nähe der Schnittstelle am stärksten wieder aus. Wenn man also die natürliche Form erhalten will, muß man Äste etwa 15 bis 30 cm über dem Boden abtrennen, nicht aber oben. Frühblüher wie Flieder, Kirschen oder Forsythien, die ihre Blüte bereits im Winter fertig angelegt haben, schneidet man am besten nach der Blüte. Sommerblüher, die ihre Knospen während der Vegetationsperiode bilden, schneidet man im Winterhalbjahr. Beim Rückschnitt ist darauf zu achten, daß nicht alle alten Triebe oder Äste heruntergeschnitten werden, sonder daß der Habitus der Pflanze im wesentlichen erhalten bleibt. Allgemein gilt die Faustregel: Alle drei Jahre ein Drittel der alten Stämme und Äste herausnehmen, so daß sich ein Strauch im Laufe von neun Jahren vollständig erneuert.

Schnitt an Kletterpflanzen. Glycinien und Glockenreben blühen besonders reich, wenn die letztjährigen Triebe bis auf kurze Stummel zurückgenommen werden. Kurztriebe erhalten keinen Rückschnitt. Clematis als Frühjahrsblüher wie *C. florida* und ihre Formen, *C.-montana*-Sorten wie 'The President', 'Lasurstern' oder 'Mme Le Coultre' lichtet man im Frühjahr vorsichtig aus. Das kräftige einjährige Holz muß dabei unbedingt erhalten bleiben. Sommerblüher wie *C. jackmanii* und Sorten wie 'Nelly Moser', 'Gipsy Queen' oder 'Ville de Lyon' sowie *C. tangutica* vertragen einen kräftigen Rückschnitt, der schon nach dem Laubfall durchgeführt werden kann. Kletterhortensien können im Winter eingekürzt weren. Knöterich erhält einen jährlichen, stärkeren Rückschnitt im Herbst oder Winter. Jasmin kann ganzjährig nach Bedarf eingekürzt werden. Das gleich gilt für alle Arten des Wilden Wein, die Pfeifenwinde, alle schlingenden Geißblattarten und Efeu, falls sie zu stark wuchern. Für Baumwürger und Strahlengriffel wird ein Herbst bzw. Winterschnitt empfohlen.

Schnitt an Kleinsträuchern. Buschig wachsende Kleinsträucher wie Heidekraut, Winterheide, Lavendel oder niedrige Fingerstrauch-Arten, die mit der Zeit wirr oder kahl werden, kann man nach der Blüte mit einer Heckenschere auf etwa ein Drittel ihrer Höhe einkürzen, damit sie dichtbuschig bleiben. Das gilt auch für schwachwachsende Ginster-Arten. Niedrige Immergrüne und Azaleen sollten möglichst nicht geschnitten werden.

Schnitt an Immergrünen. Verkahlende Rhododendron-Arten kann man unbedenklich bis ins fünf- oder sechsjährige Holz im Frühjahr, wenn keine Fröste mehr zu erwarten sind, zurückschneiden. Wichtig ist, daß die Pflanzen dann längere Zeit hindurch feucht gehalten werden. Um einen Pilzbefall der Immergrünen zu vermeiden, sollte kein Rückschnitt ohne Wundverschluß erfolgen.

Schnitt an Rosen. Rosen sind Tiefwurzler. Sie haben bei der Pflanzung nur wenig Wurzeln. Die Triebe müssen aus diesem Grund bis auf wenige Knospen zurückgeschnitten werden. Dünne Triebe schneidet man ganz weg. Beetrosen erhalten ihren Pflegeschnitt erst nach den Winterfrösten im zeitigen Frühjahr. Man sollte sich im Herbst beim Aufräumen des Gartens nur mit einem provisorischen Einkürzen der Triebe begnügen, da sie im Winter meist noch zurückfrieren. Beim Frühjahrsschnitt entfernt man die schwachen Triebe und solche, die nach innen wachsen. Der Rückschnitt sollte der Wüchsigkeit der Sorte angepaßt sein. Starkwüchsigen Sorten beläßt man etwa 6 bis 8 Augen, schwächer wachsende werden auf 3 bis 5 Augen eingekürzt. Hochstammrosen sind hochveredelte Buschrosen. Die Kronen werden in ähnlicher Weise beschnitten. Eine Ausnahme bilden Strauch- und Kletterrosen. Sie blühen an den Langtrieben, an denen sie sich verzweigen. Hier würde ein Rückschnitt auf Kosten des Blütenflors gehen. Daher werden bei diesen Rosensträuchern im Laufe der Jahre nur die vergreisenden Alttriebe kurz über dem Boden abgeschnitten und entfernt.

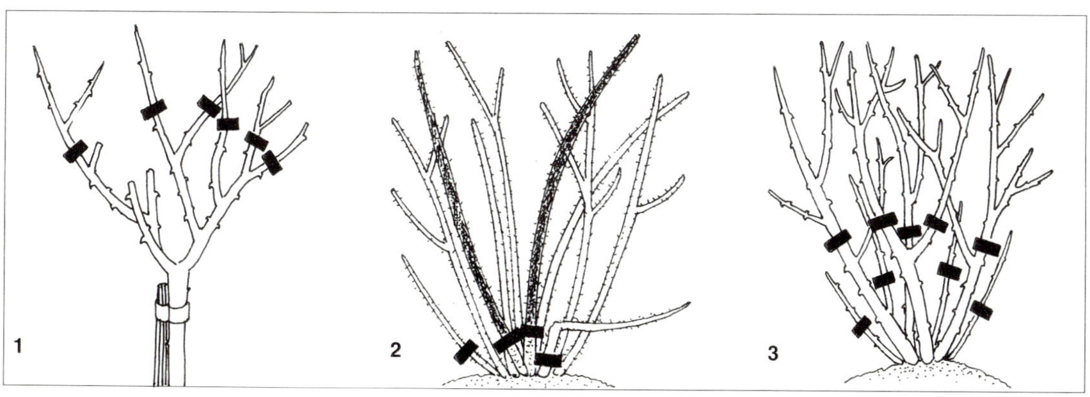

Schnitt der Rosen.
Die Schnitt-Technik kann von Rosengruppe zu Rosengruppe variieren.
1 Bei Hochstammrosen Triebe auf 15 - 20 cm zurücknehmen.
2 Bei Strauchrosen nur erfrorene, vertrocknete, zu dünne, zu dicke und quer stehende Triebe bis auf 10 cm herunterschneiden. Normaldicke Triebe mit Verzweigung nicht schneiden.
3 Bei Beet- und Edelrosen Triebe um 1/3 zurückschneiden. Dicke Triebe länger und dünne Triebe kürzer lassen.

Verschiedene Methoden.
1 Bei der Vermehrung durch Absenker Trieb herunterbiegen, mit einem Drahtbügel auf dem Boden verankern und die Stelle mit Erde bedecken.
2 Bei der Vermehrung durch Wurzelschößlinge Erde vom Wurzelschößling entfernen. Schößling kurz vor der Austriebsstelle von der Mutterwurzel abtrennen.
3 Bei der Wurzelteilung Pflanze in Teile mit gleich großen Wurzeln zerlegen und einpflanzen.
4 Bei der Vermehrung durch Steckhölzer ausgereifte, 15 - 20 cm Triebstücke von diesjährigen Trieben schneiden. Unten und oben 2 mm über oder unter einem Blattknoten abschneiden und Stecklinge so in den Boden setzen, daß ein Auge oder Augenpaar herausschaut.

Bäume und Sträucher kann man auf verschiedene Weise vermehren. An dieser Stelle sollen jedoch nur die Vermehrungsformen vorgestellt werden, die man leicht selbst ausführen kann; kompliziertere Methoden seien den Anzuchtbetrieben überlassen. Es gibt grundsätzlich zwei verschiedene Vermehrungsformen, die generative Vermehrung (durch Samen) und die vegetative Vermehrung (durch Pflanzenteile).

Die generative Vermehrung. Samen von Gehölzen besitzen nur eine begrenzte Haltbarkeit. Je früher sie daher ausgesät werden, desto besser wird das Resultat ausfallen. Beste Ergebnisse erzielt man bei den meisten Gehölzarten durch Frühjahrsaussaat. Über den Winter bewahrt man das geerntete Saatgut kühl, frostfrei und trocken auf. Trocken gelagertes Saatgut läuft meist besser auf, wenn man es vor der Aussaat 24 Stunden in einem Säckchen in Wasser hängt. Die Aussaat kann, je nach Bedarf, in Töpfen, Saatschalen, in Anzuchttöpfen oder unter Glas sowie auch direkt ins Freie erfolgen. Auf gleichmäßige Verteilung des Saatgutes ist zu achten. Nach einer Faustregel soll der Samen so hoch mit Erde bedeckt werden, wie er selbst dick ist. Die meisten Gehölzsamen benötigen jedoch eine Tiefe von 2 - 4 cm, da sonst die Gefahr der Austrocknung besteht. Zu tief liegende Saat keimt nur schlecht und unregelmäßig. Für das Durchdringen dicker Erdschichten verbrauchen die Keimlinge viel Kraft. Vor der Aussaat ist der Boden gründlich zu lockern und nachher regelmäßig feucht zu halten. Aussaaten unter Glas bewirken meist eine frühe Keimung. Manche Gehölzsamen können über ein Jahr lang liegen, ehe sie keimen. Bestimmte Arten keimen nur dann, wenn ihnen durch Abbau ihrer harten Schalen die Wasseraufnahme ermöglicht wird. Zu diesem Zweck werden die Samen stratifiziert, das heißt in Sand eingeschichtet und einige Monate bei 18 ° anschließend bei 3-5 °C behandelt. Diese komplizierte Methode kommt allerdings in erster Linie für Anzuchtbetriebe in Frage. Als Kultursubstrat für Aussaaten hat sich besonders krankheitsfreie TKS 1 bewährt, die man in Gartencentern und Zierpflanzengärtnereien erhalten kann. Töpfe aus Zellulose oder Torf, die meist zu mehreren zusammenhängen und mitsamt den darin gezogenen Pflanzen in den Boden gesetzt werden können, bestückt man jeweils nur mit einem Saatkorn, oder man entfernt bei mehreren die nach dem Aufgehen überzähligen Exemplare. Nur der beste und kräftigste Keimling bleibt stehen.

Zur Vermehrung durch Aussaat sind geeignet: *Acer, Amelanchier, Buddleja, Calluna, Caragana, Catalpa, Cercis, Clematis, Clethra, Cornus, Cotoneaster, Crataegus, Cytisus, Daphne, Deutzia, Euonymus, Forsythia, Genista, Gymnocladus, Hamamelis, Kalmia, Laburnum, Ligustrum, Lonicera, Magnolia, Mahonia, Malus, Paulownia, Philadelphus, Pieris, Prunus, Rhododendron, Rhus, Ribes, Rosa, Sambucus, Skimmia, Sorbaria, Spiraea, Symphoricarpos, Syringa, Viburnum, Weigela, Wisteria.*

Die vegetative Vermehrung. Sehr einfach ist die Vermehrung von Gehölzen durch Teilung von Sträuchern, die sich ohnehin durch Triebe aus dem Wurzelstock regenerieren. Einige Arten wie *Hypericum calycinum, Kalmia angustifolia* und *Sorbaria* bilden auch bewurzelte Ausläufer aus, die man abtrennen und neu pflanzen kann. Durch Absenken lassen sich bestimmte Pflanzen vermehren, die sonst nur schwer vermehrbar sind. Die Bewurzelung kann bei dieser Vermehrungsart allerdings 2-3 Jahre dauern. Dazu schneidet man bodennahe Triebe des betreffenden Gehölzes auf der Unterseite mit einem scharfen Messer leicht an, biegt sie auf den vorher gut gelockerten Boden und bedeckt sie mit humusreichem Boden so, daß die Triebspitzen herausragen. Das Beschweren mit einem Stein ist bei stark unter Spannung stehenden Trieben von Vorteil. So lassen sich *Acer palmatum, Pieris, Calycanthus, Chimonanthus, Clethra, Corylopsis, Enkianthus, Fothergilla, Kalmia, Lespdeza, Magnolia, Rhododendron* und Azaleen, *Rubus, Staphylea, Syringa* und *Viburnum*-Arten vermehren. Auch der Blumenhartriegel *Cornus nutallii* läßt sich so als neue Pflanze gewinnen. Humusreicher Boden und ausreichende Feuchtigkeit während des Sommers sind für gutes Gelingen Voraussetzung.

Einfacher ist die Steckholzvermehrung. Dabei handelt es sich um ausgereifte Triebstücke von diesjährigen Trieben, die im Herbst nach dem Laubfall und im Winter bis etwa Januar auf Längen von 15 - 20 cm mit einem scharfen Messer oder einer Schere mit ziehendem Schnitt etwa 2 mm unterhalb und oberhalb der Nodien (Augen) glatt abgeschnitten werden. Man steckt die so gewonnenen Hölzer mit Längen von 15 - 20 cm in lockeren Boden direkt ins Gartenbeet, und zwar so tief, daß ein Auge oder Augenpaar über der Oberfläche verbleibt,

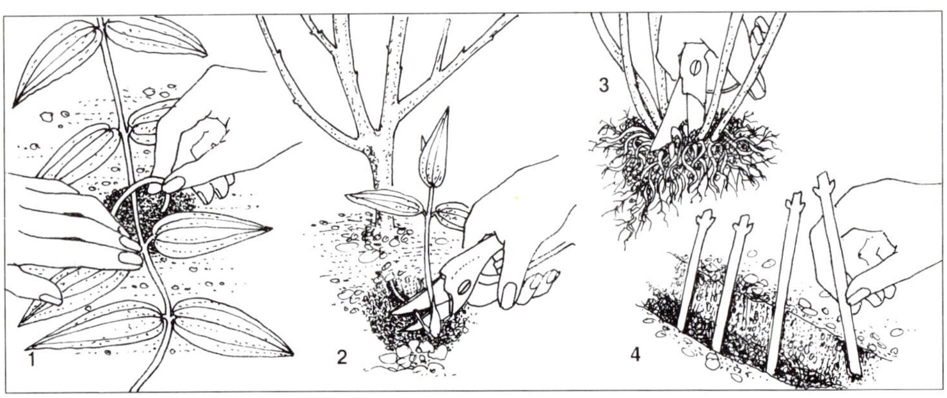

und drückt den Boden kräftig an, daß guter Bodenschluß entsteht. Zur Förderung der Bewurzelung kann man die Steckhölzer zusätzlich mit einem Bewurzelungspräparat behandeln. Durch Steckholz lassen sich vermehren: *Callicarpa*, *Forsythia*, *Chaenomeles*, *Clematis montana*, *Cornus florida*, *Cotoneaster*-Arten, *Deutzia*, *Holodiscus*, *Hydrangea paniculata*, *Laburnum*, *Ligustrum*, *Lonicera*, *Philadelphus*, *Potentilla*, *Ribes*, *Salix*, *Sambucus*, *Syringa chinensis*, *Viburnum opulus*, *Weigela*. Es ist viel zu wenig bekannt, daß man auf diese einfache Weise auch zahlreiche Rosenarten und -sorten vermehren kann. Selbst Edelrosen und Kletterrosen können so wurzelecht gewonnen werden. Sie weichen zwar in ihrer Wuchsform, nicht aber in ihrer Blüte von den veredelten Formen ab.

Schwerer Boden ist vor dem Stecken der Hölzer mit Sand und Torfmull oder Rindenmulch aufzulockern, so daß sich die Hölzer leicht in den Boden stecken lassen. Sie dürfen beim Stecken keinesfalls geknickt oder an der Rinde beschädigt werden.

Empfindlichere Gehölze wie *Viburnum*-Arten, *Hydrangea* oder *Clematis* kann man auch in ein entsprechend aufbereitetes Frühbeet stecken, wo sie besonders leicht zu vermehren sind. *Skimmia foremannii* wird gleich an Ort und Stelle im Garten gesteckt, wo sie sich rasch bewurzelt. Dazu schneidet man etwa 10 - 15 cm lange Zweigstücke, die am unteren Ende etwa 8 cm weit entblättert und ebenso tief in den Boden gesteckt werden. So ist es möglich, eine niedrige, herrlich blühende Einfassungshecke als Steckling direkt an Ort und Stelle zu plazieren.

Es ist in der Zeit nach dem Stecken darauf zu achten, daß der Boden stets feucht gehalten wird. Ein Austrocknen ist gleichbedeutend mit dem Verlust der Kultur. Bei heißem, sonnigem Wetter sind die Steckhölzer mit einem Leinentuch zu schattieren, um die Verdunstung zu verringern. Bewurzeltes Steckholz kann im folgenden Herbst verpflanzt werden.

Vermehrung durch Veredlung. Hierbei wird das zu vermehrende Gehölz mit einer geeigneten Unterlage so verbunden, daß es damit fest zusammenwächst. Unterlage und Edelsorten müssen in diesem Falle zusammenpassen, das heißt eng miteinander verwandt sein. Die Reiser, die für die Veredlung im Sommer geschnitten werden, müssen frisch verarbeitet werden. Bei Winterveredlung kann man sie in einem feuchten, kühlen Raum längere Zeit lagern.

Die verschiedenen, mit einem haarscharfen Spezialmesser auszuführenden Veredlungsarten sind auf den Abbildungen dargestellt. Bei der Okulation wird ein Auge eines Edelreises in einen T-Schnitt an der Unterlage eingesetzt und fest verbunden. Je glatter der Schnitt an Unterlage und Edelreis, desto besser können die Kambiumschichten der beiden »Partner« miteinander verwachsen. Bei rauhem Schnitt wird das Anwachsen schwer. Für das Verbinden gibt es Spezialgummis und andere Hilfsmittel. Für den Liebhaber genügt Bast, den man fest und lückenlos in der abgebildeten Form und die Veredlung wickelt und auf der Rückseite der Veredlungsstelle verknotet. Nach dem Anwachsen des Auges nach etwa 14 Tagen muß der Knoten gelöst werden, um Abschnürungen zu vermeiden. Buschrosen werden unmittelbar am Wurzelhals der Unterlage veredelt. Nach erfolgreicher Veredlung wird die Unterlage 10 cm über dem eingesetzten Auge abgeschnitten. An diesen Zapfen bindet man das austreibende Edelreis. Der Zapfen wird im darauffolgenden Winter einige Millimeter über der Veredlungsstelle abgeschnitten. Bei der Kopulation müssen Edelreis und Unterlage gleich stark sein. Sie wird im Winter/Frühjahr durchgeführt. Wichtig ist, daß beide Schrägschnitte genau übereinander passen. Das Verbinden geschieht wie auf der Zeichnung dargestellt. Nach dem Anschwellen der Triebe ist sie zu lösen.

Das Pfropfen wählt man als Veredlungsform dann, wenn die Unterlage dicker ist als das Edelreis. Dabei schneidet man den Stumpf der Unterlage mit einem glatten Schnitt ab und setzt den Reis in einen ca. 5 cm langen Schnitt hinter die Rinde und verbindet die Veredlung wie zuvor. Der Verband ist auch hier nach 2 - 3 Wochen zu lösen. Die offenen Schnittstellen verstreicht man mit Baumwachs oder einem anderen geeigneten Wundverschluß, um Saftverlust zu verhindern.

Das Geißfußpfropfen ist eine spezielle Art des Pfropfens, bei der das Reis zugespitzt und in eine entsprechende Kerbe der Unterlage geschoben wird.

Gehölze, die man am besten durch Veredlung vermehrt, sind: *Aesculus pavia*, *Acer*, *Berberis*, *Chaenomeles*, *Chionanthus*, *Clematis*, *Cornus*, *Corylopsis*, *Cotoneaster salicifolius* und *Watereri*-Hybriden, *Daphne burkwoodii*, *Hamamelis*, *Hibiscus*, *Hydrangea*, *Laburnum*, *Magnolia*, *Malus*, *Paeonia*, *Prunus*, *Rhododendron* und Azaleen, *Rosen*, *Salix caprea*, *Syringa*, *Viburnum*, *Wisteria*, um die wichtigsten Arten zu nennen.

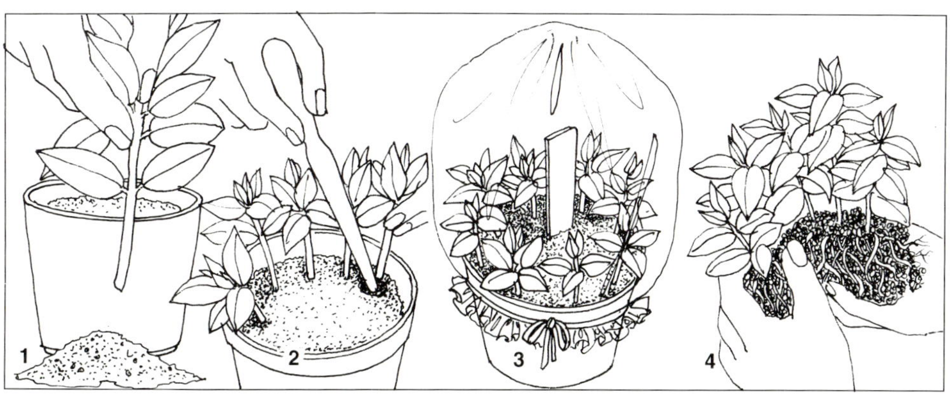

Vermehrung durch Stecklinge.
1 Steckling in Bewurzelungshormon tauchen.
2 Mit Steckholz Löcher in Topfrandnähe bohren und Stecklinge hineinsetzen. Andrücken.
3 Namensschild mit Datum einstecken. Angießen. Folienbeutel überstülpen und zubinden.
4 Neue hellgrüne Blätter zeigen die gelungene Bewurzelung an. Ballen austopfen und Pflanzen vorsichtig auseinanderziehen.

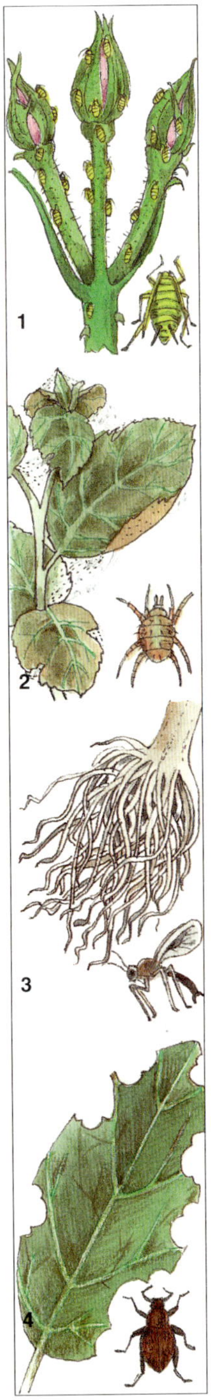

1 Blattläuse
2 Spinnmilben
3 Wurzelfliege
4 Dickmaulrüßler

Wenn man im Garten stärkere Schäden an einem Gehölz entdeckt, so ist es wichtig, zunächst einmal nach den Ursachen zu forschen und nicht gleich zur Giftspritze zu greifen. Schädigungen an Pflanzen können verschiedene Ursachen haben. Es gibt tierische Schädlinge, aber auch pilzliche sowie Bakterien und Viren, die Erkrankungen hervorrufen können. Dazu kommen Frostschäden und Mangelkrankheiten, die oftmals falsch gedeutet werden. Frost, Wind, Wassermangel und Wasserüberschuß, Hagel fehlende Nährstoffe, falscher Standort oder falsch angewendete Spritzmittel können ebenfalls zu Schädigungen an Pflanzen führen.
Es ist jeweils genau nach der Ursache zu suchen, ehe man den vermeintlichen Schaden durch gut gemeinte »Bekämpfung« vergrößert. In vielen Fällen reguliert die Pflanze beziehungsweise das Ökosystem den Schaden von selbst.

Tierische Schädlinge. Hier ist zunächst das Heer von Insekten zu nennen, allen voran die Blattläuse, Schildläuse, Zikaden und Fransenfüßler (Thripse). Diese saugenden Insektenarten entziehen den Pflanzen Assimilationsprodukte und Säfte und bewirken durch ihren giftigen Speichel, daß es bei den Pflanzen zu Wachstumsveränderungen sowie Deformationen kommt. Sie können das Welken ganzer Triebe und schließlich sogar das Absterben der gesamten Pflanze bewirken. Manche Läuse scheiden einen zuckerhaltigen »Honigtau« aus, der von Ameisen sehr geschätzt wird, die daher auch für die Verbreitung dieser Läuse Sorge tragen.
Auf den Ausscheidungen siedlen sich häufig Rußtaupilze an, die ganze Laubpartien überziehen können.
Viruserkrankungen an Gehölzen können zum Beispiel durch Läuse und andere Sauger (Zikaden) übertragen werden (Blattkräuselkrankheit und andere).
Blattläuse können sich sehr rasch vermehren. Ehe aber eine chemische Bekämpfung erfolgt, sollte zunächst kontrolliert werden, ob nicht schon Marienkäfer und deren Larven dabei sind, den Befall zu reduzieren. Das Ansetzen der Ameisen durch Läuse kann man durch Leimringe verhindern.
Milben leben nicht nur parasitär an Tieren, sie können auch den Pflanzen gefährlich werden, wenn sie in Massen auftreten.
Besonders gefürchtet ist die »Rote Spinne«, die durch ihre Saugtätigkeit Schäden verursacht. Trockene Witterung begünstigt ihre Vermehrung. Ihr Auftreten ist meist an bestimmte Pflanzen gebunden. Zur Bekämpfung müssen spezielle Milbenbekämpfungsmittel, sogenannte »Akarizide«, eingesetzt werden, die die Nützlinge nicht schädigen. Aber auch hier gilt der Grundsatz: Spritzen nur im äußersten Notfall. Die winzig kleinen roten Milben sind nur mit einer starken Lupe zu erkennen.
Die Larven des Maikäfers, Junikäfers (Engerlinge) und des Gartenlaubkäfers können Gehölzen gefährlich werden, wenn sie vermehrt auftreten. Sie ernähren sich vorwiegend von Pflanzenwurzeln und schwächen dadurch die Gehölze.
Ein besonders gefährlicher Schädling, der vor allem Rhododendronpflanzen bedroht, aber auch andere Gehölze befällt, ist der Dickmaulrüßler, der leicht an dem halbmondartigen Fraßbild erkannt werden kann. Seine Larven leben von den Faserwurzeln der Pflanzen und können diese bei stärkerem Befall zum Absterben bringen. Die Bekämpfung der Larven, aber auch der nur in der Dunkelheit auftretenden Käfer ist schwierig. Kränkelnde Pflanzen nimmt man aus dem Boden und sammelt die Larven ab, bei stärkerem Befall kann auch Insektenpulver um den Stamm der Pflanzen gestreut werden.
Nagetiere können Gehölzen zum Verhängnis werden. Besonders Wühlmäuse und Wühlratten (Schermaus), die sich teilweise von Wurzeln ernähren und Sträucher, Rosen, ja sogar ganze Bäume dadurch vernichten. Außerdem schleppen sie Nahrungsvorräte in ihre Gänge, zu denen auch der gefürchtete Giersch (*Aegopodium podagraria)* gehört, der dann im Frühjahr plötzlich irgendwo im Garten an die Oberfläche treibt. Fallenstellen und das Eingraben mit Wasser gefüllter Eimer sind noch die sichersten Fangmethoden. Räucherpatronen und Begasungsmittel helfen nur, wenn größere Flächen, also auch der Nachbargarten, damit behandelt werden. Gegen Kaninchen hilft ein engmaschiger Draht oder ein Verbißmittel.

Pilze, Bakterien und Viren. Diese Krankheitserreger leben im Inneren der Pflanzen und können daher erst erkannt werden, wenn sie ausgewachsen sind und wenn zum Beispiel die Sporenkörper beginnen, durch die Pflanzenhaut zu dringen und außen als rote Pusteln, als Schimmel oder schwarze Flecken (Rußtau) in Erscheinung zu treten. Dann aber ist eine Bekämpfung meist zu spät. Viele dieser Erkrankungen sind nur dann erfolgreich zu bekämpfen, wenn die Pflanzen vorsorglich, das heißt noch vor dem Austrieb mit entsprechenden Mitteln behandelt werden.
Sternrußtau tritt zum Beispiel dann nicht mehr an Rosen auf, wenn während des Austriebs in Abständen von 14 Tagen mehrere Male mit einem Spezialmittel (Saprol) gespritzt wird.
Vorbeugende Spritzungen gegen Rostpilze sind im zeitigen Frühjahr angebracht (*Pyracantha*, Zieräpfel), und zwar besonders dann, wenn solche Erkrankungen bereits im Vorjahr in starkem Maße aufgetreten sind.

Bekämpfung ohne Chemikalien. Im Garten gilt als oberstes Gebot, die Umwelt so wenig mit Chemikalien zu belasten wie irgend möglich, denn jeder Einsatz von Giften ist ein schwerwiegender Eingriff in das ökologische Gefüge, der nicht ohne Folgen bleibt. Pflanzenschutzmittel haben häufig unerwünschte Nebenwirkungen, die gegebenenfalls auch dem Menschen gefährlich sein können. Deshalb ist beim Umgang mit solchen Giften stets größte Vorsicht zu wahren, besonders wenn Kinder im Garten spielen oder Haustiere dort leben. In vielen Fällen kann mit einfachsten Mitteln eine Schädlingsbekämpfung erfolgen, zum Beispiel durch Absammeln, Abschütteln, durch das Abschneiden stark befallener Zweige oder letztendlich durch das Entfernen stark befallener Pflanzen. Die Ernährung der Pflanzen sowie ihr Standort spielen für ihre Gesunderhaltung ebenfalls eine wichtige Rolle. Gesunde, gut ernährte Pflanzen auf ihnen zusagendem Standort sind weniger anfällig für Krankheiten aller Art und halten leichter einem Schädlingsbefall stand.

Nützlinge. Die einfachste und billigste Art, sich vor bestimmten Schädlingen zu schützen, ist die Förderung der Nützlinge. Diesen Tieren, die Schädlinge vernichten, kommt im Naturhaushalt eine große Bedeutung zu. Wichtige Nützlinge, auf die im Garten das Augenmerk zu richten ist, sind zum Beispiel die Singvögel. Hier sei nur als Beispiel ein Meisenpaar genannt, das mit seinen Nachkommen in einem Jahr etwa 1,5 Zentner lebende Insekten = 250 000 Raupen oder 120 Millionen Insekteneier vertilgen kann. Igel und Kröten helfen Schadinsekten und Schnecken kurzzuhalten. Wichtige Vertilger sind aber auch die Schwebfliegen, Schlupfwespen, Marienkäfer, Laufkäfer, Florfliegen, Raubmilben und Spinnen, die man beim Einsatz von Chemikalien gleichzeitig mit den Schädlingen vernichten würde. Auch der Maulwurf ist ein Nützling! Er steht auf der sogenannten »Roten Liste« seltener oder aussterbender Tiere. Da er sich nicht von Wurzeln sondern von Engerlingen, Würmern und Schnecken ernährt, darf er nicht bekämpft werden.
Außerdem gibt es Bakterien, Viren und Pilze, die ebenfalls zur Bekämpfung tierischer Schädlinge beitragen. In der Natur herrscht weitgehend ein »biologisches Gleichgewicht«, das dafür verantwortlich ist, daß nicht die eine oder andere Art überhand nimmt.
Wenn einmal wirklich ein außergewöhnlich starker Befall durch bestimmte Schädlinge zu verzeichnen ist, kann man immer noch die Möglichkeit einer gezielten chemischen Bekämpfung wahrnehmen, die aber speziell auf den Befall ausgerichtet sein sollte und keinesfalls die vorgeschriebenen Mengen überschreiten darf.

Vögel im Garten. Nistkästen gehören in jeden Garten. Sie sind die billigste Schädlingsbekämpfung schlechthin. Singvögel fühlen sich dann im Garten bald heimisch, wenn sie geeignete Nistmöglichkeiten vorfinden. Dafür kann auf verschiedene Weise gesorgt werden, nämlich durch Pflanzung von Gehölzen, in denen sie besonders gerne nisten wie Weißdorn, Rotdorn und andere Dorn-Arten, dichtbuschige Hainbuchen oder Hecken aus den vorgenannten Gehölzen, aber auch durch Pflanzung solcher Gehölze, deren Früchte ein beliebtes Nahrungsangebot für die jeweiligen Vogelarten darstellen wie die Eberesche und die damit verwandten Sorbus-Arten, die Felsenmispel, die Glanzmispel, der Feuerdorn, Zieräpfel und die Felsenbirne. Die meisten Singvogelarten bauen sich in jedem Jahr ein neues Nest, daher können die Nester nach der Aufzucht der Jungen entfernt werden.
Viele Singvögel nehmen Nistgelegenheiten in Form von Nistkästen dankbar an. Die Kästen sind in jeder zoologischen Handlung, in Gartencentern, in Samenfachgeschäften und Genossenschaften erhältlich. Dabei ist zu beachten, daß die verschiedenen Vogelarten unterschiedliche Nistgelegenheiten benötigen. Die Kästen für Kohl- und Blaumeisen unterschieden sich durch die Größe des Fluglochs. Starenkästen können dazu beitragen, daß die mancherorts selten gewordenen Stare wieder eine stärkere Verbreitung finden. Der Zaunkönig nimmt gern Niststeine in Anspruch, um darin sein kugelrundes Nest zu bauen. Und selbst für Schwalben gibt es entsprechende Nistvorrichtungen, an die sie ihre ungewöhnlichen Nester kleben können. Aber nicht nur Singvögel benötigen Nistmöglichkeiten in unseren Gärten. Auch andere wichtige Vogelarten wie zum Beispiel die Mäusevertilger Eulen sind uns willkommen. Für den Waldkauz gibt es entsprechend große Nistkästen, die in einiger Entfernung vom Haus aufzuhängen sind. Auch für Fledermäuse gibt es passende Kästen, die möglichst hoch in den Bäumen aufgehängt werden sollen. In allen Fällen ist darauf zu achten, daß die Fluglöcher möglichst nach Osten ausgerichtet sind, um den erforderlichen Wetterschutz zu gewährleisten, da Regenfälle in unseren Breitengraden üblicherweise aus Westen und Südwesten zu erwarten sind. Nistkästen sollte man so befestigen, daß sie von Nesträubern wie Mardern, Eichkatzen und Katzen nicht erreicht werden können. Gegen Katzen helfen Stachelringe und Stachelkränze, die man in etwa 2 m Höhe um den Stamm herum anbringt. Sie verhindern, daß Katzen an den Stämmen emporklettern und in Nestnähe gelangen. Glatte, breite Metallringe erfüllen den gleichen Zweck. Es ist jedoch darauf zu achten, daß diese Einrichtungen nicht dazu führen, daß die Stämme in ihrem Dickenwachstum behindert werden. Stachelborsten auf dem Dach der Nistkästen verhindern, daß sich andere Tiere darauf niederlassen.
Igel lieben Haufen aus Laub und Zweigen, um sich dort ein Nest zu bauen, in das sie sich zum Winterschlaf zurückziehen. Auch die überaus nützlichen Spitzmäuse bevorzugen im Winter solche Haufen. Es ist daher angebracht, im Herbst nicht mit dem großen »Gartenputz« zu beginnen, sondern damit bis zum Frühjahr zu warten. So gibt man vielen Nützlingen eine Überwinterungschance.
Und noch ein wichtiger Hinweis: Es ist jeweils einer Vogelart nur eine Nistgelegenheit anzubieten. Die meisten Arten haben bestimmte Reviere, die sie benötigen, um für ihre Brut die erforderliche Nahrung zu beschaffen. Zu nah beieinanderliegende Meisenkästen können zu erbitterten Revierkämpfen führen.

5 Schnecken
6 Rosenrost
7 Schildläuse
8 Raupen

Botanische Pflanzennamen

Deutsche Pflanzennamen

Sachregister

Bezugsquellen

Blütengehölze erhalten Sie in Baumschulen und Gartencentern, manchmal auch in Bau- und auf Wochenmärkten. Außerdem sind viele der Pflanzen auch über Versandgärtnereien und Züchter (siehe Rosen und Rhododendren) sowie über den Versandhandel für Gartenbedarf zu beziehen. Für den Fall, daß Sie in Ihrer näheren Umgebung die gewünschte Art oder Sorte nicht erhalten oder falls Sie Pflanzen kaufen wollen, die nicht zum Standardsortiment gehören, nachstehend weitere Bezugsquellen. Wichtig: Die Adressen- und Bezugsquellenhinweise erheben keinen Anspruch auf Vollständigkeit. Es empfiehlt sich, bei Anfragen einen frankierten und adressierten Rückumschlag beizulegen.

Rosen

Baumschule Goos, Alte Hobl 7, 6908 Wiesloch-Baiertal

BKN Strobel, Wedeler Weg 62, 2080 Pinneberg

Hillier Nurseries Ltd., Ampfield, Romsey Hants., England

Ingwer J. Jensen, Am Schloßpark 2b, 2392 Glücksburg (großes Sortiment alter und englischer Rosen)

Karl Hetzel, Am Stadion, 7519 Oberderdingen

Kordes' Söhne, 2206 Klein Offenseth-Sparrieshoop

Richard Huber, 5605 Dottikon, Schweiz

Rosen Tantau, Tornescher Weg 13, 2082 Uetersen

Rosen Union, Steinfurther Hauptstr. 25, 6350 Bad Nauheim-Steinfurth

Werner Noack, Im Fenne 54, 4830 Gütersloh

Alfred Grummer Rosenschulen, 2285 Leopoldsdorf, Österreich

Richard Huber Baumschulen, 5605 Dottikon, Schweiz

Zulauf Herm. AG Baumschulen, 5107 Schinznach-Dorf, Schweiz

Rhododendren

Dietrich G. Hobbie, Linswege, 2910 Westerstede

G. D. Böhlje, Oldenburger Str. 9, 2910 Westerstede

Hans Hachmann, Brunnenstr. 68, 2202 Barmstedt-Gießelhorst

Vereine, Liebhabergesellschaften

Deutsche Rhododendron-Gesellschaft, Marcusallee 60, 2800 Bremen

Verein Deutscher Rosenfreunde e.V. ((VDR), Waldseestr. 14, 7570 Baden-Baden

Österreichische Gartenbau-Gesellschaft, Parkring 12/III 1, 1010 Wien 1, Österreich

Schweizer Rosenfreunde / Dietrich Woessner, Nelkenstr. 26, 8212 Neuhausen, Schweiz

Bildnachweis

Apel: 30r., 40l., 59l., 119r.
Bärtels: 8/9, 15l., 16l., 19, 20l., 27, 28M., 31r., 36r., 37, 40r., 49l., 62r., 63r., 69M., 71M., 71r., 72, 75o., 77o., 81, 82r., 98 2 Abb., 99, 100 2.v.o., 100 3.v.o., 101l., 103, 107 3.v.o., 107u., 109r., 110, 112l., 113 2 Abb., 115, 118M., 125r.
Bildarchiv Bertelsmann: 85
Dorling Kindersley: 14r., 15r., 16r., 17 3 Abb., 18r., 21, 22 2 Abb., 24, 25l., 28o., 31l., 38r., 40M., 42r., 45, 48 2 Abb., 52l., 53l., 53M., 55 5 Abb., 56 2 Abb., 57 4 Abb., 58l., 60l., 65 2 Abb., 68, 69l., 70l., 70M., 79o.l., 79o.r., 82l., 82M., 87 12 Abb., 90 3 Abb., 96r., 97 2 Abb, 101M., 101r., 102l., 108l., 108r., 114l., 118r., 119M., 121 10 Abb., 132 5 Abb., 133 5 Abb.
Heitz: 47, 89, 91, 93
Jensen: 83, 94 3 Abb.
Kögel: 2/3, 39r., 41, 46l.
Kordes: 95
Morgan: 18, 23, 29, 71l., 116/117, 126
Reinhard: 20r., 25r., 26, 28u., 36l., 38l., 42l., 43, 46r., 50, 58r., 96l., 100o., 104/105, 106l., 108M., 109l., 111, 114r., 118l., 125l., 130, 139, 143
Stehling: 6/7, 11, 12/13, 20M., 30l., 32/33, 53r., 61, 62l., 66, 70r., 73, 106M., 107 2.v.o., 124 2 Abb., 128/129, 136
Strauß: 14l., 34, 39l., 44, 49r., 51, 52r., 60M., 60r., 79 M.r., 79M.r., 79u.l., 100u., 102r., 107o., 112r.
Tschakert: 67, 77u., 123, 127, 135, 137, 144/145
Welsch: 4/5, 64, 131, 138, 141
Zeltner: Titelfoto, 35, 54, 75u., 79u.r., 119l.

Alle Zeichnungen von Ushie Dorner, Plouray, Frankreich

Impressum

Fotos: S. Bildnachweis
Redaktion: Kirsten Spieldiener
Buchgestaltung: Hubertus Hepfinger, Freising
Projektleitung: Halina Heitz
Projektidee: Dr. Gerhard Kebbel

Autoren: Dipl.-Ing. Andreas Bärtels, Dipl.-Ing. Winfried zur Hausen, Prof. Dr. Helmut Jacob, Prof. Dr. W.-D. Naumann, Dr. Adolf von Rosenberg u.a.

Herausgeber: Dipl.-Ing. Winfried zur Hausen

Der Mosaik Verlag ist ein Unternehmen der Verlagsgruppe Bertelsmann

Druck und Bindung: Egedsa, Barcelona
Printed in Spain
ISBN 3-576-10053-9
D.L. B-52-92